U0572876

集人文社科之思　刊专业学术之声

刊　　　　名：文化发展论丛

主 办 单 位：湖北大学高等人文研究院
　　　　　　中华文化发展湖北省协同创新中心
　　　　　　湖北文化建设研究院

主　　　编：江　畅

执 行 主 编：聂运伟

副　主　编：强以华　吴成国　周海春

CULTURE DEVELOPMENT REVIEW(2020)VOL.19

总第19期

集刊序列号：PIJ-2014-129

中国集刊网：http://www.jikan.com.cn/

集刊投约稿平台：http://iedol.ssap.com.cn/

2020年卷　总第19期

文化发展论丛

CULTURE DEVELOPMENT REVIEW (2020) Vol.19

湖北大学高等人文研究院
中华文化发展湖北省协同创新中心 / 编
湖北文化建设研究院

主　　编／江　畅
执行主编／聂运伟
副 主 编／强以华　吴成国　周海春

社会科学文献出版社
SOCIAL SCIENCES ACADEMIC PRESS (CHINA)

卷 首 语

本卷因故延至现在方与读者见面，在此，《文化发展论丛》编辑部谨向我们的作者和读者表示深深的歉意。

2019 年 6 月 8～12 日，第七届世界文化发展论坛在埃及开罗召开，来自美国、罗马尼亚、印度、韩国、墨西哥、埃及、中国等国的 60 余位学者齐聚一堂，就"道德共识与人类共同价值构建"这一主题展开探讨。"'第七届世界文化发展论坛'专题"栏目刊登了论坛发起人与组织者江畅教授的《在第七届"世界文化发展论坛（2018）"开幕式上的致辞》和《第七届"世界文化发展论坛（2018）"开罗宣言》，并从 50 多篇会议论文中遴选出 6 篇，以期让读者能全面了解该论坛的主旨与内容。

江陵岑氏家族的兴衰是中国历史上值得解读的一种文化现象。"地域文化"栏目收录的三篇文章有对岑文本的解读，有对岑参诗歌的重新认识，有对岑参的籍贯家世与岑河地望的溯源。三篇文章论说的话题和方法各有所重，但其共同的内涵诚如栏目主持人孟修祥教授所言："岑氏家族中以岑彭、岑文本、岑参为代表所表现出的优秀文化精神则在历史的天空中熠熠生辉，永世不朽。"

文化现象林林总总，丰富而又庞杂，把握其要义，厘清其脉络，总离不开哲学的阐释。

"哲学与文化"栏目刊发的《论黑格尔〈美学导论〉》，作者诺埃尔·卡罗尔（Noel Carrol）系美国美学和艺术理论界的知名学者、讲座教授，美国美学学会前会长，在国际学术界享有盛名。其对黑格尔艺术哲学的阐释实为一种文化阐释学，所议所论，对我们分析当下文化的审美属性有很好的理论上的启示。译者倪胜先生，懂多门外语，与欧美学者联系、交流甚多，客居柏林期间恰逢疫情流行，不惮辛苦，为本刊奉献出珍贵的译稿，特此致谢。姚彬彬先生乃编者好友，通佛学义理，又有比较扎实的中西哲学功底，其文《熊十力与唯识学关系问题辨正》虽是一篇书评，但透视儒佛会通思想史的理性辨识和驾驭学术纷争的逻辑能力，大有玄珠在握的才子风貌，妙哉此文，识者大可一读。

"学人心语"栏目刊发的《人生如何开境界》一文，乃读书人知书达理、省悟人生的君子自述。作者魏敦友先生游学多地，治学有成，如今重归故里教书育人。此文情理交互，坦陈己见，读来自有启迪。

"东亚同文书院中国调查研究"是湖北大学高等人文研究院鼎力支持的研究项目。《东亚同文书院文献资料的收藏、整理与编纂》一文是作者在研习东亚同文书院历史的过程中多方辑录有关文献史料的成果，因为种种原因，其中很多史料未曾进入中国学者的视野。相信这些史料的披露对东亚同文书院中国调查研究会有积极的作用。

编者

2020 年 9 月

"第七届世界文化发展论坛"专题

地域文化

CONTENTS

Special Topic of the "7th World Cultural Development Forum"

Regional Culture

Philosophy and Culture

Note from Scholars

Literature Information

"第七届世界文化发展论坛"专题

寻求全球道德共识　推动人类共同价值构建

——在第七届"世界文化发展论坛（2018）"开幕式上的致辞

江　畅*

尊敬的艾因·夏姆斯大学校长，尊敬的艾因·夏姆斯大学孔子学院埃方院长汉森·默汉梅德教授，各位同人，女士们、先生们、朋友们：

今天来自世界各国的学者、嘉宾相聚在文明古国埃及，在美丽的尼罗河畔的古老城市开罗，共同讨论"道德共识与人类共同价值构建"这一新时代的新问题，意义重大且意味深长。

首先，我谨代表第七届"世界文化发展论坛（2018）"的主办方，并以我个人的名义，对各位嘉宾、各位同人出席这次论坛表示诚挚的欢迎！这次论坛是由埃及艾因·夏姆斯大学、中国湖北大学高等人文研究院和哲学学院、中华文化发展湖北省协同创新中心、中山大学马克思主义哲学与中国现代化研究所、清华大学道德与宗教研究院、北京师范大学社会主义核心价值观协同创新中心、浙江师范大学马克思主义学院联合主办的。这次论坛能够在开罗市成功举行，我们要感谢埃及艾因·夏姆斯大学、埃及艾因·夏姆斯大学孔子学院和湖北大学高等人文研究院所做出的巨大努力和卓越工作，特别要感谢艾因·夏姆斯大学孔子学院埃方院长汉森·默汉梅德教授和中方院长杨韶刚先生的精心组织和周密

---

*　江畅（1957—　），博士，湖北大学高等人文研究院院长，教授，主要研究方向是价值论与伦理学，著有《幸福与和谐》《西方德性思想史》等。电子邮箱：jc1957@hubu.edu.cn。

安排！

　　这次论坛是自 2013 年以来举办的第七届世界文化发展论坛。在历次论坛上，各国学者分别围绕"当代世界主流文化的现状与未来""经济不平等与世界公正""亚洲价值观与人类未来""和平、发展与人类共同价值""'一带一路'文化发展的现状与未来""东西方文化与人类命运共同体建设"等重大主题展开自由讨论，为推进人类主流价值文化构建、推动全人类道德和价值共识的形成、促进世界各国文化交流贡献了自己的智慧和力量。本届论坛的主题是"道德共识与人类共同价值构建"，我们希望来自世界不同国家的学者特别是中埃两国学者共同从亚非文化的视角深入研讨人类共同价值这一当代世界和时代的重大问题。

　　人类文明已经走过了数千年，生产力、科学技术呈现爆炸式发展，全球化时代已经到来，但犯罪、战乱、贫穷、饥饿等问题依然威胁着人类的生存。"冷战"结束后，环境污染、生态失衡、民族矛盾、宗教冲突、边境争端、网络安全、恐怖活动等新老问题层出不穷。这些乱象是由各个国家和民族皆以自我为中心、缺乏互信、无视人类责任、不计后果地争夺各自利益造成的。伴随着工业化、市场化、全球化的推进，人类过分追求发展、过分崇尚个人主义，导致自身被物质所绑架。过度的物化导致了人性的异化，人性逐渐迷失，泯灭于物质大潮中。今天，人类成为命运共同体、利益共同体，然而，并没有形成一个利益共同体所必备的道德体系、价值体系。已经利益一体化的人类缺乏应有的道德共识和价值共识，也就无法形成人类应有的道德体系和价值体系。这是当代人面临的最大困境和难题。世界各国学者今天聚集在开罗讨论道德共识与人类共同价值构建的问题，就是为了对这一困境和难题做出学术回应。

　　伴随着全球化时代的到来，人类在寻求道德和价值共识、构建人类共同价值方面做出了巨大的努力。第二次世界大战结束后建立的联合国先后出台了《世界人权宣言》等上百个关于人权的文书，这些文书包含了许多人类共同道德和价值观念。2005 年联合国教科文组织第 33 届大会还通过了《生物伦理世界宣言》，这是联合国发布的有关全球伦理的

第一部文书。1993 年 9 月 4 日在美国芝加哥召开的世界宗教会议上通过的《走向全球伦理宣言》（以下简称《宣言》），在回顾了世界上各种人为的冲突灾难之后指出，如果没有一种全球伦理，便不可能有更好的全球秩序。《宣言》从世界各大宗教和文化的道德准则中，提出了全人类都应当遵循的一项基本要求：每个人都应受到符合人性的对待！《宣言》以耶稣的名言"你们愿意人怎样待你们，你们也要怎样待人"和孔子的名言"己所不欲，勿施于人"为依据，根据各大宗教都包含的"不可杀人""不可偷盗""不可撒谎""不可奸淫"四条古训，提出了四项"不可取消的规则"：①珍重生命——致力于非暴力与敬重生命的文化；②正直公平——致力于团结与公平的经济秩序；③言行诚实——致力于宽容的文化与诚实的生活；④相敬互爱——致力于男女平等与伙伴关系的文化。来自世界各种不同宗教承诺，要献身于共同的全球伦理，更好地相互理解，以及实践有益于社会的、有助于和平的、对地球友好的生活方式。《宣言》呼吁所有的人，无论是男是女，信教还是不信教的人们，一起努力以实践这种生活方式，使世界变得更美好。

所有这些努力和所取得的成果，为今天人类寻求道德共识、构建人类共同价值奠定了基础，但这只是一个开端，还有许多工作要做。人类要真正成为一个命运共同体、利益共同体，需要有一个人类普遍公认的价值体系。在价值体系中，道德体系是其中的核心部分，价值体系是道德体系在社会生活各个领域的展开和体现。现代道德体系给价值体系提供好生活的模式，好生活所要求的好社会、好生态模式以及好生活所要求的一般善恶原则、义务责任、德性品质、善良情感和人格理想等。因此，构建人类道德体系，不只是构建全球伦理这一个方面，而是包括上述所有方面。人类不仅要走向全球伦理，而且要走向全球道德、全球价值。构建人类道德体系，首先需要全人类在道德上形成共识。只有形成道德共识，才有可能构建人类道德体系和价值体系。

那么，什么样的好生活、好社会、好生态模式，以及什么样的一般善恶原则、义务责任、德性品质、善良情感和人格理想，是全人类尤其是世界各国能够普遍接受的？这不仅涉及所有这些方面的内容的合理性问题，更涉及世界各国的可接受性问题，这是一个更大、更难的问题。今天的人类都生活在国家之中，各国推行的道德既有相同和相通的一面，也有相互矛盾和冲突的一面。在这种情况下，世界各国要形成哪些道德共识、如何形成这些道德共识，就成为我们首先要研究和解决的问题。

各位同人，女士们、先生们、朋友们：

在文明发达的今天，寻求全球道德共识，并在此基础上构建人类共同价值体系，必须有理论依据，必须在正确的理论指导下进行。因此，世界各国学者肩负着特别重要的历史使命和社会责任。各国学者一方面要充分挖掘整理本国传统思想文化中有关人类共同道德和共同价值方面的思想文化资源，大力弘扬各国传统中相关的优秀思想理论观点和观念，并将其融入人类共同价值体系；另一方面要着眼于当代人类命运共同体建设和人类永久和平的需要，并立足于当代全球一体化、生活现代化的社会现实，将弘扬与创新结合起来，积极参与人类共同价值体系的理论建构。我们希望参加这次论坛的各国学者与世界其他国家的学者一起，从各自源远流长的文明中，探寻不同信仰下的人类共同道德和价值，提供人类命运共同体所需要的共同价值体系的构建方案，为使全人类在自己构建的美好世界中过上美好生活做出自己的贡献。

最后，预祝论坛取得圆满成功！

谢谢大家！

Seeking Global Ethical Consensus, Promoting the Construction of Common Human Values

——Address at the Opening Ceremony of the "7th World Cultural Development Forum (2018)"

Jiang Chang

About the Author: Jiang Chang (1957 –), Ph. D. , dean and professor at Institute of Advanced Humanistic Studies, Hubei University. Research interests and specialties: axiology and ethics. Magnum opuses: *Happiness and Virtue*, *History of Western Virtue Thoughts*, etc. Email: jc1957@ hubu. edu. cn.

构建基于全球道德共识的人类共同价值

——第七届"世界文化发展论坛（2018）"开罗宣言

2019 年 6 月 9～10 日，来自菲律宾、以色列、墨西哥、美国、埃及、中国等国家的 60 余位学者，相聚在文明古国埃及首都开罗市，共同讨论"道德共识与人类共同价值构建"这一事关人类命运共同体建设的根本性问题。参加此次论坛的学者对全球道德共识形成和人类共同价值构建问题进行了深入探讨，并达成以下共识。

中国提出的推进人类命运共同体建设的倡议得到了联合国和许多国家的赞同，建设人类命运共同体已经成为全人类的共同愿望和全世界面临的重大时代课题。人类共同价值体系是人类命运共同体的深层结构和核心内容，建设人类命运共同体首先需要构建人类共同价值体系。人类共同价值体系既包括人类共同追求的社会理想，也包括人类共同遵循的行为规范，其基础和前提是人类要形成共同的价值观。要调动世界各国人民建设人类命运共同体的积极性，必须在全人类中形成价值共识，必须从价值观上给人类社会发展指明正确的前进方向并提供源源不断的精神动力。伴随着全球化时代的到来，"和平、发展、公平、正义、民主、自由"成为人类的共同价值理念。如何以这些共同价值理念为核心内容构建人类共同价值观，成为构建人类命运共同体和世界各国共同应对全球性挑战的迫切要求。

人类共同价值观实际上就是一种德，既是人类个体的德，也是人类社会的德。人类共同价值与人类共同道德有着内在的本质联系，人类共同道德是人类共同价值观的核心内容和实质内涵，人类共同价值则是人类共同道德的具体体现和充分展开。当代人类面临的最大问题是不同文化之间的矛盾和冲突。文化问题的核心是价值问题，价值问题的难题是道德问题，而道德问题的要害在于善恶问题。当代人类面临的许多全球性问题的总根源，就在于各个国家和人类个体只把本国和本人的利益视为至善，而不顾全人类的整体利益。解决当代世界不同文化之间的矛盾和冲突，从根本上说是要在道德问题上形成共同的善恶观。这种共同善恶观的实质在于把有利于人类整体利益的行为视为至善，而把有害于人类整体利益的行为视为至恶。全人类和全世界在道德问题上尤其是在善恶问题上形成共识，是构建人类共同价值观的前提和基础。因此，构建人类共同价值观必须首先寻求全球道德共识。

形成全球道德共识、构建人类共同价值体系是事关人类命运共同体建设、事关世界各国和人类每一位成员利益的根本性问题，也是摆在当代人类面前的最大难题。解决这一难题不仅需要实践上的积极尝试，更需要理论上的大胆探索，需要学者提供强有力的学术支持。为世界谋大同、为人类谋幸福，是世界各国学者的神圣使命和应有担当。对于学者来说，构建系统完整的人类共同道德和价值观，研究、解决构建人类共同价值体系过程中面临的各种重大问题，就是为世界谋大同，就是为人类谋幸福。世界各国学者应携手积极参与这一根本性问题的研究，精诚合作、协同攻关、相互讨论，为人类共同价值体系构建提供理论论证、学术辩护和实施蓝图。各国学者要充分发挥自身的理论和学术优势，为人类共建价值体系献计献策，运用学术和理论的力量指引并推动人类命运共同体建设。

在人类思想史上，许多思想家提出过宝贵的道德真理。比如，孔子"己所不欲，勿施于人"的思想，耶稣"你们愿意人怎样待你们，你们也要怎样待人"的劝诫，康德"世界公民"和"永久和平"的主张，马克思和恩格斯"以每一个个人的全面而自由发展为基本原则"的自由联合体的社会理想，等等。所有这些道德真理是今天人类形成道德共识的宝贵资源，联合国先后出台的《世界人权宣言》等上百个关于人权的文书，也包含了可以成为人类共同道德观的丰富内容。形成全球道德共识、构建系统完整的人类共同道德体系和价值体系，需要从人类积累的丰富文化资源中吸取灵感和滋养。各国学者要充分挖掘、整理本国传统思想文化中有关人类共同道德和共同价值方面的思想文化资源，并将其融入人类共同价值体系；同时，更要着眼于当代人类命运共同体建设和人类永久和平的需要，将弘扬与创新结合起来，积极参与人类共同价值体系的理论建构。

构建人类共同价值体系是当代人类的伟大实践。伟大的实践需要正确的理论指导，也必定会催生出为伟大实践提供依据和论证的正确理论。有国际学术界提供的学术支持和资政建言，有世界各国学者的积极参与和合力推动，人类共同价值体系构建的进程必将大大加快，世界大同也将早日到来。让我们始终牢记使命担当，不断锐意开拓创新，为人类永久和平和世界普遍幸福时代的来临做出自己的最大贡献！

"公共性"研究应注意的几个问题

马俊峰 *

摘　要：随着中国市场化取向改革开放的深入，人们的主体意识、公民意识日益自觉起来，对公共事务、公共生活和公共精神的关注和要求也日益增多。相应地，对公共性的研究成为一个理论热点，歧见纷纭也在所难免。本文认为，哲学层面的公共性研究，要注意东西方语境和学科视角的差别，要有一种自觉的批判精神和民主启蒙意识，力求找准当代中国的真问题，为实现中国现代化起到应有作用。

关键词："公共性"　启蒙　公共事物　公共生活

改革开放使中国进入了世界发展潮流，西方国家的物品、技术、思想观念都潮水般涌入中国，开阔了人们的视野，解放了人们的思想。中国社会主义市场经济的建立，使中国的社会生活发生了重大变化，公共领域日渐成熟，公共生活日渐丰富，对公共物品、公共规则、公共精神的需求和关注也日益高涨，这引起了学界的普遍关注。而如何理解"公共性"，在不同的具体学科中有不同的角度，即使在哲学领域彼此的理解和研究方式也有很大不同，歧见迭出，众说纷纭，很容易使这个非常

＊　马俊峰（1954—　），哲学博士，中国人民大学哲学院教授，主要从事马克思主义哲学、价值理论研究，著有《马克思主义哲学新形态探索》《马克思主义价值理论研究》《评价活动论》等。电子邮箱：mjf1101@ sina. com。

具有现实实践性的问题处于一种云山雾罩状态。本文主要从语境、视角和研究方式方面，对公共性研究中存在的问题进行一些讨论。

一　西方语境与中国语境的差别

橘生淮南为桔，甘甜味美，生于淮北就为枳，苦涩不能食，这是说地理环境的作用。其实，概念和理论也有这样的问题，至少在社会现象研究中是这样的。忽略了语境，就可能出现"橘逾淮而为枳"的情况。

"公共性"源自西方，是西方的理论家们用来指认、描述、分析社会现象和社会问题的一种社会属性，也与他们既有的相关理论相契合相融贯。在西方语境中，这个概念有其特定的"所指"，有比较明确的界限或边界，因为与之相关相连的还有一套相互规定的概念。我们将这个概念翻译过来，学习借鉴并使用它来分析中国社会的现象和问题，当然是可以的，甚至可以说是学术进步的一个必要途径，但我们一定要注意，如果忽略了彼此语境的差别，就可能会出现"所指"的漂移和含义的泛化。这不仅会影响彼此的交流对话，更可能模糊问题指向，削弱其批判性的准度和力度。

我们知道，西方理论家们提及的公共性，是与公共空间、公共领域、公共物品、公共规则等联系在一起的，是在市场经济和市民社会发育成熟的前提下，亦即个人的权利义务都得到法律明确规定和保护的条件下，针对合法性如何达成的问题或背景来进行讨论的。在他们的语境中，市场经济的商品生产和交换是在私人领域进行的，私人领域构成了市民社会的基础，国家（政府）则主要处理公共事务，制定公共政策。由于政治权力被"关进了笼子"，公权力的边界得到相应确定，当政者无论其作风是温和一些、"民主"一些，还是强硬一些、"专制"一些，也无论喜欢还是不喜欢那些尖锐的反对意见，都无法惩戒、制裁这些反对意见的持有者。所以，无论是哈贝马斯的市民社会—公共领域—国家的三元划分，还是柯亨和阿拉托的经济—（市民）社会—国家的划分，其主旨都主要不在于领域划分和描述的一面，而在于规范和批判的一面，即如何通过公共领域的对话和协商民主机制，通过市民社会组织的中介性作用，防止和限制"系统"对"生活世界"的"殖民"，实现有效的社会整合。他们面对的问题是现代化后的问题，是中产阶级相当壮大和成熟后面临的问题。与之相反，中国社会的问题则是现代化过程中的问题，是市民社会与国家的分立尚未顺利完成、中产阶级还很弱小因而其依附性压倒其独立性的问题，是如何呼吁和保护私人领域和公民权利不受国家政治权力任意侵犯的问题。中国社会的泛政治化或过度政治化，政治组织对人们日常生活的无微不至的渗透和控制，固然对于实现现代化而动员社会组织和整合社会资源有着巨大的作用，但同时也压抑了人的主体性和独立性的发育成长，造成虚假公共性对真实公共性的排斥和遮蔽，这越来越成为阻碍中国发展最严重的问题。脱离或无视这种问题背景，我们的公共性研究就难以在中国土地上扎根和结果，一些争论就很容易变成学院派争夺话语权的争端，也就难以产生应有的社会效应。

二　社会科学视角与哲学视角的差别

随着各门科学的独立和成熟，原来属于哲学的领域都被占据或"瓜分"了，正像恩格斯当年说的那样，哲学"从自然界和历史中被驱逐出去"了。① 这里的"被驱逐"，不能从直观意义上去理解，而是说以往哲学的那种"工作方式"，包括其描绘"世界图景"、发现绝对真理的目标设定都不能再继续下去了。哲学必须面对自己被科学"中介化"这个事实，重新为自己定位，寻找一种适合于新时代要求的"工作方式"。现代哲学的各种"转向"，在一定意义上说，就是这种努力和这种自觉的不同表现。兹事体大，在这里难以展开讨论，但有一点可以肯定，就是哲学的视角与科学的视角是不同的，哲学不仅不能再用以前的那种"前科学""拟科学"的思维方式，而且不能使用达到成熟程度的"科学方式"和视角，相反，它需要以科学思维为自己反思的对象，批判地审查

---

① 《马克思恩格斯选集》（第 4 卷），人民出版社，1995，第 257 页。

这种科学思维前提的合理性以及合理性的界限。哲学不需要像各种科学那样确定自己的对象"领域"，而要立足于实践与思维中主客体辩证矛盾及其发展的视角审视人类把握世界的不同方式，如理论的方式、艺术的方式、宗教的方式、实践—精神的方式等之间的合理关系，哲学的对象就是哲学自己提出的"问题"。

具体到对公共性问题的研究，如经济学关注公共物品，尤其是公共物品与私人物品的区别。私人物品具有"效用的可分性和消费的排他性"特点，"效用的可分性"意指它们可以在消费者之间进行分割，"消费的排他性"则意指所有者可以独占或独自享受，未经同意他人不能分享。相对而言，公共物品是非排他性的，是可共享的。一般认为，市场能够比较有效地提供私人物品，而公共物品主要由政府和一些社会组织来提供。管理学讨论的公共管理，是对社会公共事务和公共物品的管理，区别于企业管理。从社会学的角度看，人们的生活和活动可分为私人领域和公共领域，公共领域的活动需要公共规则、公共道德，集体选择的逻辑也不同于个体选择的逻辑，如此等等。它们所讨论的公共物品、公共事务、公共领域、公共规则等，都体现着公共性，但各自的角度和划分标准不同，尽管会有所交集，可其具体所指的范围和特点是不一样的。虽然如此，这些概念在各自的学科领域内都是合法的，没有疑义的。

而从哲学的视角看，既然这些学科都使用了以"公共"为前缀的概念，那就需要借助这些概念的中介，反思其间具有共性的性质和规定。不仅如此，哲学的反思和批判特点，使得它还需进一步思考这些作为公共性之具体体现的物品、事务、规则等是如何产生、如何发展的，它们与人类活动的时代特点有什么样的关联，对于人的发展和社会进步又会产生什么样的影响和发挥什么样的作用。结合当下中国的理论和实践的发展来说，我们在这些方面还存在着认识上的误区，实践中还存在着缺失，我们需要通过改革增加缺失的体制机制，使中国尽快度过转型期，成为一个现代化的国家。

人们尽可以不同意上述关于哲学视角的分析，但无论如何也应该注意，哲学的视角和层次与具体社会科学的不同，应自觉地从哲学层次上对这些问题进行讨论和争论。老实说，我们之所以提出这个问题，是因为从我们的一些争论文章看，有一部分作者是缺乏这种自觉的，无批判地将一些具体社会科学的概念，甚至是某一个思想家所规定使用的概念，比如"公共领域"，当作普遍性的哲学概念直接地加以使用，从而引起了一些不必要的纷争。这一点不限于对公共性的研究，在其他方面也存在。如果我们能自觉地注意到这个区别，可能会减少一些无效的和无谓的争论，促进哲学理论的发展。

三　哲学思考公共性的方式

马克思曾批评以前的唯物主义是直观的唯物主义，即对于对象、感性、现实只是从客体的方面去理解，没有从主体方面去理解，且没有当作实践去理解。马克思把他的新唯物主义称作"把感性理解为实践活动的唯物主义"，又说旧唯物主义的立足点是市民社会，只能做到对市民社会的单个人的直观，而新唯物主义的立足点是人类社会或社会化的人类。① 这些论述是我们许多论者都耳熟能详的，但口头上承认是一回事，将其精神贯彻到自己的具体研究工作中则是另一回事。

马克思要求对感性、现实要从主体方面去理解，当作实践去理解，与他的从"现实的人"出发是一致的。"现实的人"就是现实的生活实践活动的主体，他们是自己的日常生活的生产者，也是自己的观念意识的生产者；他们的这些观念意识既来源于现实生活，反映着现实生活，又是现实生活的一个部分和方面，解释和论证着现实生活的合理性，成为复制和延续现实生活的重要机制。虽然只有出现物质劳动和精神劳动分工后，意识（精神生产者）才能摆脱世界去构造纯粹的理论、神学、哲学等，但如果它们与现存的关系发生矛盾，那根源还是现存的社会关系和现存的生产发生了矛盾。简略地说，历史是现实的人们创造的，可不同时代的"现实的人们"所面临的"现实条件"又不相同。其中，不

---

① 《马克思恩格斯选集》（第1卷），人民出版社，1995，第60页。

同时代人们的观念意识，既作为"现实的人"的一个方面，又作为其理解和确证"现实条件"的一个因素而存在。脱离这些"现实条件"仅仅关注观念意识固然不对，而离开当时人们的观念意识去描述和揭示其"现实条件"也同样是抽象的、不真实的。如果把其当作实践去理解，就要先把实践当作一个抽象的同一的东西（概念），而不是不同时代不同地区的人们具体的实践活动。如果只注意到我们（作为研究者）当下的实践要求而忽略了前人（作为研究对象）的具体实践活动条件，不懂得社会历史研究中主客体关系和主体间关系的内在关联性，那最终还是无法把握历史的真实的。

具体到对"公共性"的理解和研究，一些论者为了体现哲学概念的普遍性特征，从人们的共存共在、社会性活动、交往活动等出发，力图抽象出一种能涵盖所有这些活动的普遍的"公共性"概念，以此为基准再演绎出本体论的公共性、认识论的公共性和价值论的公共性，或者分别讨论经济公共性、政治公共性、文化公共性。这种研究方式是以辩证法的任何存在都是个性和共性、特殊性和普遍性的统一为其理论基础的，是将辩证法理论应用到对人的活动之公共性的研究上。这样自然也有其合理性，但问题是，正像我国著名哲学家高清海先生当年所说的那样，当我们这样思考的时候，是否还是用一种思考物的思维方式来思考人和人的活动？是否坚持了马克思新唯物主义的"从现实的人出发""从主体方面去理解"的原则？如果我们忽视或抽象掉了不同时代、不同社会形态下的人们的观念意识和活动方式的差别，那么这样理解的"人""人们"难道不是马克思所批判的那种"抽象的人"吗？

基于以上的考虑，我们以为在我们研究公共性问题的时候，一定要注意以下几点。第一，"公共性"与"共同性"不同，"公共性"是以"私人性"或"私独性"为对极和基础的，本质上是一种在现代性的社会存在的社会现象，而不是人类社会亘古以来就存在的现象。也就是说，只有在市场经济和市民社会有了相当程度的发展、人们普遍地意识到了自己的私人利益与共同体利益的差别、社会以法律的形式承认和保护私人财产不受任何组织和个人的侵犯、相应的国家走下了神坛或"祛魅"

之后，才真实地出现了"公共性"的问题。"国家契约论"不过是思想家们把市场经济中通行的契约原则运用到国家起源问题上的表现，同时也是限制国家权力并重构政治合理性的理论基础，更是现代民主制度的思想理论基础。所以，尽管它在"科学上"是错误的，可在实践中却是有道理的，为人们所信服或愿意信服的。

第二，"公共性"也不能简单地等同于"社会性"，理解"公共性"需要结合公共性的承担者来进行。人都是社会的人，无论做什么事都与社会分不开，都具有社会性。马克思曾阐述过此问题，即使是完全个人的私人的活动，直观地看是一个人的个人活动，但也离不开社会，因为他使用的工具、语言、经验等都是社会的历史文化提供的。正因为如此，人们之间才能够理解和交流。但如果把公共性等同于社会性，实际就消解了公共性这个概念的独特意义和作用。从思想研究的历史上看，提出和探讨公共性问题，既与区分私人性相关联，更与公共生活、公共领域的形成联系在一起。私人性、私密性从来就存在，但在人的发展阶段比较低的时候，多数人还没有比较自觉地意识到自己的主体性的时候，即没有将此作为一种个人权利要求保护和尊重的时候，经常受到他人和社会侵犯就具有普遍性和必然性。要求进行这种区分，本身就是人的发展和社会发展的一种进步。比如，把宗教和信仰问题当作一个私人问题，其不应受到歧视性限制，这也就把私人生活与公共生活区分开来了，公共生活领域也就开辟出来了，公共性也就产生了。当然这也有一个过程，是从自发到自觉、从偶然出现存在到普遍存在的过程。在这个过程中，思想家们发挥了非常重要的作用。顺此观之，公共性与公共领域、公共生活、公共物品、公共规则等直接联系在一起，这是个人的主体性尤其是主体自觉性发展到一定程度的结果，表现在社会政治方面，就是公民的权利和义务得到相应的法律规定和保护的结果，是公民自觉为公民既要维护自己的权益也得尽到自己的义务，使权利和义务统一的结果。公民权利从来都是通过斗争争取来的，也是通过成立一定的市民社会组织来维持和保障的。当人们都还消极地像祈求上天降下甘霖一样希望国家能赐予自己某些权利，即我们最熟悉、最常用的"放权"的时候，证明人们的主体性发展还很不充分，还没有形成公民意识，还普遍遭受着"臣民"意识的支配。在这种条件下，人们也反对不平等和特权，但他们所反对的不是不平等和特权制度本身，而是自己没有特权的这种具体现实，所以，一旦自己得到了权利，尝到了权利的甜头，就不仅不再反对特权，反而转变为维护不平等和特权制度的力量。在这种情况下，公共生活就难以形成合理的规则和秩序，更多的是借助"公共"之名、集体之名，压制和排斥那些反对特权的力量；是普遍性地公权私用，把自己掌握的公权利变成谋取私利的手段，贪污腐败就会因为有深厚的社会基础和肥沃的土壤而难以得到有效的遏制。

第三，目前对公共性的研究属于中国的现代性民主启蒙的一部分，不仅需要阐明和解释公共性的概念内容，更需要廓清"公共性"的真实基础，理清公共性与私人性的真实关系；需要立足于当今中国社会转型期的基本现实，针对中国市场经济发展和与这种经济基础不相适应的政治的、法律的和观念领域的问题，针对传统文化中那些不利于中国社会现代化和人的现代化的东西，从哲学的高度进行一种批判性的考察，从规范的角度提出一些建设性的建议。比如说，当下中国的社会信任度很低，有人甚至认为存在严重的"信任危机"，使得交易成本很高从而阻碍了社会交往的顺利进行，引起了很严重的后果。可许多人把"信任危机"归结为"诚信缺失"，是道德滑坡的表现，应对之策就是在加强道德教育上下功夫。这是很有问题的。实际上，信任的信与诚信的信是不同的，信任之信本质上是一种公共生活中的基本要求，即要论道德，而且主要是公共道德问题，而不是私人道德问题。中国传统道德主要是一种私德，公德比较缺乏。原因是在传统社会缺乏一个公共生活领域，家国同构，孝亲、敬上、忠君一路上来，都是当作一种私德而存在的，根本没有交往主体的平等资格和权利的概念，也就缺乏公共生活的规则和规范，人们也就不会有遵守公共规则的观念和习惯。古人在社会交往中也存在信任问题，但主要依靠人格信任模式来解决，即依靠对交往者的人品（诚信与否）的熟悉和确认来解决，这在当时的熟人社会、交往很不普遍的条件下基本是够用的，而到了现代社会，广泛交往使得每个人都生活在"生人社会"中，不同主体在权利平等条件下的交往只能依靠契约以及规则的权威来解决各种矛盾，信任问题就再难以依靠这种人格信任的模式，而必须转换为系统信任的模式。从这个角度看，我国现在的信任危机，实质是社会转型过程中和社会公共生活形成过程中遭遇的危机，是旧式的人格信任模式已经失效而以法制为基础的各种社会规范的权威性还没有确立起来所导致的危机，是人们的主体性普遍觉醒但又不很健全、不很完善的一种具体表现。我们的公共性研究不能总在概念和观念领域做文章，一定要结合社会发展和人的发展中的具体问题，进行现代化和民主精神的启蒙，进行公共生活和公共精神的启蒙，这样才能产生积极的社会影响。

Several Issues on "Publicness"

Ma Junfeng

Abstract: With the deepening of reform and opening up with market orientation in China, people's subjective consciousness and citizen consciousness are becoming more and more conscious, and their attention and requirements for public affairs, public life and public spirit are also increasing. Correspondingly, the research on publicness becomes an academic hotspot, and the emergence of divergent opinions is inevitable. In this paper, it is thought that research on publicness from the philosophical aspect should pay attention to the difference between the eastern and western contexts and to the difference among various disciplinary perspectives. It also should have a self – conscious critical spirit and democratic consciousness of enlightenment, striving to capture the real problems of contemporary China and playing the due role in the realization of national modernization.

Keywords: "Publicness"; Enlightenment; Public Affairs; Public Life

About the Author: Ma Junfeng (1954 –), Philosophy Ph. D., professor at School of Philosophy, Renmin University of China. Research interests and specialties: marxist philosophy and value theory. Magnum opuses: *New Exploration of Marx's Philosophy*, *Research on Marxist Value Theory*, *Evaluation Activity Theory*, etc. Email: mjf1101@ sina. com.

儒家价值体系及其与人类共同价值的关系

孙伟平*

摘　要：儒家价值体系是中国乃至东亚传统价值观的主体构成部分。依据哲学价值论的学理结构，儒家价值体系的内容可扼要地概括为：以"仁"为本位价值，坚持重义和理、轻利和欲之类价值取向；以"礼"为中心的价值秩序，旨在通过"修身为本"的价值实践实现"至善"价值理想。儒家价值体系与人类共同价值是相互关联、相互作用、辩证统一的。儒家价值体系不是离开人类共同的文明发展大道的结果，而是东亚文明发展中的思想文化精华，是人类文明的智慧结晶和有机组成部分。人类共同价值必须以儒家价值体系等地区价值观为基础，深刻反映、汲取儒家价值体系等的精髓。

关键词：儒家价值体系　东亚价值观　人类共同价值　辩证关系

儒家价值体系历史悠久，内涵丰富，是中国乃至东亚传统价值观的主体构成部分。尽管自近代以来，儒家及其文化价值观曾经遭受广泛的质疑和批判，但作为"活着的"文化传统，它对东亚社会的影响仍然根深蒂固。在全球化、信息化、智能化时代，儒家价值体系绝对是一种无

---

* 孙伟平（1966—　），博士，上海大学哲学系教授，主要从事价值论、伦理学、智能哲学研究，著有《事实与价值》《伦理学之后》《信息时代的社会历史观》等。电子邮箱：swp1966@126.com。

法忽视的传统，在人类共同价值的追寻中占据着重要地位，无论站在什么立场上、采取什么态度，我们都无法回避它的存在、无视它的影响。或许，正确的态度应该是：对儒家价值体系进行客观的总结、审慎的剖析，加以"创造性转化"和"创新性发展"，使之成为涵养人类共同价值、促进人类文明发展的有益资源。本文拟以中国先秦儒家经典为主，根据哲学价值论的学理结构，扼要梳理、归纳、分析儒家价值体系的主要内容，并原则性地讨论它与人类共同价值的关系。

一　以"仁"为本位价值

本位价值是一定的价值观念体系中居于核心地位的价值标准或价值规范。儒家的本位价值突出地体现在孔子"好仁者无以尚之"、孟子"亦有仁义而已矣"等经典命题之中。在儒家价值体系中，价值和道德规范不可胜数，包括仁、义、礼、智、信、孝、悌、忠、诚、勇等。但是，"仁"与其他道德规范不同，它是贯穿孔子和儒家学说的核心范畴，常常用于表示最高的道德境界、基本的道德原则和综合的全德之名，①可以说是儒家学说的本位价值。

第一，"仁"是人和人的本性。孔子、孟子甚至将"仁""人"互训，将仁作为人的同义语。如孔子明确地说："仁者，人也。"（《中庸》）孟子也说："仁也者，人也。合而言之，道也。"（《孟子·尽心下》）用人来界定仁，包括孔子所说的"天地之性人为贵"，确定了人在世界万物中的至上地位，仁道原则于是成为儒家价值观的根本原则。

第二，"仁"所表达的是一种忠恕爱人精神。《论语·颜渊》中记载了孔子对仁的界说："樊迟问仁。子曰：'爱人。'"这是孔子对仁的内涵

---

① 儒家思想以"仁"为核心，这是一种公认的看法。《论语》中共有 58 章、109 处关于"仁"的论述。早在先秦《吕氏春秋·不二》中，便有"孔子贵仁"之说。后世大儒也多持此说。例如，朱熹说："学者须是求仁"，"圣人亦只教人求仁"。（《朱子语类》卷6）陈淳说："孔门教人，求仁为大。只专言仁，以仁含万善，能仁则万善在其中矣。"（《北溪字义》卷上）甚至有人称儒家的学说为"仁学"。

的一般性解释。所谓爱人，即是爱众，孔子提倡"泛爱众而亲仁"，"博施于民而能济众"。孔子要求人们，从消极方面来说，"己所不欲，勿施于人"；从积极方面来说，"己欲立而立人，己欲达而达人"。孟子也要求，"仁者以其所爱及其所不爱"，"老吾老以及人之老，幼吾幼以及人之幼"。综而观之，即要人们学会"能近取譬""推己及人"："所恶于上，毋以使下；所恶于下，毋以事上；所恶于前，毋以先后；所恶于后，毋以从前；所恶于右，毋以交于左；所恶于左，毋以交于右。"（《大学》）孔孟的思想也就是"忠恕原则"，孔子的学生曾子等人曾将之概括为孔子的"一贯之道"。①

第三，"仁"是人的一种内在的精神品质，是人的心灵的归宿。孔子曾在不同的场合反复言说，"仁者乐山"，"仁而静"，"仁者寿"，"仁者不忧"，"仁者必有勇"，"里仁为美"②……孟子也说，"仁则荣"，"仁者无敌"……也正因为如此，"仁者安仁"，"求仁而得仁，又何怨"。

第四，在儒家的价值取向中，"仁"是首要的价值选择。孔子主张，"当仁，不让于师"，志士仁人"无求生以害仁，有杀身以成仁"。如果"仁"与其他价值发生了冲突，必须毫不犹豫地克制自己、约束自己，牺牲其他的道德价值，甚至不惜牺牲自己的生命，即"杀身成仁"。

第五，"仁"不仅是目的价值，其还具有某些具体的手段价值。"达仁"是人们求知、处世、为政等的指导原则。儒家认为，只有清心寡欲，具备高尚的道德情操，才能求得知识，甚至仁义道德本身就是学问。例如，朱熹曾说，"学者须是革尽人欲，复尽天理，方始是学"（《朱子语录》卷13）。特别是儒家把"仁学"施之于政治，形成了影响深远的"仁政说"，从而改变甚至塑造了东亚的政治理念和政治格局。在儒家看来，仁道原则通过"尚贤"、行德政、明教化之类措施，通过"修身、

---

① 对于忠恕原则，后世儒者多有发挥。如董仲舒强调："仁之法在爱人，不在爱我。"韩愈在《原道》中提出："博爱之谓仁。"张载在《西铭》中提出："民，吾同胞；物，吾与也。"朱熹认为，仁"是爱之理，心之德"，并以"生"释"仁"。

② 孔子的"里仁为美"揭示的是，如果道德修养达到了一定的境界，理想人格就会得以塑造，这不但是至善，而且给人一种深刻的优雅的美的感受。

齐家、治国、平天下"的价值实践，就能够使国家甚至天下达到"大治"。

仁的实现任重而道远。曾子曰："士不可以不弘毅，任重而道远。仁以为己任，不亦重乎？死而后已，不亦远乎？"（《论语·泰伯》）当然，一般而言，做仁人，行仁道，并不是高不可攀、可望而不可即的。孔子曾经说，"为仁由己"，"我欲仁，斯仁至矣"。即是说，只要人们真心向往和服膺仁德，在日常生活实践中努力践行仁道，那么就已经走在仁道之路上了。

儒家以仁为本、仁义至上的价值原则和价值标准，突显了人的重要地位，在一定程度上体现了现代社会的人道原则与人文精神，大体上可以算是一种以人为本、以人为贵的人本思想。儒家的"己所不欲，勿施于人""己立立人，己达达人"的博爱精神、"忠恕之道"，更是被后人视为"道德黄金法则"，为新时代追寻全球伦理、"人类共同价值"提供了初步的原则和宝贵的资源。

二　偏重道德的价值取向

价值规范是主体价值评价、选择的具体标准和方向，或者主体对不同价值的选择倾向性。儒家从以仁为本出发提出了一系列应该恪守的道德规范，主要有义、礼、智、信、孝、忠、悌、敬、诚、勇等，与之相对的则是一些应该节制或摒弃的道德规范，如利、欲、私等。这明显是一些偏重道德的价值取向。

1. 重义轻利

儒家认为，人之所以"异于禽兽者"，或人之所以为人者，主要在于人"有道德"。而"有道德"的关键，在于有"义"。"义"，是一种无私的责任感和使命感，是一种无偿的义务。"义以为上"，"义然后取"，是儒家学说的重要价值原则。例如，孔子的"见利思义"，以及孔子赞赏的"义然后取"；孟子的"生，亦我所欲也；义，亦我所欲也。二者不可得兼，舍生而取义者也"（《孟子·告子上》）；荀子的"先义而后利者荣，先利而后义者辱"，"持义而不挠"（《荣辱》）；王夫之的"生以载义，生可贵；义以立生，生可舍"（《尚书引义》卷5）；等等，都对这一价值原则做了肯定性阐释和引申性发挥。

儒家对"义"的推崇与对"利"的贬抑密切相关，从而形成了一种重义轻利、"耻于言利"的文化传统。如孔子提出"君子喻于义，小人喻于利""君子怀德、小人怀土；君子怀刑，小人怀惠""不义而富且贵，于我如浮云"，孟子提出"何必曰利""去利，怀仁义以相接""苟为后义而先利，不夺不餍"，荀子提出"义胜利者为治世，利克义者为乱世"，等等，儒家逐渐形成了推崇道义和道义价值、否定利益和功利价值的义利观，并在社会上逐步确立起来。发展到汉代董仲舒的"正其谊（义）不谋其利，明其道不计其功"，再到宋代程朱理学的"存天理，灭人欲"，儒家义利观逐渐演变为一种片面、偏激的抑利扬义观念，并随"独尊儒术"成为统治者的官方学说，渗透到社会生活的各个层面，成为指导、制约人们思想和行为的重要价值取向。

当然，强调"义以为上"，并不是说儒家只讲仁义道德，不讲实务功利。"利"的存在是客观的，这是无法否认的，正所谓"天下熙熙，皆为利来；天下攘攘，皆为利往"。一般而言，儒家在讲"立德为本"时，从来都强调"立功"；在主张"先义后利"时，也强调义利统一。例如，王夫之就曾提出"义利统举"，不可偏废。甚至"义"并不是"非利"，而是"公利"、整体或群体的"大利"。同时，并非只有"小人"才"怀惠"，而"君子"也"爱财"，只是应该"取之有道"而已。由此可见，儒家并不完全排斥利，只不过儒家所讲的"利"是整体之利、群体之利，而个体之利没有得到充分重视，总是淹没、消融于整体之利、群体之利中。在儒家价值体系中，对求真、务实、趋利、进取、立功的追求，更是人们在社会生活中的普遍选择。没有这种求真、务实、求利、建功的传统道德取向作为思想基础和心理准备，东亚根本不可能在近代落伍之后，在世俗功利方面取得令世人瞩目的伟大成就。

总之，义利关系实质上反映了道德价值和功利价值的关系问题。它们之间并不必然存在冲突，儒家价值观的主要缺陷在于把"义"与

"利"对立起来，割裂开来，一事当前，往往从道义方面着眼，只注重用道义标准衡量是非得失。正确的义利观应该将两者统一起来：既不应忽视物质利益对于社会人生的基础意义、推动作用，又要防止见利忘义，损人利己甚至损人不利己，为了个人或小集团的利益而损害集体、国家或民族之大义。

2. 重理轻欲

利指向人的感性欲望的满足，而义则体现了理性的要求，因此，义利关系逻辑地关联着理欲关系。在儒家学者看来，"理"是指事物的规律和人生的规范，"欲"则指人的欲望和需求，包括人的生理欲求和物质欲望。作为一对互相对立的范畴，理欲反映了主体内在结构中道德理性和人的欲望之间的关系。

儒家理欲观的发展经历了一个复杂的历史过程。先秦儒家从其义利观出发，早就意识到并提出了理欲问题。孔子曾说富与贵是"人之所欲"，但必须"以其道得之"。孔子还说，"君子谋道不谋食"，"君子忧道不忧贫"，并对"孔颜乐处"大加褒扬。当然，孔子也说过"富而可求也，虽执鞭之士，吾亦为之"（《论语·述而》），而且，孔子还"食不厌精，脍不厌细"，可知孔子是承认利益、欲望的合理性的，只是总体上倾向于轻欲、制欲。孟子则明确地将静心"寡欲"作为一切德行的基础："养心莫善于寡欲。其为人也寡欲，虽有不存焉者，寡矣；其为人也多欲，虽有存焉者，寡矣。"（《孟子·尽心下》）荀子虽然肯定追求欲望是人性之"本然"，是"生之所以然"，但坚持"性恶说"，认为这种本性是恶的，必须以理治欲、以理制欲，否则就会出现"人欲盛而天理灭"的可悲局面。

先秦儒家特别是荀子的"以理制欲"说被宋明理学、心学家继承下来，并进一步发展为"存天理，去人欲"。例如，朱熹明确强调天理与人欲的对立，认为天理是善，人欲是恶，只有"革尽人欲"，才能"复尽天理"；周敦颐则认为，人欲不能仅限于孟子的"寡"，应进而达到"无"，无则"诚立明通"；陆九渊、王守仁等心学派也主张"去欲"，认为"欲去则心自存矣"。可见，宋明理学把先秦儒家的重理轻欲说发展到了极端。它通过将理与欲绝对对立起来，把天理推崇到高于一切的位置，从而根本否定了人们的利益、欲望的价值。程颐甚至进一步说："饿死事小，失节事大。"理学要求寡欲、无欲的绝对道德价值学说发展到宋明理学，在一定程度上演变成了漠视个体存在、"以理杀人"的武器。

但是，传统的这种重义轻利、重理轻欲的倾向，并不能掩盖如下一个基本事实：任何人都生活在现实的各种利益关系之中。人的欲望、需求，如同荀子所说是"人之本性"，但并不像荀子所断定的，一定是恶。诚然，不加控制的"兽欲"、无止境的"贪欲"可以说是祸，但正当的合理的利益、欲望、需求却是人的行为的内在驱动力。因此，保障人们的合理利益、欲望与需要得到满足，尽可能提高社会大众的生活质量，是现代文明社会的基本准则。那种违背人性的禁欲主义，那种以贫穷为目标、使社会大众安贫乐道的社会理想等，与现代社会的人本原则、效益原则、竞争原则、进取精神是格格不入的。

儒家具体的价值规范、价值取向还有很多，包括忠君唯上、贵义贱生、重德轻才、重名轻实、公而不私、重农抑商，等等。概而言之，这些价值规范、价值取向旨在通过教养化育、修身养性，使得广大民众接受、认同，进而成为人们在社会生活实践中进行价值评价、选择的依据。然而，这些重群体、重道德，贬抑个体及其利益、欲望的价值规范和价值取向，与现代社会突出个体原则、效益原则等形成了对照，需要结合新的时代语境和具体实践进行"创造性转化"和"创新性发展"。

三　以"礼"为中心的价值秩序

所谓社会秩序观念，就是价值主体内心中关于社会生活的结构、秩序和运作方式的观念。儒家对社会结构、秩序和运作方式的设计，主要是通过"礼治"来实现的。在儒家看来，"礼"是一套"应该"甚至"必须"服从的"绝对律令"，如"礼之于正国也，犹衡之于轻重也，绳墨之于曲直也，规矩之于方圆也"（《礼记·经解》），其是解决人与他人和社会之间矛盾、维护社会秩序的一套重要的行为规则、道德规范。

礼最早来自古代宗教。儒家的"礼"是古代宗教的世俗化转型。孔子曰："殷因于夏礼，所损益可知也；周因于殷礼，所损益可知也。"（《论语·为政》）三代之礼虽有所损益，但基本上是一脉相承的。儒家的礼承袭三代之礼，它与"德"是直接相关的，是在"德"的基础上的"创造性转化"。孔子说，"道（导）之以政，齐之以刑，民免而无耻；道（导）之以德，齐之以礼，有耻且格"（《论语·为政》）。对于治理社会来说，行政强制与刑法处罚都不如德化、礼治实施起来有效。

礼由仁义而生，与天道天理、血缘亲情互相关联。"仁者，人也，亲亲为大；义者，宜也，尊贤为大。亲亲之杀，尊贤之等，礼所生也。"（《中庸》）①"凡礼之大体，体天地，法四时，则阴阳，顺人情，故谓之礼。"（《礼记·丧服四制》）古有"五礼"，祭祀之事为吉礼，冠婚之事为嘉礼，宾客之事为宾礼，军旅之事为军礼，丧葬之事为凶礼，内容涵盖人与天、地、鬼、神的各种关系，如"祭天""祭地""祭祖""祭宗庙"。儒家认为，这种因天理、顺人情的礼是人别于禽兽的标志之一。礼甚至是"成己""成人"的必要条件。

礼也是实现仁的途径。孔子说："不学礼，无以立"，"克己复礼为仁"。程子曰："礼者人之规范，守礼所以立身也。安礼而和乐，斯为盛德矣。"（《二程集·河南程氏粹言卷第一》）要做到仁，必须"非礼勿视，非礼勿听，非礼勿言，非礼勿动"，即视、听、言、动都必须循礼而行。当然，仁与礼是互相联系、互相规定、互相彰显的，礼必须以仁为思想内容，仁则必须通过礼来实现。有仁而无礼易陷于粗野，有礼而无仁则必流于虚伪。仁是人的内在需要，而"礼自外作"是人的外在规范和要求；遵从外在的"礼"是实现内在的"仁"的途径。

---

① 《荀子·礼论》曰："礼起于何也？曰：人生而有欲，欲而不得，则不能无求，求而无度量分界，则不能不争，争则乱，乱则穷。先王恶其乱也，故制礼义以分之，以养人之欲，给人之求。"

　　礼还是别身份、定尊卑、确立社会等级秩序的基本方式。《左传·隐公十一年》曰："礼，经国家，定社稷，序人民，利后嗣者也。"①为了维护皇权专制统治，儒家订立了严格、详尽的等级秩序规范，如"三纲五常""三从四德"等；同时，又制定了一整套完整、系统的礼仪规矩，如晚辈对长辈、下级对上级、女子对男子见面必须鞠躬、说话必须使用"敬语"，吃饭要等长辈先动筷子、走路要让长辈先行，等等。每个个人都必须"站有站相，坐有坐相"。这套礼仪规范借助严格持续的"教化"制度予以推行，力图使"尊卑有别""父子有亲，君臣有义，夫妇有别，长幼有序，朋友有信""君仁臣忠，父慈子孝，兄友弟恭"的宗法等级制度、规矩，变为人们内心中根深蒂固的信念。

　　礼的运用，关键在"和"。孔子的弟子有若的话具有典型性："礼之用，和为贵。先王之道，斯为美；小大由之。有所不行，知和而和，不以礼节之，亦不可行也。"（《论语·学而》）也就是说，礼的运用以和谐为目标，以和谐为贵。昔日先王用礼，在"和"的方面做得最完美，无论大事小事，都依礼而行。假如有行不通之处，都本着"和为贵"的原则加以调和。当然，任何调和若不以礼节制，都不可行。儒家希望君臣、父子、夫妻、兄弟、朋友等各正其名、各守其位、各司其职，以使整个社会、国家和谐有序。

　　而正因为"礼自外作"，因而人人都必须努力修身养性，使行为举止合乎礼的要求，合乎仁道原则。也正因为此，"礼教"的目的在于从"礼制"进化到"礼治"，规范人们的举止行为，维护社会秩序，实现社会和谐。"礼"虽然不是法，却近似于法。特别是在当时法制不健全的情况下，礼具有法的地位，具有类似法一样的整合社会、维持秩序的功能。我们也可以说，"礼"即是"法"，"礼"甚至高于"法"。以"礼"

---

① 《左传·昭公二十六年》记载了西周之"礼"："君令臣共，父慈子孝，兄爱弟敬，夫和妻柔，姑慈妇听，礼也。君令而不违，臣共而不贰；父慈而教，子孝而箴；兄爱而友，弟敬而顺；夫和而义，妻柔而正；姑慈而从，妇听而婉；礼之善物也。"

代"法"，是东亚传统文化价值观的一个重要特点。①

四 "至善"价值理想与"修身为本"的价值实践

儒家的价值理想是达到"至善"。《大学》开篇就引人注目地指出："大学之道，在明明德，在亲民，在止于至善。"这即是著名的《大学》三纲领。而在三纲领之中，"明明德"和"亲（新）民"都明显地指向"至善"。

"明明德"的展开，即表现为"明明德于天下"：通过"自诚明"和"自明诚"以及具体的道德实践，达到自觉的道德境界，培养一种理想人格。理想人格以仁道原则为基础，包括以"爱人"为表现的仁爱情感，"仁者必有勇"之类意志品格以及这两者之间的自觉理性（知），也即知情意的统一。一个人的理想人格的形成过程，就是"内圣"过程。

而从具体的人格典范来说，理想人格大致可以分为两类，即圣人和君子。根据孔子的说法，圣人是理想人格的完善化身，是人格的最高境界。不过，普通人是很难达到圣人境界的，甚至尧舜也没有完全成为圣人。至于君子，则不像圣人那样尽善尽美，那样高不可攀。君子是现实生活中的典范，② 是普通人都可以达到的境界。也就是说，"人皆可以为

---

① 当然，儒家推行"礼治"，重视伦理道德的教化、节制作用，并没有完全否定法的地位和作用。例如，孔子曾说，"刑罚不中，则民无所措手足"；贾谊对礼、法的作用进行了区分："夫礼者禁于将然之前，而法者禁于已然之后。"（《汉书》卷 48《贾谊传》）……但是，儒家将社会分为两个不同的阶层，即"劳心"的统治者和"劳力"的被统治者，"刑"主要用来对付被统治者，对付"刁民"，而士大夫阶层则主要"以礼节之"。而且，儒家明确主张德主刑辅、礼主法辅，以礼为纲、以法为用。在儒家看来，法是形式的、机械的，只能导致被动的相对应的行为；而礼是内在的、自主的，是具有活力规范，能够帮助人们自主地提高内在的道德修养，自觉地约束自己的言行。与礼相比，法只是一种辅助性的统治手段；如果个人的自我修养、社会的道德风尚到位，那么根本用不着法律的强制性约束了。也正因为如此，儒家不仅提倡"无争"、和谐，而且希望整个社会"无讼"，建设秩序井然、其乐融融的"礼仪之邦"。

② 孔子等对君子品格有许多描述，如"君子笃于亲"，"君子贞而不谅"，"君子义以为质，礼以行之，孙以出之，信以成之"，"君子谋道不谋食"，"君子忧道不忧贫"，"君子矜而不争，群而不党"，"君子不忧不惧"，"君子泰而不骄"，"君子和而不同"，"君子中庸，小人反中庸"，"君子坦荡荡，小人长戚戚"，"君子上达，小人下达"，等等。

君子"。

与"明明德于天下"相联系，"亲民"也进一步展现为"平天下"的社会政治理想。《大学》中说："古之欲明明德于天下者，先治其国；欲治其国者，先齐其家；欲齐其家者，先修其身；……身修而后家齐，家齐而后国治，国治而后天下平。"齐家、治国、平天下的过程，就是"外王"过程。

"明明德"于天下与"亲民"平天下的具体目标是统一的。前者是基础，是出发点、立足点和关键之所在。儒家认为，"内圣"是"外王"的基础，必须以"内圣"统驭"外王"。牟宗三曾经指出："若是真想要求事功，要求外王，唯有根据内圣之学往前进，才有可能。"① 当然，前者又必须具体地落实到后者之上，否则，便会沦为无聊、误人、误国的空谈，与佛道之虚无寂灭没有区别了。而两者的实现最终又都以修身，即个体的自我完善为前提。孟子曰："天下之本在国。国之本在家，家之本在身。"（《孟子·离娄》上）因此，自天子到庶人，都必须"以修身为本"。君子必须"修己以敬"，"修己以安人"，"修己以安百姓"。上至天子、王公贵族、各级官员，下至普通的庶民百姓，如果都能够以修身为本，自觉遵守道德规范，保持高尚的道德情操，特别是严格地"慎独"，那么，整个社会就自然是稳定、和谐、有序的"德化社会"。

至于"修身"，是一个非常庞大、复杂的"系统工程"，必须经过一个完整的过程。《大学》中明确指示了这一过程："欲修其身者，先正其心；欲正其心者，先诚其意；欲诚其意者，先致其知，致知在格物。"即必须通过带有伦理倾向的自觉，净化自我的精神本体，使之符合普遍的道德规范。孔子从"性相近，习相远"出发，为人们指点"修身"的关键。孔子认为，每个人的本性都是相近的，但修身能否达到理想人格，关键在于如何习行。人们可以通过"志于道，据于德，依于人，游于艺"，即以普遍的人性所提供的可能为内在根据，通过习行（如博学、笃志，文之以礼乐等后天努力的方法）进行道德锻造。或者说，通过

---

① 牟宗三：《政道与治道·新版序》，台北：学生书局，1987。

"好学"知晓"仁道"（"好学近乎知"），通过"力行"实践"仁道"（"力行近乎仁"）；假如背离了"仁道"，则应该感到羞耻（"知耻近乎勇"），从而在社会生活实践中逐步逼近价值目标。

总之，儒家的价值理想是至善，要求个人成为至善的人，将社会建设成至善的社会。但这一切只能通过修身（内圣）这种道德实践加以实现。不过，儒家相信，"人能弘道"，只要有"平治天下，舍我其谁"的气概，有"为天地立心，为生民立命，为往圣继绝学，为万世开太平"的情怀，有"朝闻道，夕死可矣"的志气，有颜回"一箪食，一瓢饮，在陋巷，人不堪其忧"也"不改其乐"的精神，有"天行健，君子以自强不息"的意志力，通过自己的主观努力修行，"内圣"进而"外王"之道就可以实现。我们应该客观地说，儒家的这套修身养性、负荷担道、经世安邦、变革世界的价值实践方略，具有不可否认的历史和现实价值。相较佛老的消极遁世、空玄寂无，这套"内圣外王之学"无疑积极得多、达观得多，产生的现实效果也要好得多。在这套价值体系的长期熏陶下，儒家在历史与现实中贡献了一大批经邦济世的杰出人物，在社会治理、社会变革、推动社会进步方面建立了不可磨灭的历史功勋！

五　儒家价值体系与人类共同价值的辩证关系

所谓人类共同价值，是指事物对于全人类所共同具有的价值，即反映世界各个民族、国家、地区的人民的利益和需要，超越了多层次的具体主体（宗教、民族、国家、地区、阶级、阶层、党派、群体以及具体个人）界限的价值信仰（信念）、价值理想、价值标准以及具体的价值取向。"人类共同价值"具有普遍性，是世界各个民族、国家、地区处理人与自然、人与社会、人与人之间的关系，是治国理政、管理社会、开展国际交往的共同价值准则。在全球化、信息化、智能化时代，儒家价值体系不可能不与其他国家和地区的价值观进行交往、对话，不可能不涉及"人类共同价值"。那么，儒家价值体系与"人类共同价值"是什么关系呢？这个问题不容回避。

我们应该看到，一个民族、国家、地区的文化价值观，特别是核心价值观，是该民族、国家、地区的人民长期生活实践的产物，是该民族、国家、地区人民的根本利益和优势需要的观念表达。它往往同这个民族、国家、地区的历史文化传统相联系，同这个民族、国家、地区的人民的生活实践相契合，同这个民族、国家、地区需要解决的时代问题相呼应。在历史上，由于不同民族、国家、地区所处的地理位置不同、自然条件不同、发展历程不同、文化传统不同，特别是现实利益不同，因而形成的文化价值观往往不尽相同，各具特色。然而，虽然各个民族、国家、地区的文化价值观不尽相同，具有相应的民族性或地域性，但这些价值观往往并不是相互对立、水火不容的。如果我们摒弃"对抗性思维"，冷静而客观地进行分析，那么不难发现，各个民族、国家、地区的文化价值观往往具有一定的共通性和普遍性。

具体就儒家价值体系与人类共同价值的关系综合而言，一方面，儒家价值体系不是离开人类共同的文明发展大道的结果，而是东亚文明发展中的思想文化精华，是人类文明的智慧结晶和有机组成部分。儒家价值体系一直具有浓厚的"天下"意识，具有鲜明的群体协作精神。"仁爱""信义""平等""公正""和谐"等价值范畴，以及"己所不欲，勿施于人""己立立人，己达达人"的"忠恕之道"，都具有高度的可普遍化性。在民族、国家、地区之间的交往中，儒家价值体系是在一定的时代背景下人类共同价值在东亚的具体表现，是对人类共同价值的吸纳和发展。另一方面，人类共同价值必须以儒家价值体系等地区价值观为基础。人类共同价值必须反映世界人民的普遍愿望和共同心声，是世界各民族、国家、地区共同认同的价值观，它必须深刻反映、汲取儒家价值体系等的精髓。当然，由于各个民族、国家、地区的文化传统、经济发展水平、意识形态和政治制度不同，甚至差异很大，因而人类共同价值只能是一种基本的"底线价值"，目前只能在不同文化价值之间"求同存异"，逐步地向前发展、向上提升。

　　总之，儒家价值体系与人类共同价值是相互关联、相互作用、辩证统一的，绝不应该将之割裂开来，甚至对立起来。我们既要保持开放心态，在儒家价值体系建设中彰显"人类意识"和整体精神，吸纳全人类共同的文明成果和人类共同价值，又要保持文化自信，令人类共同价值汲取、彰显儒家价值体系的精髓，从而将特殊性和普遍性、民族性和世界性有机统一起来。

On Confucian Value System and Its Relationship with Human Common Value

Sun Weiping

Abstract：The Confucian value system is the main component of traditional values in China and even East Asia. According to the theoretical structure of axiology, the content of the Confucian value system can be summarized as follows: regard "benevolence" as the standard value, adhere to the value orientation of more righteousness, reason, less profit and desire, and take "etiquette" as the center of the value order, aiming at realizing the value ideal of "the highest good" through the value practice of "self - cultivation as the basis". The Confucian value system and human common value are interrelated, interactive and dialectically unified. The Confucian value system is not the result of deviating from the common development of human civilization, but the ideological and cultural essence of the development of East Asian civilization, and it is the crystallization and organic part of human civilization. It is the wisdom crystallization and organic component of human civilization. The common value of mankind must be based on the Confucian value system and other regional values, and deeply reflect and absorb the essence of the Confucian value system.

Keywords：Confucian Value System；East Asian Values；Human Common Value; Dialectical Relations

About the Author：Sun Weiping (1966 –), Ph. D. , professor at Department of Philosophy, Shanghai University. Research interests and specialties：axiology, ethics, philosophy of intelligence. Magnum opuses：*Facts and Values*, *After Ethics*, *Social Conception of History in the Information Age*, etc. Email：swp1966@ 126. com.

乡村公共道德平台的重建何以可能？

王露璐 *

摘　要：中国传统村庄形成了日常化的公共道德平台，并在道德评价、道德传播和道德约束等方面发挥了重要功能。伴随着乡村社会生产、生活、交往方式的变化，传统村庄公共道德平台日渐式微。乡村公共道德平台的重建应充分适应当地经济社会发展水平和农民居住形式，尊重当地民间习俗和吸纳优秀道德传统，体现乡村多元主体作用并注重发挥"新乡贤"的道德权威力量。

关键词：乡村　公共道德平台　"新乡贤"

中国传统乡村社会在稳定而日常化的道德生活形态中产生了日常化的公共道德平台，并在道德评价、传播和约束等方面发挥了重要功能。伴随着乡村社会生产、生活方式的变化，传统村庄公共道德平台日渐式微。如何重建新型的乡村公共道德平台，已成为实施乡村振兴战略中不可或缺的重要问题。

一　传统乡村社会公共道德平台的日常化及其式微

所谓公共道德平台，意指在公共生活中形成的具有道德评价、道德

---

*　王露璐（1969—　），南京师范大学乡村文化振兴研究中心主任，公共管理学院教授，中华文化发展湖北省协同创新中心研究员。

传播和道德约束等功能的特定场所、空间或活动。传统乡村的生产方式、生活方式和交往方式，使村庄形成了自身稳定而日常化的道德生活形态和公共道德平台。农耕时人们在田间休憩，取水洗衣时在井口河边相聚，特定节日时在祠堂、戏台集结，或是以特定风俗形式聚会，等等。村庄成员聚集时议论家长里短，起到了强烈的道德评价、传播和约束作用。日常化的公共道德平台，其作用主要体现在三个方面。一是使村庄传统道德惯习在潜移默化中得以传承。正如孟德拉斯所言，青年农民"做事的本领和处世之道是同一种经验：在他的孩提和少年生活中，耕作技术与家庭的田地联系在一起，像语言或礼节等其他职业生活和社会生活'技术'一样，耕作技术是在田地里学到的，并纳入一种生活方式"。[1]传统乡村社会的道德传承和道德教化渗透于日常生产、生活之中，人们从孩提时代开始就置身于这种日常化的道德传承和道德教化中并习以为常。由此，公共道德平台成为道德启蒙和传承的重要场所和形式。二是使村庄成员形成并强化共同的道德价值和道德评价。村庄共同体成员在日常化的生产和生活中通过各种方式表达并传播对某些言行或事件的肯定或否定、赞誉或贬斥，并依靠"熟人社会"对被评价者施加重要影响，从而使村庄成员形成共同的道德价值和判断。三是为维系村庄礼治秩序提供有效载体。传统村庄依靠乡规民约明确了日常生产、生活和交往中的基本准则，形成有效的自治管理。这些乡规民约一般由村中长老、士绅召集村民商议并达成共识意见后形成文字，通过在祠堂或其他村民集聚的特定场所张贴、诵读和据此对村民的奖惩强化人们的认同，也为村庄礼治秩序的维系提供了日常化的有效载体。

改革开放40年来，农村改革不断推进农业的工业化、农村的城镇化和农民的市民化进程，也引发了乡村社会伦理关系和农民道德观念的巨大变化。大量农民在城市中从事新型工作并开始融入城市的日常生活，城市在时间和空间上成为他们的"日常"甚至"精神家园"，村庄日渐成为"陌生的故乡"。同时，随着村庄合并及大量村庄工业化、市场化

---

① 〔法〕孟德拉斯：《农民的终结》，李培林译，社会科学文献出版社，2005，第81~82页。

进程的加快，部分村庄人口大幅增长，外来务工人员迅猛增加。伴随着村庄成员异质性的大大提高，乡村社会生产、生活方式变化和人们交往熟悉程度的下降，传统村庄的公共道德平台日渐式微。一方面，农业生产机械化程度的提高，自来水、家用电器的普遍使用和电视、手机等新媒体的出现，使人们在田间、井口、河边、戏台相聚的机会大大减少。另一方面，价值观念、生活方式、娱乐方式的多元化，也使传统乡村民俗的受众面逐渐缩小。大量 80 后、90 后的"新生代农民"在完成初中或高中学业后即离开村庄外出打工，他们没有根植于农耕活动的"乡土情结"，而更向往城市现代生活方式，更接受城市中的现代文化载体和活动方式，对于传统乡村生活中的活动平台和活动形式缺乏心理的认同和行动的参与。由此，村庄稳定而日常化的道德生活形态被打破，传统乡村公共道德平台失去了其日常化的表现形式。田间、井口、河边、祠堂、戏台等难以再发挥其在传统乡村社会中强大的道德评价、传播和约束功能，与走向市场化、工业化的村庄生产、生活方式和与"半熟人社会"特征相适应的新型公共道德平台产生了某种"空场"或"断裂"。

二　乡村公共道德平台重建的总体思路

斐迪南·滕尼斯（Ferdinand Tonnies）在其代表作《共同体与社会——纯粹社会学的基本概念》（Gemeinschaft und Gesellschaft – Grundbegriffe der Reinen Soziologie）中，以 Gemeinschaft 表示与社会相对应的一种理想类型，认为"共同体是持久的和真正的共同生活，社会只不过是一种暂时的和表面的共同生活"。[①] 美国社会学界将该著作译为 Community and Society，community 也成为美国社会学研究中的重要概念。20 世纪 30 年代，community 一词被吴文藻、费孝通等译为"社区"并引入我国社会学研究领域。应当看到，英文中的 community 一词兼有"社区"和

---

① 〔德〕斐迪南·滕尼斯：《共同体与社会——纯粹社会学的基本概念》，林荣远译，商务印书馆，1999，第 54 页。

"共同体"之含义。滕尼斯在使用 gemeinschaft 这一概念时更多凸显的是其内部成员间的亲密关系、共同意识及由此形成的归属感、认同感。学者们普遍认为，将 gemeinschaft 译为"共同体"能够更准确地体现滕尼斯的原意。滕尼斯提出的"共同体"主要意指以传统村庄为典型的血缘共同体、地缘共同体和精神共同体，这一理解也帮助我们获得了准确把握"社区"概念不可或缺的一个重要维度，即社区不应被理解为一个单纯的地域概念，而应被理解为一个具有"精神共同体"或"伦理共同体"内涵的概念。事实上，以"社区"概念代替曾经在相当长的时期中广泛使用的"小区"概念，绝不仅仅是名词转换上的一字之差，"社区"语词的中文表达本身，也在提示我们关注这一概念中以"社"为指向的社会性、关系性视角。正如马克思所指出的，"人的本质不是单个人所固有的抽象物，在其现实性上，它是一切社会关系的总和"。① 我们无法在理论上想象一种成员间缺乏联系的所谓纯粹的地域性"社区"概念，更无法想象在现实中构建一个人与人之间形同陌路的"和谐社区"或"幸福社区"。

党的十九大报告将乡村振兴战略上升为国家发展战略，从经济、生态、文化、政治、社会五个方面为实施乡村振兴战略进行部署。具体到一个村庄，即以"产业兴旺、生态宜居、乡风文明、治理有效、生活富裕"为基础，使村庄从一个单纯行政单位转变为一个"精神共同体"或"伦理共同体"。进而言之，如果说传统中国乡村是基于日常化的公共道德平台形成的"熟人社会"，那么，通过重建与当前乡村生产、生活、交往方式相契合的村庄公共道德平台，增强村庄成员之间的接触、交往和交流，使村庄成为一种新型的"熟人社区"，既是实施乡村振兴战略题中应有之义，也是实现乡村振兴的有效路径。

三 乡村公共道德平台重建的具体路径

具体而言，应当结合村庄经济发展方式和水平、村民居住条件和形

---

① 《马克思恩格斯文集》（第 1 卷），人民出版社，2009，第 505 页。

式、村庄传统文化习俗等因素，采取多种形式，构建新型的乡村公共道德平台。

其一，村庄公共道德平台的重建应充分适应当地经济社会发展水平和农民居住形式。城镇化、市场化、工业化进程中乡村生产、生活方式的转变已成为不可逆转的基本方向，与传统乡村农耕生产和生活相适应的田间、井口、河边等公共道德平台，总体上已经无法适应今天乡村社会发展的基本态势，也无法成为乡村振兴背景中新型公共道德平台的基本形式。与此同时，我国不同地区的乡村发展水平呈现出极大的不平衡，不同地区的村庄经济发展水平、人均收入、居住条件和方式明显不同。因此，构建新型的村庄公共道德平台，应当充分考虑当前我国乡村经济社会发展的总体态势和不同地区差异化的生产、生活方式和居住形式。例如，在乡村工业化程度较高、村庄经济较为发达、农民开始以小区方式集中居住的东部地区，应当更多考虑以企业公共活动平台、小区公共空间和设施建设、村庄公共文化活动的定期开展等形式，打造文化广场、文化礼堂、道德讲堂、村庄文体活动室等新型活动空间，这样既能加强村民间的沟通和交流，也能更好地满足他们不断丰富的精神文化需求。笔者和团队两次调研的江苏省江阴市华宏村，在 2005 年就完成了村民集中居住区 "华宏世纪苑" 的建造工程。世纪苑每套住房面积均为 208 平方米，每户设计完全相同。一个很有意思的现象是，每幢楼的一楼原先设计为车库，但在实际装修和使用中，所有村民都将一楼车库改造成了厨房和饭厅，便于在做饭、吃饭时交流、串门。这种 "改车库为厨房" 的行动，体现的正是走向工业化的村庄和受现代化生产方式影响的农民对传统村庄 "熟人社会" 的价值认同和情感依恋，也反映了他们创设新型 "熟人社区" 的实践智慧。由此，华宏世纪苑这一集中居住小区不同于 "吵架之声相闻，老死不相往来" 的一般城市小区，而成为人们彼此熟悉、相互信任的新型乡村社区，是人们在常态化的沟通、交流中形成共同的道德评价和强有力的内部凝聚。

其二，村庄公共道德平台的重建应充分尊重当地民间习俗，吸纳优秀道德传统。在中国乡村的发展进程中，不同地区的地理位置、自然条件及由此形成的生产、生活方式，形成了不同区域独具特色的地域伦理文化。应当看到，"在道德实在论的意义上说，任何一种道德知识或者道德观念首先都必定是地方性的、本土的、甚或是部落式的。人们对道德观念或道德知识的接受习得方式也是谱系式的"。① 一方面，种种现代生产、生活方式和伦理观念对乡村社会产生了重要影响；另一方面，以传统习俗、村规民约以及标识性的文化事象、空间作为主要表征的"地方性道德知识"依然存续并发挥重要作用。在笔者和团队调研的村庄中，江苏马庄村的香包大院、浙江丽水的乡村春晚、江西下聂村的聂氏祠堂、山东王杰村的王杰大讲堂等，尽管形式不一、内容多样，但都既传承了当地风俗习惯和道德文化传统，又适应当前经济社会的发展并进行了必要的创新和转换，从而构建了村民惯于且乐于置身其中并积极参与的新型村庄公共道德平台。可见，乡村公共道德平台的重建，要善于从当地民间习俗和文化传统中汲取有益资源，努力探索新形式，为村民提供更多的娱乐、交流场所和互助平台，增进村民情感，形成和谐的人际关系。

其三，村庄公共道德平台的重建应体现乡村多元主体作用，注重发挥"新乡贤"的道德权威力量。构建新型公共道德平台需要村民、乡贤和政府的共同推动。从根本上说，村民是乡村伦理文化传承与发展的主体，也是村庄公共道德平台得以构建并发挥作用最为重要的力量。要充分激发村民作为乡村伦理文化建设主体的文化热情和内生活力，鼓励他们自办、自创各种道德平台和文化活动。在村庄调研中我们发现，传统的"电影下乡""送书下乡"等形式，难以激发村民主体的参与，在基层村庄并未取得预期效果。例如，2007 年起，新闻出版总署等部门在全国范围内实施的"农家书屋"工程，规定每个农家书屋原则上可供借阅的实用图书不少于 1000 册，报刊不少于 30 种，电子音像制品不少于 100 种（张）。但在实地调研中我们发现，大多数农民对"农家书屋"兴趣不高，村委会的阅览室基本闲置。在河南扁担赵村和贵州朗利村，相当

---

① 万俊人：《道德谱系与知识镜像》，《读书》2004 年第 4 期。

数量的在"农家书屋"工程下发放的图书成捆堆放，从未拆封。与之相反，村民亲身参与的道德平台和文化形式，形成强大的感召力量，在村庄道德建设中发挥重要作用。在浙江丽水，问卷调研数据显示，热衷于乡村春晚、每年必看的村民比例达到 84.92%，以各种身份参与到乡村春晚中的村民比例高达 99.21%。一位春晚导演表示现在为难的是想上的节目太多，难以取舍。还应看到，构建符合村民需要且具有引领作用的新型道德平台，需要充分重视并发挥"新乡贤"的权威力量。乡村公共道德平台的构建也要发挥政府积极有效的引领作用，通过适当的资金支持、场所支持、政策支持、人员支持，引导各村构建具有自身特色的道德平台和文化形式，而不是以"一刀切"的平台和形式强行推进乡村道德建设。

总体上看，近年来出现在我国不同地区的乡村文化礼堂、文化广场、道德讲堂、家族祠堂、乡村书院等自发而多样、各具特色的文化载体和形式，不断打造出的新型村庄公共道德平台，成为村民自发、自觉、自愿乃至喜爱的聚集和交流平台，也形成了乡村广场舞、乡村春晚、乡村故事会、乡村乐团等道德建设的有效载体。乡村公共道德平台的重建，应当契合村庄发展水平，体现村庄地方特色，采取多种形式并使其常态化地融入村庄日常生活。由此，方能实现村庄从传统"熟人社会"走向新型的"熟人社区"，也才能使公共道德平台更好地发挥其在道德评价、道德传播和道德约束方面的功能，使其成为乡村振兴背景中道德建设的重要载体。

How to Make It Possible to Reconstruct the Rural Public Moral Platform

Wang Lulu

Abstract：Chinese traditional villages have formed a daily public moral platform which plays an important role in moral evaluation, communication, and normalization. With the changes in rural social production, life, and communication methods, the public moral platform of traditional villages is declining. The reconstruction of the rural public moral platform should sufficiently be coordinated with the local economic and social development level and the farmers' living style, with respection of the local customs and absorbtion of the excellent moral traditions. In the course of reconstruction, multiple agents should work together and the moral authority of "New Rural Model" （新乡贤） should be improved.

Keywords: Rural Area; Public Moral Platform; "New Rural Model"

About the Author: Wang Lulu (1969 –), director of Research Center for Rural Culture Revitalization, professor at School of Public Administration, Nanjing Normal University, researcher of Hubei Collaborative Innovation Center for Chinese Cultural Development.

道德共识的时代转换及其主动性认同

熊友华　王亮亮*

摘　要：道德共识是历史的、具体的和变化发展的，它必然会随着时代发展而相应转换。促进道德共识发生时代转换是达成新的道德共识的重要方式。我们要促动"我想这样认为"的情感涌现和心理趋同，夯实主动认同的物质基础和规范体系，契合主动认同的个体和共同精神需求，从而实现对时代化道德共识的主动性认同，发挥道德共识应有的规范作用。

关键词：道德共识　时代转换　主动性认同

道德共识根源于一定的社会经济关系，现实的人是其主体力量。经济关系和现实的人总是特定社会、特定历史时期的产物，从这个意义上讲，道德共识也必然是历史的、具体的，是会随着时代转换而相应转换的。道德共识的时代转换是道德原则、道德价值、道德规范与时代特征、时代诉求的紧密结合，是破解时代难题的必然产物。我们要顺应时代的发展，适时实现道德共识的时代转换，并力促人们主动性认同时代化的道德共识，以更好地服务于人和社会发展。

---

* 熊友华（1972— ），湖北大学马克思主义学院副院长，教授，博导，主要从事马克思主义发展史问题研究，著有《弱势群体的政治经济学分析》《制度变迁的正义之维》等。电子邮箱：719832261@qq.com。王亮亮（1995— ），湖北大学马克思主义学院硕士研究生，主要从事思想政治教育问题研究。电子邮箱：1341970394@qq.com。

一　道德共识的时代性

1. 道德共识的内涵解析

所谓共识，简言之，其实就是共同的认识。[①] 此种释义看似简单浅显，但仔细品味和深究，不难发现共识具有以下几个特征。①共识是生活在现实社会之中具有一定自主思维能力的活生生的人就某一问题形成的一致意见。共识主体指向人，而且是现实的人。②共识主体有多个。共识主体至少包括两个不同的主体，一个主体是无所谓共识的。③共识的内容具有差异性，差异是共识的前提和基础。④共识具有过程性，需要一定的媒介。介体是连接共识双方的桥梁和纽带，共识双方通过一定的媒介相互作用才能达成共识。

对于道德而言，我们一般将其理解为"人的一种特殊的社会规定性，是社会的一种特殊的人的价值观念"。[②] 而人从本质上来说是一切社会关系的总和。每一个人不但作为个体单独存在，而且也是社会中的人，是社会必不可少的组成部分，这就决定了人是"个体存在物"和"社会存在物"的双重统一体，具有自然属性和社会属性两个方面的规定性。人的自然属性意味着个人为了维持自己肉体及生命的存在，必然会追求个人利益；而人的社会属性则表明，只有在一定的"社会联系和社会关系的范围内，才会有他们对自然界的影响，才会有生产"，[③] 才能够满足他们的个人利益和需要。所以作为社会的一分子，个人本质上有维护社会共同利益的必然性和可能性。个人利益和社会利益是辩证统一的关系，有统一的一面也有对立的一面。在实际生活过程中，为了划定个人利益和社会共同利益的范围，客观上就需要一个诫旨来指导人们的行为活动，这时候道德就应运而生了，成为衡量人们行为是否符合"应该""不应

---

① 《现代汉语词典》（第6版），商务印书馆，2012，第457页。
② 唐凯麟：《伦理学》，高等教育出版社，2001，第38页。
③ 《马克思恩格斯选集》（第1卷），人民出版社，1995，第344页。

该"的标尺。从这个意义上来说，道德是人的一种特殊的社会规定性，是人的本质属性，具有属人性、客观性、社会性的特征。既然道德标志着人们应该做什么，不应该做什么，那它必然包含着一种价值引领：对应该的追求及对不应该的贬斥。因此，它是一种特殊的价值形态，具有相对性特征，即某一道德价值观是相对某一不道德价值观而言的。

由此观之，道德其实就是在某一具体历史阶段上，由生产方式决定的以"应当"形式呈现的调整人与人之间利益关系的特殊的社会价值形态，具体包括善恶评价、道德原则、道德规范等。而道德共识，我们也可以把它界定为：不同主体通过一定的中介、程序，对某一具体历史阶段上由生产方式决定的调整人与人之间利益关系的"应当"价值观念的基本认同。当然，目前学界对道德共识概念的关注主要偏重共识的达成限度，即基准道德共识，或称底线道德共识，而忽视了道德共识的本质特征，忽略了道德共识的时代性本质。如高兆明教授认为，"基准道德共识，只不过是道德认同的另一种表述，他所表达的是公民对社会最基本的道德规范要求与道德品质的共同认同"。① 赵爱玲也认为，"道德共识是指一个社会处在不同阶层、不同利益地位的社会成员在社会基本道德要求和规范上所寻求和达成的共同认知、追求、坚定信仰以及习惯和习俗化行为准则"。② 这两个具有代表性的观点重点都是从如何达成道德共识这一目的来阐述道德共识的概念内涵的，其目的在于为道德共识的一般性实现建言献策，提出"底线共识可能可为"，而没有指出道德共识的历史性、物质基础性、社会性乃至时代性。

2. 道德共识的时代性内涵

道德共识的时代性是指在不同历史时期的道德共识，即特定时代条件下社会成员在社会道德要求和规范上所达成的共同认知和表现出来的行为取向。"每一个时代的理论思维，从而我们时代的理论思维，都是一种历史的产物，它在不同的时代具有完全不同的形式，同时具有完全

---

① 高兆明：《制度公正论》，上海文艺出版社，2001，第 310 页。
② 赵爱玲：《论道德共识重建何以可能何以可为》，《学校党建与思想教育》2013 年第 7 期。

不同的内容。"① 道德共识在不同的时代具有不同的内容和形式。对于道德共识的时代性,我们可以从两个角度去把握:一是从道德共识的物质条件角度去看待道德共识时代性,二是从其自身发展的规律角度去理解它的时代性。

首先,从道德共识的物质条件角度来看,亦即从道德共识产生的根源来看,道德共识由社会生产方式决定,受利益关系的影响。人类社会在生产力决定生产关系的矛盾运动中不断向前发展,是人类社会的不变主题和恒定规律,社会生产方式也必然从低级到高级不断发展。所以,决定于社会生产方式的道德共识也会随着时代、社会和群体的变化呈现出阶段性差异。道德共识的内容、范围、程度必须紧密联系特定历史阶段上的物质生活条件,把握时代脉搏,应对时代风险,直面时代问题,破解时代难题。正如马克思所说:"一切以往的道德论归根到底都是当时的社会经济状况的产物。"②

原始氏族社会的道德建立在生产力水平十分低下的以血缘关系为纽带的生产资料氏族群体所有制基础之上,反映的是氏族社会人们的道德风貌;奴隶制社会的道德,建立在以奴隶制经济为基础的生产方式之上,反映的是奴隶制社会的道德关系;封建社会的道德建立在以自然经济为基础的生产方式上,反映了封建社会的道德原则,而社会主义道德建立在以生产资料公有制为基础的生产方式上,必然又不同于原始社会、奴隶社会、封建社会的道德观念、道德规范和道德原则的方面。即使是同一道德观念,其内涵因时代的内涵不同也必然有所差异。例如,集体主义原则一直以来是为中华民族全体公民所共同认同的道德规范,在中华人民共和国成立初的很长一段时间内,由于我国生产力水平低下,生产方式是集中劳作,因此这一阶段的集体主义内涵,适应当时生产力发展要求,主要指尊重和维护国家利益,秉持国家和集体利益至上的原则,而在某种程度上有忽视个人利益的倾向。随着改革开放时代的到来,社

---

① 《马克思恩格斯选集》(第 4 卷),人民出版社,1995,第 284 页。
② 《马克思恩格斯选集》(第 3 卷),人民出版社,1995,第 435 页。

会主义经济快速发展，我国实行以公有制为基础、多种所有制经济共同发展的生产方式，集体主义的内涵发生了根本性变化，从以前的重视国家利益转变为既重视国家利益又兼顾而不损害个人正当利益。

不同的生产方式制约下的社会道德原则、道德观念和道德规范是不尽相同的，道德共识的内容也必然不能同一而论，达成的程度、范围也不能做机械设定。

其次，从道德共识自身发展规律来看，时代性是道德共识的本质特性。道德共识作为一种社会现象，具有自身发展的规律性。尽管道德共识的发展受制于一定社会的生产方式，但其不是被动的、盲目的反应，而是具有一定的独立性，有其自身的发生发展机制。道德共识遵循自身规律不断向前发展，也是体现其时代性的重要方面。因此，唐凯麟曾将一个社会全部道德结构划分为过时道德意识、适时道德意识和顺势道德意识三个层次。① 坚决反对道德教条主义，防止道德规范绝对理性的神圣化倾向，是道德共识时代转化的思想基础和前提条件。

二　道德共识的时代转换

时代性是道德共识的生命力所在，道德共识的时代性特征突出。而其相对性、动态性、开放性也在一定程度上体现了道德共识的时代性。吸纳时代元素、回应现实需求、推动道德共识直面现实，有利于最大限度地促进道德共识的达成，更好地满足人们不断增长的道德需求。

1. 道德共识时代转换的必要性

（1）满足人们不断增长的道德精神追求的需要

道德是人类社会生活的一个重要方面。劳动创造了人，人在劳动中创造了社会，道德在现实的社会生活中孕育产生，服务于人，从根本上来说是为了解决人的问题，主要是调整人与人之间的利益关系，划定利益范围，保护正当利益，促进人的发展和社会的良性运行。

———————

① 唐凯麟：《伦理学》，高等教育出版社，2001，第 50 页。

　　由于道德规范具有普遍效力，即它对全体社会成员都有规范的作用，而不是私人道德原则的简单堆砌。因此，特定阶段内的道德规范的评价标准从本质上来说只能是唯一的，但在现实生活中，由于个人知识水平所限而引发的对道德规范的理解程度差异、由于利益需求多样性导致的对道德价值认同的差异等弱化、侵蚀着道德评价的唯一性、确定性，滋生了道德分歧、道德相对主义和道德虚无主义。其中之缘由不乏道德原则、道德规范、道德价值观的落后性、过时性。因此，当今社会道德生活中客观存在着过时的道德规范与人和社会日益增长的道德意识需要之间的矛盾，这个矛盾不仅使道德共识达成的程度、范围增加了相当的难度，而且影响着人的精神世界需要的满足和社会良性运行及可持续发展。例如，改革开放40多年来，中国经济发展突飞猛进，社会运行到了一个新的站位，人民群众对道德价值观念需求层次更高。"道德作为个人评价和内心活动的知识，越来越把人们的生命活动同社会进步趋势联系起来，把先进的世界观同个人的生活情感领域联系起来。"[①] 我们迫切需要新的具有更高层次引领力的道德共识来引领社会道德价值的发展，但现实生活中仍有一些失去了存在的必要性、与经济发展相对立的过时道德意识（封建伦理纲常、利己主义等），它们虽已腐朽，但仍有市场。少数社会成员在这种错误道德思潮的影响下，背离社会所共同认可的道德原则，奉行道德原则多元化，认为社会主义社会尊重人的自主权，所以道德原则没有统一性，我行我素，不受统一道德规范约束；有的人则按照自己的利益需要，自行阐释某些道德价值的内涵，造成道德生活领域"众声喧嚣、莫衷一是"。这些社会成员虽然也可以在忙碌中实现短暂的身心苟且，却也经常在内心自省时陷入失去"诗与远方"的莫名悲怆。

　　道德共识作为人的一种特殊的社会规定性，一种特殊的社会价值形态，承担着充盈人的精神世界的使命，必须与时俱进，倾听时代心声，直面时代难题，遵循底线与崇高相统一的原则，保持适度张力，以底线共识为基础，以崇高价值为引领，实现时代共识的转换。

---

① 唐凯麟：《伦理学》，高等教育出版社，2001，第50页。

（2）力促共识达成限度的需要

目前学界关于道德共识的达成限度，主要从主体条件、交往实践、利益整合、制度规范等几个方面着力，具有一定的合理性。但笔者认为除了以上几个外在的道德共识达成的条件外，道德共识本身适应时代的发展而发展这一内在条件，也是促使共识达成不可忽视的着力点。一方面，道德共识的形成和存在是"以一定社会生产条件为基础的，其内容、范围和程度是随着时代、社会和群体的变化呈现出差异与多样性"的，① 而不是游离于现实生活之外的纯思想活动、纯意识现象。道德共识的内容是客观的，形式是主观的，不存在永恒不变的共识原则、内容、规范。因此，我们要主动适应道德共识的发展变化，促使共识内容适时转换，力争最大限度达成共识。另一方面，道德是全体社会成员协商形成的有重大社会效用的规范体系，其内容本身就是共识性的产物。道德共识的主要任务是社会成员对某一道德原则、规范、观念的共同认可和一致信服。时下社会，道德共识问题愈演愈烈，引起了人们的高度关注，学者们殚精竭虑，探求破解之路。这说明现实社会中客观存在着人们对道德规范的不认同，这一不认同包括两个方面：一是人们对从前形成的道德规范不再认同；一是新的道德规范还未达成共识。这两个方面存在着内在的关联。从继承与发展的关系上来看，旧的道德规范是新的道德规范的理论来源，新的道德规范是旧的道德规范的继承发展。新的道德规范还未达成共识的影响因素比较复杂，这里暂不做讨论。我们在这里主要分析旧的道德规范不再得到人们认同的问题。从道德规范的演变形成过程来看，人们一开始提出道德问题，然后讨论协商，形成一致意见，最后用规范的形式确立下来。这说明只要道德规范形成，人们就会认同它的效力，并且它在一个时间段内也会对人发挥约束作用。同样，旧的道德规范在历史上曾经被人们认同，人们也曾经按照它的要求行动。而后来随着时间的推移，人们不再认同这种道德规范了，只能说明这种道德规范已经时过境迁，不能满足人们对它的需要了。需要是人行动的动

---

① 刘飞：《论道德共识及其特征》，《南昌师范学院学报》2018 年第 4 期。

因，有需要才有行动。社会成员只有在需要一定道德意识的时候才会去主动认同。人是变化发展的人，人的需要也处在不断运动变化之中，要满足人不断变化的需要，道德共识为达成限度需要则必然随着时代发展而发生转换。

2. 道德共识时代转换的可能性

面对道德原则的"永恒性"存在，道德共识的时代性转换是否可能？需要从理论和现实角度予以回应。

（1）道德共识时代转换的理论应然

基于道德共识的时代性特征，我们需要以辩证法的立场来看待道德共识的时代转换。而按照辩证法的基本观点，"辩证法在对现存事物的肯定的理解中同时包含对现存事物的否定的理解，即对现存事物的必然灭亡的理解；辩证法对每一种既成的形式都是从不断的运动中，因而也是从它的暂时性方面去理解；辩证法不崇拜任何东西，按其本质来说，它是批判的和革命的"。① 对于道德共识，我们需要以运动、变化和发展的眼光来看待它、理解它，拨开道德永恒论和道德相对主义的理论迷雾。

道德永恒论者认为：产生于全体社会成员的道德原则具有永恒性和不变性，人类社会存在"放之四海皆准"的道德规范，某种道德原则在任何时代都具有普适性，不需要随着时代发展而改变道德观念。例如，公平、正义、自由等价值观，就是从古至今人们一直追求的道德价值观。

道德观念的指称词语没有发生改变并不能说明人类社会存在永恒的道德价值观。这种错误在于只看到了道德共识的绝对性，而没有看到它的相对性。

道德共识的发展变化是绝对性和相对性的统一。道德共识是历史的、具体的，在不同历史时期、不同的社会制度下具有不同的内容和性质。道德共识的绝对性是指在特定的历史时期、特定的社会制度下，道德共识的内容一旦形成就具有普遍的效力，对全体社会成员发挥约束和警示

---

① 《马克思恩格斯选集》（第 2 卷），人民出版社，2012，第 94 页。

的作用，会产生一种客观的物质力量，具有一定的稳定性；道德共识的相对性是指超出了特定的历史时期、特定的社会制度，道德共识的内容就会发生变化，从前的真理性的道德原则可能失去了普遍性效力，成为落后的、过时的东西。从这个意义上来说，道德共识并非永恒不变，而是变中有静，静只是相对的、有条件的，是支流，变则是绝对的、无条件的，是主流。因此，一定要正视道德共识的变与不变的辩证关系，将二者统一起来，夯实道德共识时代转换的理论基础。

（2）道德共识时代转换的现实必要

"现实中的苦难既是诱发人们渴望未来新世界的动因，也是人们设想未来新世界的素材。"① 道德共识的时代转换必须立足现实，以问题为导向，寻找突破口。道德共识的时代转换需要一定的主观条件和客观条件。

从主观条件来看，广大人民群众渴望道德共识能够因时而变，因势而化，顺势而为，调节利益冲突，规正社会秩序，共创和谐社会，促进人的自由全面发展。现代社会的到来，高扬人的自主性，尊重人的独立权。随着各种利益需要的广泛拓展，价值观念领域陷入了无序和混乱泥沼。道德分歧、道德相对主义甚嚣尘上、此起彼伏、暗流涌动，严重销蚀着人类共同的精神家园。在此背景下，寻求道德共识成为人们关注的焦点。人们纷纷建言献策、主动回应，冀望能够重新达成共识，还精神家园一片宁静。道德共识时代转换的主观性条件已然具备。

从客观条件来看，一个国家和一个地区的文化传统具有整体性、统一性，其中不乏有些道德观念已深深熔铸于本国本地区人民的内心，为道德共识的时代转换提供了文化基础。此外，随着世界性经济实力的普遍提高，日益合理的利益关系正在逐步形成，分配制度更加公平公正，这也为道德共识的转换提供了坚实的物质基础。

---

① 《马克思主义基本原理概论》编写组编《马克思主义基本原理概论》，高等教育出版社，2015，第 274 页。

三　道德共识的主动认同

道德共识的时代转换是由道德共识本身的发展变化规律和人类社会发展需要两个方面因素共同决定的，具有不以人的意志为转移的客观性。调动社会成员的积极性，提升主动性认同的自觉性，必须遵循真理性原则和实践性原则。

马克思曾指出，"理论一经掌握群众，也会变成物质力量。理论只要说服 ad hominem〔人〕，就能掌握群众；而理论只要彻底，就能说服 ad hominem〔人〕"。① 道德共识的时代转换符合道德共识自身发展的内在逻辑和人类社会发展的客观规律。促进道德共识发生时代转换，就是探索道德共识运动变化客观规律的过程。在道德共识时代转化的过程中一定要将真理性原则贯彻始终，确保道德共识内容真正发生适宜的转变，符合其自身发展的逻辑和社会发展的要求，而不是只改变形式，换汤不换药。这就要求我们要在掌握丰富的理论知识的基础上仔细研判社会现象，从实际出发，科学严谨，细致推敲，与时俱进，做到主客观统一，尤其要抓住道德共识时代转换的最佳关键点和有利突破口，以伟大的真理力量感召社会成员，激发其主动认同的积极性。

认识世界的目的在于改造世界。因此，马克思指出，"哲学家们只是用不同的方式解释世界，而问题在于改变世界"。② 通过实践获得认识不是为了认识而认识，而是为了指导实践，为实践服务，满足人们自身的需要。在马克思眼里，人是现实的人，具有满足自身需要（包括物质需要和精神需要）的需求。需要是行动的动机，只有在需要的引领下才会有人的行动。以现实的人为道德共识的逻辑起点，就要关注人的现实。因此，认识道德共识时代转换的规律性是为了更好地去进行道德共识的时代转换，以此满足社会成员在道德方面的需要，所以道德共识的时代

① 《马克思恩格斯选集》（第 1 卷），人民出版社，1956，第 460 页。
② 《马克思恩格斯文集》（第 1 卷），人民出版社，2009，第 506 页。

转换必须具有可操作性，转换后的内容必须具有确定的实践指导意义，能够满足人的需求，为广大社会成员所普遍认可，成为维持社会稳定的凝聚剂。

具体而言，要实现道德共识的主动认同，需要从以下几个方面着力。

第一，促动"我想这样认为"的情感涌现和心理趋同。弗洛伊德认为，认同是指"个体或群体在感情上、心理上趋同的过程"。[①] 道德共识来源于内心的真诚信仰，是"我想这样认为"的情感涌现，而不是"要我这样认为"的情感压迫。缺乏自觉认同的意识或自觉认同意识不强，实现时代转换的道德共识就不能真正地内化为社会成员的内心信念，也就不能在实际工作中发挥实际效用。为此需要在春风化雨中，促动社会成员对时代化道德共识的情感涌现和心理趋同。

第二，夯实主动认同的物质基础和规范体系。作为一种社会意识，道德共识只不过是现实的经济关系的主观反映，经济关系是道德的根源和基础。从本质上来讲，经济关系性质和状态决定着道德共识的性质和样态，经济关系的变化必然引起道德共识的内容发生变化。讲道德并不是要抹杀物质利益。物质利益、物质追求与道德追求不是矛盾的关系，而是辩证统一的关系。如果忽视道德共识时代转化的物质基础，让道德共识完全置于真空之中，那就从根本上推倒了道德共识的根基，陷入了道德观上的唯心主义陷阱。首先，要确立合理的经济制度，为保护人民群众的物质利益提供制度保证；其次，要尽可能形成公平公正的制度，保证人们收入公平；再次，要努力缩小收入差距。制度之善方能确保社会普遍之善，也才能从底线共识中导引人们主动认同时代化的道德共识。

第三，契合主动认同的个体和共同精神需求。需要是人生命活动的内在动力，有需要才有动机。人的需要是多种多样和不断变化的，在不同的阶段和不同的时代，人的需要也不同。道德规范是人们为了达到一定的道德目标，按照一定标准有目的、有计划地判定某一行为事实是否符合道德要求而形成的规定。随着人的需要的变化，人们对道德需求也会展现出差

---

①　转引自车文博主编《弗洛伊德主义原著选辑》（上卷），辽宁人民出版社，1988，第 375 页。

异性。这就需要人们在社会生活过程中，对一些关乎人类共同利益的重大问题进行讨论，协商形成对全体社会成员具有普遍约束力的原则、规定和标准。道德共识的时代转换只有尊重人的需要发展的规律，才能获得根本的动力支持。因此促进广大社会成员自觉认同道德共识的转换，必须深入实际，充分了解他们道德精神世界的现实需求。

The Era Transformation of Moral Consensus and Its Initiative Identification

Xiong Youhua　Wang Liangliang

Abstract: The moral consensus is historical, concrete and evolutionary, and it will change with the development of the times inevitably. Promoting the transformation of the moral consensus from one era to another is an important way to reach a new moral consensus. We should promote the emotional emergence and psychological convergence of "I want to think so", consolidate the material basis and normative system of active identification, and meet the individual and common spiritual needs of active identification, so as to achieve the initiative recognition of moral consensus in different eras and to make sure that the moral consensus can play its proper role of regulation.

Keywords: Moral Consensus; Change of the Times; Initiative Identification

About the Author: Xiong Youhua (1972 –), Ph. D. advisor, professor and associate dean at School of Marxism, Hubei University. Research interests and specialties: the history of the development of Marxism. Magnum opuses: *Political Economic Analysis of Vulnerable Groups* and *The Dimension of Justice of Institutional Change*, etc. Email: 719832261 @ qq. com. Wang Liangliang (1995 –), M. A. candidate at School of Marxism, Hubei University. Research interests and specialties: ideological and political education. Email: 1341970394@ qq. com.

传统儒家"万物一体"说及其现代价值[*]

——以明儒蒋信为中心

姚才刚　　曾　诚^{**}

摘　要：传统儒家"万物一体"说发端于先秦。汉唐及宋明时期不少儒家也较为重视并阐发了"万物一体"说。限于篇幅，本文主要以明儒蒋信为中心进行探讨。蒋信在吸收、借鉴先秦及宋明诸儒相关论说的基础上，对"万物一体"说做了深入、系统的阐发。他把"万物一体"说视为儒学的"立根处"，并将此说确立为自身的学术宗旨。"万物一体"不仅意味着人与自然万物应相融为一体，也指人与人之间应相亲相爱、和谐共处。为了达到"万物一体"的境界，蒋信倡导"默识涵养""主静无欲""戒慎恐惧"等修养功夫论。"万物一体"的理念是儒学中的珍贵资源，对于当代人重新认识天人关系以及促进自然万物与人类自身的良性发展具有重要意义。

关键词：传统儒家　蒋信　"万物一体"说

---

* 基金项目：湖北省教育厅哲学社会科学重大项目"明代甘泉后学文献整理与思想研究"（18ZD012）。

** 姚才刚（1972— ），博士，湖北大学哲学学院暨高等人文研究院教授，湖北大学农村社区研究中心、湖北省道德与文明研究中心研究员，主要从事中国哲学、伦理学研究，著有《儒家道德理性精神的重建》《终极信仰与多元价值的融通》等。电子邮箱：ycg301@1261.com。曾诚（1996— ），湖北大学哲学学院研究生，主要从事中国哲学研究。

　　传统儒家"万物一体"说发端于先秦,《论语》《孟子》《大学》《中庸》《易传》等先秦儒家经典均蕴含"万物一体"的思想。比如,《孟子·尽心》篇即出现了"万物皆备于我"一语,此语意味着,当人显露本心并生发道德行为之时,便能体悟到一切道德之理在本心,同时亦可感到人与万物融为一体,一切存在物都在本心的涵摄之下,展示着无限的意义。汉唐时期的不少儒家也阐发了"万物一体"说。不过,宋儒才真正将"万物一体"说提炼为一种系统的哲学理论。张载主张将"见闻之心"升华为"能体天下之物"的"大心",如此一来,人就可以摆脱"见闻之心"的桎梏,进而做到"视天下无一物非我",① 这并非要占有天下之物,而是将天下万物都看成是与自身痛痒相关的存在,不忍心天下万物遭受破坏、摧残。程颢则在字面上明确提出了"万物一体"说,认为"仁者,以天地万物为一体,莫非己也"。② 湛若水、王阳明等明代大儒也秉承、阐扬了宋儒有关"万物一体"的思想睿识。湛氏说:"夫心也者,体天地万物而不遗者也;性也者,天地万物一体者也。……故道与天地同用,性与天地同体,心与天地同神,人与天地同塞。"③ 他认为,天地万物不是心外之物,而是与人心同体的。若无人心的体悟、反思,天地万物便处于虚寂之中。只有从"万物一体"的角度,才能揭示出人与宇宙的本质。王阳明也倡导"万物一体"说,认为"大人者,以天地万物为一体者也"。④ 有学者指出,"万物一体"是王阳明思想的基本精神。⑤ 限于篇幅,本文仅以明儒蒋信为中心对传统儒家的"万物一体"说做一探讨。

---

①　张载:《正蒙·大心篇第七》,《张载集》,中华书局,1978,第 24 页。
②　程颢、程颐:《河南程氏遗书》(卷 2),《二程集》,中华书局,2004,第 15 页。
③　湛若水:《孔门传授心法论》,《湛甘泉先生文集》(卷 21),"四库全书存目丛书"本,集部 57,齐鲁书社,1997,第 80 页。
④　王阳明:《大学问》,《王阳明全集》(卷 26),上海古籍出版社,1992,第 968 页。
⑤　陈立胜:《王阳明"万物一体"论——从"身一体"的立场看》,华东师范大学出版社,2008,第 1 页。

一　蒋信及其"万物一体"说

　　蒋信（1483—1559），字卿实，号道林，湖南常德人，嘉靖进士，仕至贵州提学副使，晚年隐居家乡著述、讲学，并创办了名为"桃冈精舍"的书院，"日讲学于其中，买田数十亩以馆学者，四方从游者以千计，庠舍莫能容"。① 在学术上，蒋信在会通湛若水、王阳明学说的基础上，又试图有所突破，从而形成了独具特色的心学思想。他倡导心与理、性、气的统一，并以"万物一体"之说为依归，在功夫论上则倡导"默识涵养""主静无欲""戒慎恐惧"。目前学界对蒋信其人和其学的研究尚较少，本文拟专门探讨蒋信用以标示宗旨的"万物一体"说。

　　蒋信在吸收、借鉴先秦及宋明诸儒相关论说的基础上，对"万物一体"说做了深入、系统的阐发，并将此说法视为儒学的"立根处"（亦即根本宗旨）。据其行状记载，"信初读《鲁论》及关、洛诸书，颇见得'万物一体是圣学立根处'，未敢自信；直到三十二三岁因病去寺中静坐，将怕死与恋老母念头一齐断却……乃信得明道所谓'廓然大公，无内无外'是如此，'自身与万物平等看'是如此，以此参之六经，无处不合"。② 蒋信是在反复阅读、用心揣摩儒家诸种典籍的基础上，又进行了较长时间的静坐修炼，并验之于身心，最终才体悟到"万物一体是圣学立根处"的道理，此后便终生信奉，未曾更改。蒋信早年与其他大多数儒家士子一样，十分热衷于研读儒家经典，尤其对《论语》以及宋儒张载的《西铭》、程颢的《定性书》等文献表现出浓厚的兴趣，并从中领悟到了"万物一体"的思想旨趣。蒋信说："仁者，以天地万物为体，《西铭》备言此理，学者惟体此意。……千圣万贤，见知闻知，其谁能不以天地万物浑然同体为吾儒宗旨乎？某昔粗见此意时，尝告同志，释

---

① 《蒋道林先生桃冈日录》第 17 册，美国哈佛大学哈佛燕京图书馆藏中文善本汇刊，商务印书馆、广西师范大学出版社联合出版，2003，第 2 页。

② 柳东伯：《贵州等处提刑按察司副使蒋公信行状》，焦竑编《献征录》（卷 103），影印本，上海书店，1987，第 4649 页。

氏只悟得一空，即根尘无安脚处，吾辈若悟得物我同体，万私应即退听。"① 又说："至于六经《语》、《孟》，千古圣神精神命脉，则惟在天地万物一体。"② 在他看来，只有从"万物一体"（或"物我同体"）的角度切入，才能把握住儒学的大端、大本，否则便会舍本逐末，不得要领；人若真正悟得了"万物一体"的道理，便能减少各种私心杂念，不再过多计较个人的祸福得失，进而由近及远，关爱、呵护他人以及天地万物。

人与万物之所以是"一体"的，是因为两者都是由"气"化生而成的，具有同样的本源、根基。蒋信说："宇宙浑是一块气，气自于穆，自无妄，自中正纯粹精，自生生不息。……此气充塞，无丝毫空缺，一寒一暑，风雨露雷，凡人、物、耳目口鼻、四肢百骸，与一片精灵知觉，总是此生生变化，如何分得人我？"③ 他认为，宇宙间的事事物物尽管形态各异，千差万别，但都离不开气。有形之物是由气组成的，无形的太空也充塞着气，"无丝毫空缺"。"万物一体"从根本上来说即是"万物一气"，"物我同体"亦即"物我同气"。正是因为有气的存在，所以物物之间、人物之间、心物之间才具有了某种关联性，"万物一体""物我同体"的观念也才能得以成立。不过，蒋信并非一个气本论者，相反，他有明显的心学立场。他常说："大哉，心乎！至哉，圣人之心学乎！"④ 只不过，他在阐发心学思想之时，也十分看重气，心与气在他看来是相通无碍的。

蒋信论"万物一体"，往往将其与仁联系起来，即"万物一体之仁"。他说："只将自身放在万物中，一例看大小；大快活人，只有一个身，若知得是公共物事，虽万身何伤？学者须先识仁，仁者浑然与天地万物同体，此皆明道泥塑端坐自家体贴出来者。"⑤ 在蒋信看来，一个人

① 蒋信：《简罗念庵内翰》，《蒋道林文粹》（卷8），岳麓书社，2010，第210页。
② 蒋信：《复谢高泉宪长》，《蒋道林文粹》（卷8），岳麓书社，2010，第220页。
③ 黄宗羲：《明儒学案》（卷28），《楚中王门学案》，中华书局，1985，第628页。
④ 蒋信：《兼山堂记》，《蒋道林文粹》（卷4），岳麓书社，2010，第147页。
⑤ 蒋信：《答陈子东迳侍御·又》，《蒋道林文粹》（卷8），岳麓书社，2010，第221页。

若体悟到"万物一体"的道理，便会"将自身放在万物中"，把自己与万物看成是息息相关的，而做到此点，恰好符合儒家仁德的要求，所以，以天地万物为一体的人则称得上是一位仁者了。在蒋信之前，程颢、王阳明等宋明诸儒已论述了"万物一体"与仁之间具有密切的关联性。比如，程颢在《识仁篇》中指出："学者须先识仁。仁者，浑然与物同体。……孟子言'万物皆备于我'，须反身而诚，乃为大乐。若反身未诚，则犹是二物有对，以己合彼，终未有之，又安得乐?"①"仁者，浑然与物同体"的命题表明，人与万物同在天地之德的创生中，同生同长，浑然无别，人若能认识到这一点，便可与天地万物感通无滞。蒋信十分赞赏程颢的这种思想睿识，他在写给友人的书信中曾多次论及此语，并且认为人与万物都体现了宇宙生生之理，而儒家的仁德也具有"生生"的特性，因而，"万物一体"与"仁"是可以互释的。

蒋信等宋明理学家不是不明白自然界生物之间存在着弱肉强食的丛林法则，同样，人世间既有合作、友爱与互助，也不乏相互之间的激烈争斗乃至残暴杀戮，但他们仍然不会放弃对"万物一体"的向往。理想与现实之间往往存在着巨大的差距，但现实状况越糟糕，理想反而显得越珍贵。而且，蒋信等宋明理学家在阐发"万物一体"的理想时，并非着眼于狭义的人伦道德，而是注重广义的生生之德。若从狭义的人伦道德的角度看问题，我们就不能不区分是非、善恶，也不可能完全泯灭物我以及人己之间的界限。可是，当我们回到生生化化的本体时，整个宇宙即是"万物一体"，天地间所有事物都是一气贯通的，都是同一个生生不已的力量在起作用。如此一来，人与万物以及万物之间都是相通的。"万物一体"其实是一种境界之说，它试图打破人与万物之间的界限与隔膜。

"万物一体"说不仅意味着人与自然万物应融为一体，亦可指人与人之间应相亲相爱，和谐共处。蒋信说："夫人忍于邻之子，而不忍于同室之子者，为其同室与邻之子有间也。……诚使夫人有见于吾之与家

---

① 程颢、程颐：《河南程氏遗书》（卷 2），《二程集》，中华书局，2004，第 16~17 页。

国天下，同出于宇宙一大胞胎，天地一大父母，其纯粹至善之矩在吾心者，不能异于家国天下，而在家国天下者，亦不能有异于吾，则其视家国天下也，不亦犹夫人之视其同室与其兄弟矣乎？"[1] 在他看来，人对禽兽、草木尚存恻隐之情，对作为同胞兄弟的人类更应有同情、关爱之心。可是，在实际生活中，人们在"同室之子"与"邻之子"之间强做区分，并采取了截然不同的对待方式。人若能明白"宇宙一大胞胎，天地一大父母"的道理，那么，他在为人处事方面就会变得豁达大度，而不是斤斤计较。应该说，蒋信与阐发"民胞物与"说的张载一样，都属于儒家学者，他们不可能完全认同墨家宣扬"视人之国若视其国，视人之家若视其家，视人之身若视其身"（《墨子·兼爱中》）的"兼爱"说。儒家倡导的是"爱有差等，施由亲始"的仁爱思想，主张人须先爱自己的亲人，若有余力，再爱朋友、邻居、同事、陌生人以及天下之物。不过，若一味执着于差等之爱，过于突出亲疏远近，则又无法实现儒家"亲亲而仁民，仁民而爱物"（《孟子·尽心上》）的价值理想。因而，他们在阐发儒家差等之爱的同时，又高扬了"万物一体"或"民胞物与"之说，目的是试图在儒家的仁爱思想与墨家的兼爱思想之间加以均衡，以避免两者分别趋向各自的极端而出现偏差。蒋信还说："夫天之生物也一本，故近而家，远而天下，莫非同体。古之圣人，其于天下也，则有养老字幼恤孤独之政焉，其为法也详；其于家也，则有爱亲敬长之道焉，其为义也密。夫爱亲敬长与养老字幼恤孤独，以其事则固异矣，然而其心岂二哉！为天下养老字幼恤孤独之心，即居其家爱亲敬长之心。"[2] 在他看来，天生万物，万物都是一体的，人类社会也同样如此。人无论生活于何种社会环境之下，也无论扮演何种社会角色，都会与他人发生一定的关联，离群索居的人毕竟是极少的。一个人在与他人交往的过程中，应具备"四海之内皆兄弟"（《论语·颜渊》）的情怀。蒋信主张，当人居家之时，便须"爱亲敬长"；当有机会将自己的才华施展

---

① 蒋信：《贺向子望山序》，《蒋道林文粹》（卷2），岳麓书社，2010，第71页。
② 蒋信：《泰和郭氏族谱序》，《蒋道林文粹》（卷1），岳麓书社，2010，第34页。

于外时，便须实行"养老字幼恤孤独之政"，两者没有本质上的区别。

二 达到"万物一体"境界的方法

蒋信之学归本于"万物一体"，他本人也十分向往物我不分、浑然一体的境界。那么，如何才能达到这种境界呢？蒋信做了较为细致、独到的论述，我们试从以下方面进行归纳、阐释。

1. "默识涵养"

蒋信强调"默识涵养"在提升个体境界、成就圣贤人格中的作用。"默识"即在静默中的当下体悟或心领神会，它摆脱了外部事物及语言文字的束缚，也没有停留于通常的经验判断、逻辑推理或理性思辨阶段，而是突出了对天道心性的洞观、神契与反求自识。严谨的、理性的思维方式对于分析经验现象是十分有效的，但在体悟超越的形上之境时却显得捉襟见肘。人在"默识"的体验过程中，需要做到精神高度集中，进而反躬自省，默然返照。"涵养"又被称为"存养"，它是指对心性本原的直接培养。① 蒋信的"默识"即是一种涵养心性的功夫，它在蒋信的功夫论系统中占有重要的地位。

"默识"概念源自《论语》。孔子说："默而识之，学而不厌，诲人不倦，何有于我哉！"（《论语·述而》）孔子所言"默识"之本义并不难理解，即把自己的所见所闻默默地记在心里。后世不少儒者没有拘泥于"默识"的本义，而是从不同的视角进行了阐发，尤其将"默识"作为描述直觉理论的一个语词，认为"默识"是消除了主客、能所、内外、物我界限的顿超直悟，是浑然与天道合一的大彻大悟。比如，宋儒程颢说："'诗、书、执礼皆雅言。'雅素所言也。至于性与天道，则子贡亦不可得而闻，盖要在默而识之也。"② "性与天道"在程颢看来是超越的性理，属于形而上之道，故不可仅用观察、归纳、总结等方法去了

---

① 参见蒙培元《理学范畴系统》，人民出版社，1989，第 390 页。
② 程颢、程颐：《河南程氏遗书》（卷 11），《二程集》，中华书局，2004，第 132 页。

解这些知识，而应在寂然、澄然中领悟它们，进而默识心通。道德实践、人生意境等本身就不是一个经验性或认识论的问题。① 明儒陈献章反对程朱理学末流支离烦琐的学说，倡导心学，突出静观、默识的修养功夫。陈献章的衣钵传人湛若水虽然主张动、静一体，反对一味求静，但湛氏晚年思想却有所转变，开始倡导"大同默识"说。② 蒋信则对"默识"作了如下解释："《鲁论》'默识'二字，默乃'静默'之默，即动静之间是也；识乃'知识'之识，即知止，即识仁，即知性知天是也。……天地万物一体，孔门立教之宗。"③ 他认为"默"即为"静默"之义，这与孔子及后世其他儒家学者对"默"的界定大同小异。不过，"识"则被他解释为一个抽象的哲学观念。在蒋信看来，"识"即认识、明白或体认，认识或体认的对象也不是普通的事物，而指向了天道心性或至善，当然，他个人最看重的还是"万物一体"之理。所以，蒋信认为，"默识"即是在静默中体认、觉悟"万物一体"的道理。"默识"既是一种境界，也是一种悟道的方法。

蒋信认为，通过"默识"的心性涵养功夫，可以使人在某一时刻豁然贯通，领会语言文字之外的意蕴，进而达到一种廓然大公或"万物一体"的境界。他说："'默识'二字，王心斋看得好，云：'默识个甚么？识得天地万物一体。'此心斋善体认也。中离反以为叛于师门而攻之，浅矣。某旧尝有说：'人苟心悟得万物一体，一切私意何处安脚？'"④ 又说："体认所见，及得本体，澹然无染，亦是亲切语，欣甚。……孔门所谓默识，亦是由此养去；到极默处豁然有悟，便是廓然大公头面。"⑤ 王艮（号心斋）主张"默识"即是"识得天地万物一体"，蒋信同意这种看法，且对此深信不疑。在他看来，一个人若跳出自我的藩篱，即有

---

① 参见邓晓芒《〈实践理性批判·导言〉句读》，《德国哲学》（2015 年卷），社会科学文献出版社，2016，第 20 页。

② 参见黎业明《湛甘泉晚年思想述略——以〈甘泉先生重游南岳纪行录〉为中心》，《华南师范大学学报》2009 年第 1 期。

③ 蒋信：《答何吉阳·又》，《蒋道林文粹》（卷 8），岳麓书社，2010，第 216 页。

④ 蒋信：《复刘初泉督学》，《蒋道林文粹》（卷 8），岳麓书社，2010，第 219 页。

⑤ 蒋信：《答陈子东遽侍御·又》，《蒋道林文粹》（卷 8），岳麓书社，2010，第 221 页。

可能做到与物同体、物我两忘，一方面不隔绝于外部世界，另一方面又不执着于任何事物，进而摆脱各种纷纷扰扰而达到自由、和乐的境地，获得"廓然而大公，物来而顺应"的心灵体验。

2. "主静无欲"

理学开山祖师周敦颐在吸收、改造佛教禅定与道教静坐调息方法的基础上，曾经提出了"主静立人极""无欲故静"（周敦颐《太极图说》）之类的主张。受周敦颐的影响，蒋信也极力宣扬"主静无欲"的修养方法，认为它有助于人收敛心意，进而体悟"万物一体"之境。蒋信 32 岁时因患肺病，曾到道林寺静坐，此次静坐除了使其身体逐渐好转之外，也使他在领会儒家天道性命之学方面有所长进，他愈发坚信"万物一体"之说。待身体完全康复之后，蒋信仍坚持静坐养身，同时将静坐视为心性修养的一种基本功夫。他认为，在求学问道的过程中，经典的启示、师友的点拨固然重要，但静中的自我反思同样不可或缺，它对于初学者而言尤有非同寻常的意义，只有通过静坐清除心中的浮妄之气，初学者方可真正入学。二程即以此法教人，蒋信对此颇为欣赏，认为让初学者习静"非是教人屏（摒）日用离事物做工夫，乃是为初学开方便法门也"。①

蒋信等宋明理学家的"主静"（静坐），不是今日社会群体为抗议某件不公平的事情而举行的静坐示威活动，而是基于心性修养的目的，通过静坐排除外界事物及自身欲望的干扰，充分彰显人本有的善心善性，进而提升境界。静可分为身静、心静，蒋信以及其他宋明理学家所言之"静"兼具以上两方面的内涵。身静和心静是一个统一的整体，身不静，成天忙忙碌碌，疲惫不堪，心便难以安静下来；反之，心不静，身体虽然停顿下来，但因为心烦躁不安，身体也会大受影响。两者相较，心静显得更为重要，静坐从根本上讲乃是心静。静坐并非意味着人无所事事，当代学者方朝晖先生指出："静坐是一种针对性特别强、意识高度专注、思想异常集中的心理活动。古人强调，静坐时切忌'身如槁木，心如死

---

① 《明儒学案》（卷 28），《楚中王门学案》，中华书局，1985，第 630 页。

灰',静坐是'有针对性地向内用力'。木木地坐着,大脑一片混沌,就不能达到静坐的目的。"①

蒋信又倡导"无欲",认为"无欲""主静"可以相得益彰。也就是说,当人的欲望较少时,则不会心浮气躁,此时人的身、心都趋向于静;而当人的身、心都静下来时,欲望亦不易滋生。无论是"无欲"还是"主静",最终都指向湛然、清明之境。当然,蒋信的"无欲"并非要弃绝人的所有欲望,而仅仅主张要对人的过多欲望加以抑制。就当代社会而言,一部分人在物质及生理欲望方面或许容易得到满足,没有深陷其中不能自拔,但却容易沉溺于追求个人影响力、知名度与成就感的"无形欲望"之中,后者看似合理,甚至可能让人产生一种高尚感,但若过多、过滥,同样会对人的身心以及社会的和谐发展造成较大的危害,不可不谨防。

3. "戒慎恐惧"

蒋信认为,追求"万物一体"的高远境界,不可走向玄虚,恰好相反,人应脚踏实地做修身、克己之功。他说:"是故其(指孔子,引者注)诲诸门弟子也,惟忠信,惟戒慎恐惧,灵明弗道也。夫不云灵明,非其智不及也,惟诚敬而后可以语心之存,心存而知止,是真灵明也已。其提揭真面真目,示人趋也,惟曰:'己欲立立人;己欲达达人。'空无弗道也。夫不云空无,非以是不足贵也,浑然与物同体,乃始合德于天地内外。……贵灵明而贱诚敬,主空无而弗察仁体,此其去横议无几矣。"② 蒋信指出,孔子教诲门人弟子,往往告之忠信、戒慎恐惧及诚敬的道理,而不轻言空无、灵明,不是因为孔子及其弟子不够聪明睿智,而是因为他们不愿意多讲玄言虚语,在他们看来,要获得上达之境,离不开脚踏实地的修养功夫。蒋信则认为,空无、灵明不是不可讲,但须慎言。空无、灵明与诚敬、察识仁体等修养功夫是密不可分的,"贵灵明而贱诚敬,主空无而弗察仁体"的做法不可取。对于大多数人而言,

---

① 方朝晖:《儒家修身九讲》,清华大学出版社,2011,第29页。
② 蒋信:《原学说》,《蒋道林文粹》(卷4),岳麓书社,2010,第119页。

若没有经过一系列艰苦卓绝的修养功夫，便无法触动心机而真切地体验到灵明之境，他强调"惟诚敬而后可以语心之存，心存而知止，是真灵明也已"，其用意正在于此。

蒋信突出敬畏功夫，主张人应对天理或普遍的道德法则心存敬意，不可违越，在日常生活中则应谨言慎行、整齐严肃。他说："千古圣贤相传，只是'戒慎恐惧'四字。"① "戒慎恐惧"一语源自《中庸》："道也者，不可须臾离也，可离非道也。是故君子戒慎乎其所不睹，恐惧乎其所不闻。"它意味着，一个人在没有他人监督的情况下仍须自我警觉、小心谨慎。"戒慎恐惧"后来成为很多理学家修养功夫论的基本范畴之一，蒋信也不例外，他主张人应常常提撕本心、省察克治，尤其应积极防患于未然。而且，在蒋信看来，"戒慎恐惧"还应与"博学、审问、慎思、明辨、笃行"相结合，若缺少后者，"戒慎恐惧"将与胆怯、畏难无异。

蒋信在强调"戒慎恐惧"敬畏功夫的同时，也没有忽略对洒落、和乐的境界追求，在他看来，敬畏与洒落本身即是密不可分的。依今人的看法，"洒落"，即指"见事透彻，处事潇洒磊落，不偏不倚"，② 无丝毫固执，通达晓畅，廓然大公，能与自然融为一体。蒋信认为，不必以敬畏排斥洒落，这两种修养功夫并无尖锐冲突，而是可以相通、相融的。也就是说，人在日常生活中一方面须庄重、严肃，另一方面也不可过于拘谨、刻板，而应做到悠然自乐、清逸潇洒。

三　"万物一体"说的意义与不足

蒋信的"万物一体"说主要涉及了人与自然万物以及人与人之间的关系问题。在他看来，人与自然万物本来是"一气流通"的，两者之间

---

① 蒋信：《答何吉阳·又》，《蒋道林文粹》（卷 8），岳麓书社，2010，第 212 页。
② 兰宗荣：《论李侗的"洒落气象"及其对朱熹的影响》，《上饶师范学院学报》2014 年第 1 期。

具有血肉相连的关系；人与人之间既属同类，彼此之间更应相互体贴与扶持。蒋信倡导"万物一体"说，并非一味追求虚无缥缈的玄境，而是主张将高远的理想落实于人的一言一行、一举一动之中，在日常生活中则关爱他人，尊重生命（包含人以及其他自然存在物的生命），保护环境。蒋信是一位躬行践履之儒，无论仕于朝廷还是居家休养，他一向淡泊明志，自律笃行，心系苍生，为民请命，同时通过对天道心性的反思，上达天德，体验与自然万物融为一体的快乐。

蒋信的"万物一体"说对于当代人具有一定的启示意义。也就是说，当代人也应培养一种"万物一体"的仁爱情怀，如此方能真正关爱、呵护他人以及自然界中的禽兽、草木乃至瓦石。人本来就来源于大自然，无论是过去、现在抑或是未来，人只可能是大自然中的一员，而非大自然的中心或全部，人与其他自然万物共处于一个宇宙之内，与万物休戚相关。人不可把自己看成是万物之主、凌驾于万物之上。大自然中的其他生命或存在物遭到破坏，最终也会殃及人类。在这种情况之下，只有维系并重新发扬"万物一体"的理想，使其不至于失坠，才能拯救自然万物与人类自身。除此之外，"万物一体"说还能够促使人超越形体的有限性，在精神上获得与天地同体的永恒性；有助于培养人们济世救民的责任感、悲悯情怀和担当精神。

不过，蒋信的"万物一体"说也有不足之处。他过于突出静观反思、默识涵养在达到"万物一体"境界中的作用，在一定程度上导向了神秘主义。蒋信的"忽觉此心洞然宇宙，浑属一身，呼吸痛痒全无间隔"① 就属于一种非同寻常的个人体验，带有较强的神秘色彩。在宋明理学家中，获得并描述过这种神秘体验的远不止蒋信一人，不少理学家在他们各自的文集中或多或少地提到类似的体验。比如，陈献章的"见吾此心之体隐然呈露，常若有物。日用间种种应酬，随吾所欲"②

① 柳东伯：《贵州等处提刑按察司副使蒋公信行状》，焦竑编《献征录》（卷103），影印本，上海书店，1987，第4649页。

② 陈献章：《复赵提学佥宪》，《陈献章集》（卷2），中华书局，1987，第145页。

以及"天地我立，万化我出，而宇宙在我矣"，① 高攀龙的"一念缠绵，斩然断绝。忽如百斤担子，顿尔落地。又如电光一闪，透体通明，遂与大化融合无际，更无天人内外之隔"② 与蒋信描述的体验、意境大同小异。此类体验只可意会、不可言传，它对于当事者来说可能是心知肚明的，对于他人而言则未必那么清楚明了。如此一来，蒋信等宋明理学家倡导的"主静""默识"等修养方法就难以避免神秘化的倾向。

The Traditional Confucian Doctrine of "Unifying Interconnectedness" and Its Contemporary Value

——Focusing on Jiang Xin, a Confucian in Ming Dynasty

Yao Caigang, Zeng Cheng

Abstract：The traditional Confucian doctrine of "unifying interconnectedness" originated in the Pre – Qin Dynasty. Many Confucians during the Han – Tang and Song – Ming Dynasties also expounded on the doctrine. Due to space limitations, this paper mainly focuses on Jiang Xin, a Confucian in Ming Dynasty. On the basis of absorbing and learning from the relevant theories of some Confucians in the Pre – Qin and Song – Ming Dynasties, Jiang Xin made a deep and systematic exposition of the doctrine of "unifying interconnectedness". He regarded the doctrine as the basis of Confucianism and established it as his academic tenet. "Unifying interconnectedness" means not only that man and nature should be integrated, but also that people should love each other and live in harmony. In order to achieve the ideal realm of "unifying interconnectedness", Jiang Xin advocated some Kung Fu's theories about moral self – cultivation. The idea of "unifying interconnectedness" is a precious re-

---

① 陈献章：《年谱及传记资料》，《陈献章集》（附录 2），中华书局，1987，第 217 页。
② 高攀龙：《困学记》，《高子遗书》（卷 3），《四库全书·集部·别集五》（影印本），第 1292 册，上海古籍出版社，1989，第 357 页。

source in Confucianism. It is of great significance for contemporary people to re – understand the relationship between nature and man and to promote the benign development of nature and human beings themselves.

Keywords: The Traditional Confucian; Jiang Xin; The Doctrine of "Unifying Interconnectedness"

About the Author: Yao Caigang (1972 –), Ph. D. , professor at School of Philosophy and Institute of Advanced Humanistic Studies, researcher of Hubei University Rural Community Research Center, Hubei Provincial Moral and Civilization Research Center. Research interests and specialties: chinese philosophy and ethics study. Magnum opuses: *The Reconstruction of Confucian Moral and Rational Spirit*, *The Fusion of Ultimate Beliefs and Multiple Values*, etc. Email: ycg301@ 126l. com. Zeng Cheng (1996 –), M. A. candidate at School of Philosphy, Hubei University. Research interests and specialties: chinese philosophy.

全球治理语境下的政府间道德共识

周鸿雁[*]

摘　要： 在全球治理主体多元化、权力流散的背景下，国家内部治理的国际延伸和国际机制的规范约束只能治标不治本。在国家失灵和国际机制失灵的状况下，建立在人类共同价值观基础上的政府间道德共识是解决全球治理问题的现实选择。全球治理中的政府间道德共识是生成性共识，因而需要在现有主体条件、客观条件和中介平台条件上通过交往逐步生成。政府间道德共识促成要警惕并超越文化相对主义。

关键词： 全球治理　多元共治　政府间道德共识　人类共同价值观

所谓政府间道德共识是指不同民族国家政府之间在道德认知上所达成的一致性认识和理解，全球治理中的政府间道德共识必须是建立在全人类共同利益基础上的，是实现全球善治的必不可少的伦理前提。全球化是一股不可遏制的时代趋势，它为世界打开了一个更为广阔的生活空间，为社会带来各种发展的机遇，为人们带来全新生活感受，同时也带来了一系列人类必须共同面对的问题。就社会治理而言，全球化提出了一个不同于以往国家和地区内部社会治理的新要求，即全球治理。当今

---

* 周鸿雁（1970— ），博士，湖北大学政法与公共管理学院副教授，中华文化发展湖北省协同创新中心副研究员，主要从事行政伦理、公共文化服务等方面研究。电子邮箱：hongyanzhou@ hubu. edu. cn。

社会并不存在一个统一的世界政府，这决定了全球治理只能多元共治。由于民族国家依然是国际社会活动的行为体，作为主要治理主体的政府间的合作共识就显得尤其重要。在主体多元化、权力流散的情况下，只有从人类公共利益出发，在人类共同的价值观指导下，各民主国家政府间达成道德共识，并通过对各自责任的担当和履行才能从根本上解决全球问题，逐步建立全球化时代的社会秩序。

一　政府是全球治理的基本主体

1. 全球治理的理论设想

全球治理理论的提出是两个方面要求的结果。一方面，全球化是一个整体性的社会历史变迁过程，首先表现为世界经济的一体化，进而对世界政治生活产生深刻的影响，"全球化对政治价值、政治行为、政治结构、政治权力和政治过程的深刻影响，集中体现为它对基于国家主权之上的民主国家构成了严重的挑战"，[①] 面对这样的挑战，人类必须做出相应的转变选择。另一方面，在全球化与反全球化的角力中，一些超越国家范围的宏观问题日益凸显，包括全球贫富差距扩大、环境问题加剧、恐怖主义猖獗、金融危机风险增加、民族国家主权受损等，这些问题将世界各国无一遗漏地摆在了必须合作的现实场景面前。以何种政治框架来应对全球化的挑战和解决人类面临的共同社会问题，是摆在人类面前的一个既长远又现实的课题。因此，许多学者主张要建立一种与全球化进程相适应的全球秩序，就应该从传统国家间合作或者国际合作转向全球治理。我国学者俞可平观察到这一政治过程的变化，认为全球化过程中最大的变化便是人类政治过程重心的转移，俞可平把它概括为"从统治走向治理，从善政走向善治，从政府的统治走向没有政府的治理，从民族国家的政府统治走向全球治理"。[②]

---

① 俞可平：《论全球化与国家主权》，《马克思主义与现实》2004 年第 1 期。
② 俞可平：《全球治理引论》，《马克思主义与现实》2002 年第 1 期。

全球化治理理论是在国家治理理论的基础上针对全球化问题而提出来的一种世界范围的治理理论，它借助了治理理论的主要核心理念和观点，试图建立一种全球范围内的治理模式。然而，目前的全球治理在范围和问题特征等方面都与一国之内的社会治理有很大差异，并且不具备民族国家所具有的统一的政府和相应的成体系法律制度。因而，全球化治理理论不是对国家治理理论的发展，而是治理理论的世界层面。想要建立一种全球治理的统一模式并没有先例可循，因此，在这个问题上，出现了各种不同的观点和争论。

一般认为全球治理的主体可分为三大类：民族国家（或各国各地区政府）、各种正式的国际组织、非正式的全球公民社会组织（或非政府组织）。全球治理就是以各国政府、国际组织、各国公民为主体，为增进共同利益而进行的民主协商与合作，是协调多元主体公共利益的持续互动过程。其主要特征表现为多元、合作、协商。

学者们提出了几种有代表性的理论设计，大体可以概况为三类：一是国家中心论，二是新自由主义国际规制论，三是全球市民社会变革论。[1] 国内也有学者将之概括为国家中心治理、有限领域治理、网络治理三种模式，并在此基础上提出了多元多层合作治理模式。[2] 尽管众说纷纭，但理论界在全球治理价值、规制、主体、对象、效果等基本认识方面是大体一致的。全球治理的主体是各国政府、国际组织、各国公民，分别代表的是主权国家、市场和社会，以上所说的不同观点，只是在全球治理体系中治理主体间的关系问题。

2. 以民族国家（政府）为中心的现实选择

全球治理模式设计仍然还在摸索和讨论中，而全球治理的实践模式必须选择建立在现实的全球化阶段特征基础上。当前全球化进程中面临的现实难题是，众多的国家和地区、社会群体以及每一个地球人都必须共同面对诸多的问题，这些问题需要国与国之间相互合作才能解决；另

---

① 刘小林：《全球治理理论的价值观研究》，《世界经济与政治论坛》2007 年第 3 期。
② 吕晓莉：《全球治理：模式比较与现实选择》，《现代国际关系》2005 年第 3 期。

外，在国家和地区之上并不存在一个权威性全球政府组织和相应的制度体系保障。尽管目前存在的国际法和国际公约等国际机制起到引导和规范政府间合作的作用，但并不能覆盖全球治理的所有方面，权威的法制后盾的缺少也极大地影响了这些国际机制的实际效果，以世界公民为研究对象构建全球治理体系也有悖于当前全球化的阶段特征。笔者认为全球化是一个渐进的过程，不可能一蹴而就地进入世界公民全部直接参与治理的理想状态。在现阶段，全球治理委员会在《我们的全球之家》的研究报告中的观点是比较恰当的，即在全球层次上，治理基本上是指政府间的治理，但现在，它也包括非政府组织、公民运动、多边合作和全球资本市场之间的治理。

政府在治理中的主导地位是由民族国家在全球化时代具有不可替代的价值所决定的，主要表现在以下几个方面。第一，国家仍然是最重要的政治权力主体。第二，国家仍然是国际社会中最主要的行为主体。第三，国家利益仍然是最根本的政治利益。第四，国家公民权仍然是在一国范围内的公民权。第四，国家仍然是正式规则的主要制定者。

二　政府间道德共识是多元主体和共同利益之间的纽带

全球化过程中，需要处理的一个核心问题是多元主体和共同利益之间的关系。通过采用国家内部治理的方式或通过国际机制都无法解决这个核心问题，而通过社会的方式因为不具备可操作性而显得过于理想。政府间道德共识并不排斥主权国家内部治理和国际之间的交往，同时可以将国际机制起到的作用纳入其中。在主体分散、权威缺失的状况下，通过政府间道德共识来解决问题尽管是一种退而求其次的选择，但却不失为一种最现实的途径。

1. 全球治理中的"国家治理"与"国际机制治理"失灵

现存的对全球问题的处理，基本上是在国际机制的框架下以主权国家利益为中心的谈判合作。各主权国家政府从各自的国家利益出发，在国际平台上就各自所应该获得的利益以及所应当承担的责任进行谈判分割，这实质上是把全球治理看成是民族国家内部治理的延伸。现有的国际规范尽管由非政府国际组织来制定，但民族国家也是参与制定的主体，因此制定出来的规范要么流于抽象的价值理想而成为空洞的口号，要么成为某些特殊国家利益的维护条款。这必然会导致利益纷争和纠缠，全球问题也无法获得合理的解决方案，从而影响全社会的公平正义的实现。从以国家利益为中心出发，我们通过外部的机制来进行调控并不能解决全球化治理的核心问题。这就是全球治理中的"国家治理"与"国际机制治理"失灵。

2. 政府间道德共识是保证国家间相互协商共治的伦理基础

现代国际社会对于全球问题的治理基本上是在一定的国际机制框架下，通过谈判协商提出政治技术方案来解决。但任何政治技术方案都必须首先经过道德合理性的考量，道德共识应该优先于政治技术方案的形成。道德共识产生于交往互动中，与共同的利益相关。在全球化的社会背景下，各国政府面对涉及人类共同利益的全球问题，当有意愿通过协作的方式解决的时候，它们之间就已经有了达成道德共识的可能。通过国际间的交往互动达成道德共识，一方面有助于在此基础上合理地在各国家主体之间进行利益协调和责任分工，摆脱多元主体之间的利益谈判纠缠；另一方面，政府是重要国际规则的主要参与者，政府间达成符合全人类利益的道德共识，有助于制定出各国普遍认可的针对不同领域的不同问题的国际机制，这将大大促进国际机制的普遍价值导向作用，同时增强问题解决的有效性和国际机制的约束力。

国际上出现过不少国际协议破裂或不遵守国际协议甚至破坏国际规则造成矛盾与冲突的例子，究其原因，主要在于三个方面：其一，有些国际机制在制定之初，就不是从全球普遍利益的角度出发而制定的，而是出于对狭隘的国家利益或地区利益的考虑，经过利益谈判，即使双方达成了共识，也未必是道德上的共识；其二，由于各国自身民族文化差异性和历史性，某个时段达成的共识在另一个时段发生了变化；其三，政府间达成道德共识，但缺乏共识的维护机制，在道德成本低下的情况下，有些国家政府打破道德共识，破坏在共识基础上形成的规则。无论是哪一种情形，道德共识一旦被打破，就有协作关系破裂的危险。

3. 从长远的角度来看，政府间道德共识是促成全球公民道德共识的有效途径

全球治理是以人类共同利益为中心的治理，因而治理活动应该体现全球公民的意志。如前所述，全球治理的理想状态就是全球公民都能够自由、平等地参与全球治理，建立起和谐的新秩序。这一设计被认为是理想的乌托邦，因为现阶段世界公民身份并不具备合法性，公民依然是属于主权国家的公民，在超越主权国家的范围之外是不能自由平等地享有政治权利的。但这并不妨碍我们对理想的追求，既然全球化是不可避免的，其深度和广度都在不断地加大，无论将来的全球治理模式如何，我们都会一直为全人类的公共利益而努力。长期政府间的道德共识有助于加大全球公民道德共识的达成度。

共同利益必定是多元主体的共同利益，为保证他们的公共利益，需要有公意的表达途径。然而，全球公民数量巨大，且表达的方式千差万别，直接完整收集公意是不可能的。而且，由于各民族存在文化差异，因此不具备直接达成道德共识的条件。此时，需要一个中介，这个中介就是民族国家。在一个民族国家内达成比较一致的道德共识是完全可能的，否则，这个民族国家就很难称其为一个整体。人类道德共识是有层次性的，可以分为个人之间、社会之间和国家之间的共识。通过一国内政府的道德引导，首先形成一国范围内的基本道德共识，以这种基本的道德共识为政府共识，再以世界层面的主体身份谋求各国政府主体间的道德共识。这一过程类似于代议制民主，国内公民就是委托人，而政府就是被委托的代理者。尽管不可能完全代表所有公民的道德共识，但求大同存小异，这本身就是达成道德共识的要求。

三　全球治理中政府间道德共识的生成

全球治理语境下的政府间道德共识是以共同价值观为前提在平等交往过程中形成的，它本身就是一种过程性的行动，因此应该是生成性的。

政府间道德共识的生成需要建立在一定的社会主体条件、客观条件和中介条件的基础上，通过正常的交往活动完成。

1. 政府间道德共识的主体条件

首先，全球化打破了民族国家的界限，将治理的中心转移到整个世界，全球化治理不是民族国家治理在国际上的延续，更不是简单的国与国之间的交往和协商，因此，单纯依赖以民族国家为中心的双边合作或者合作以及有限区域内的国际机制是不符合全球治理要求的。它强调的是所有利益主体的共同参与。全球化促进了所有民族国家的相互往来，使他们成为相互关系中的主体，构成了一个人类命运共同体。全球问题的产生更是与每一个国家的命运和利益息息相关，每一个国家都是切身利益的相关者。道德共识的形成就是这些国家主体在国际空间场域中，通过各国政府之间相互对话与交流，以人类面临的共同问题为商谈内容，以某一道德价值观念和道德规范为对象的道德认知活动。在世界公共场域中，每一道德共识主体的存在依赖于其他主体的存在，以相互关系作为存在前提。

其次，各国政府间存在互相理解的前提。道德共识的目的是要化解道德分歧，并形成主体间一致性的理解，因此需要有相互理解的前提。其前提主要是两个方面。一是可以相互沟通和理解的语言，因为相互理解首先是在语言和话语意义上的相互理解。全球化使人们的交往越来越频繁，有些语言如英语基本已经成为世界官方通用的语言，人们对不同语言中的话语意义的理解也越来越趋于一致。二是道德意义和道德规范上的相互理解。关于环境保护、国际安全、恐怖主义等全球问题已经成为全人类不可避免的也是必须面对的全球性问题，共同的实践交往能够形成道德上的相互理解，而人性的可通约性使道德意义和道德规范上的相互理解成为可能。

2. 政府间道德共识的客观条件

政府间道德共识的客观条件是指全球化社会提供的物质基础和合作利益关系，这是政府间道德共识形成必需的外在条件。

首先是全球化人类社会特定的生产方式。全球化先是经济全球化，"经济全球化不仅极大地改变了人类的生产方式、消费方式和交换方式，也极大地改变了人类的思维方式和行为方式"。① 生产方式是人类进行社会化生产的组织和实施方式，是一个动态的历史演进过程。经过了"福特制"和"丰田制"，全球化时代的典型生产方式是"温特制"，其特征是"以高科技和强大的信息网络为基础，以产品标准、全新的商业模式和游戏规则为核心，通过控制、整合全球资源，使产品在最能被有效生产的地方，以模块方式进行组合"。② 生产方式的发展不仅为政府间道德共识的达成提供了先进的科学技术手段，而且提供了丰富的内容。政府间道德共识应体现这一阶段生产方式的总体特征，共识的内容也应该反映生产方式的特定内容。

其次是合理的利益关系，这是政府间形成道德共识的重要条件。合理的利益关系主要包括两个方面：一是利益受众的普遍性，二是利益内容的普遍性共享。③ 政府间所涉及的利益关系不仅是政府作为"私人"个体的利益，更重要的是涉及全球各利益阶层、群体以及各国公民的所有人的利益，是全球范围内的公共利益。全球化治理所倡导的是一种全球社会公正的利益共享，包括发展过程和发展成果的共享，物质利益和精神利益的共享等方面。合理的利益关系不仅是全球治理主体间实际利益公平分配，更是对共同理想价值和道德的追求。

3. 政府间道德共识生成的中介平台

交往是政府间相互理解进而形成道德共识的重要中介，交往也必须在一定的公共平台上才能实现。政府间需要合理正常的交往方式才能达成道德共识，非正常的交往方式会极大地阻碍交往个体的认同感、安全感和归属感。国与国之间可能因为政治的、经济的或者其他方面的原因处于对立甚至是战争状态，双方都会时刻保持一种警惕和防备心理，这样道德共识就无从谈起。因此，需要建立正常的国与国之间的关系，在和平稳定和谐的交往关系中达成道德共识。当然这种稳定和谐的交往关

---

① 俞可平：《论全球化与国家主权》，《马克思主义与现实》2004 年第 1 期。
② 王蒲生等：《产业哲学视野中全球生产方式的演化及其特征——从福特制、丰田制到温特制》，《科学技术与辩证法》2008 年第 3 期。
③ 刘飞：《道德共识的形成机制析论》，《理论导刊》2019 年第 1 期。

系中不排除有不和谐的因素，但本着尊重对方的原则，求大同存小异，维持总体和谐是有可能的。而在最紧张的时刻，政府的道德理性就显现出作用来了。主体间应相互尊重、克制、理解，以积极的态度谋得道德共识。交往需要公共的平台，这个公共的平台在抽象的意义上就是哈贝马斯所说的"公共领域"，只有在这个公共领域，各国政府才能平等对话、自由讨论进而形成主体间共识。

四　政府间道德共识中文化相对主义的障碍及对其的超越

因为全球化背景的阶段性特征，在促进政府间道德共识生成的过程中最大的障碍是文化相对主义，克服和超越文化相对主义，是当前全球化治理中政府间道德共识形成的难题。

文化相对主义是道德相对主义在世界层面上的表现形式。在道德相对主义者看来，"表面上相互冲突的道德判断相对于不同群体（或文化）的主体间的终极道德标准，或者相对于由这些终极标准所决定的道德框架，是同等有效的，我们并无客观的标准可以决定哪一套终极标准或道德框架更为合理"。[①]　道德相对主义可以扩大为不同民族国家的文化相对主义。一部分学者认为，道德共识存在现实边界，"从政治方面而言，以国家和民族为主体的道德共识，其适用范围就一般意义上，只能局限在国家和民族之内，一旦超过国家和民族的界限，那么道德共识有可能成为道德分歧，甚至是道德冲突，更有甚者成为文化霸权主义，即强行让他国和民族接受认同其道德认识"。[②]　笔者并不认同这种观点，理由有两个。其一，诚然，国家和民族间会因为所处的地域、发展历史、政治经济条件的不同形成不同的道德价值观和道德规范，在内容和观点上存在差异，有的甚至是相互冲突的。但这个理由不足以否认不同民族国家之间道德共识存在的可能。其二，道德共识超越国家和民族的界限，就一定

---

① 陈真：《道德相对主义与道德的客观性》，《学术月刊》2008 年第 12 期。

② 刘飞：《道德共识的形成机制析论》，《理论导刊》2019 年第 1 期。

会成为道德分歧吗？仅从现实中存在道德分歧、道德冲突甚至文化霸权主义现象来看，并不足以证明道德共识超越国界就一定会成为道德分歧。

在笔者看来，在道德共识问题上的道德相对主义，相对于全球化来说必将成为一个过时的思想产物，这种道德相对主义是建立在对过去世界认识的基础之上的，完全忽视了现代全球化的特征。国家内部社会治理中公民的道德共识固然重要，但在全球化背景下，道德意识的现实界线已经逐渐淡化，国际主体间的关系更为平凡也更为复杂，用道德相对主义来回避民族国家之间的道德共识是不明智的。唯有积极超越，促进和达成各国政府间的道德共识，才能实现全球共同治理的目标。

首先，人类作为一个命运共同体，在共同的实践交往活动中必定会逐渐形成共同的价值观，这种价值观不是西方所设定宣扬的"普世价值"，而是在人类交往活动中通过自发或者积极引导而形成的重叠共识。道德共识的实质是价值共识，人类共同的价值观为政府间道德共识提供了共同价值前提。

其次，各国政府作为全球治理的主体，在国内应担负识别重任以及引导生成符合全人类共同价值观的道德意识，在国际应该积极宣扬传播符合人类的共同价值观，并以身作则，在人类共同价值观的基础上积极交往，寻求道德共识。

最后，形成全球范围内的以人类共同价值为核心的国际机制，以提供充分进行国际交往的平台，在此平台上各国政府可以自由平等地参与对全球公共事务的协商，并设立相应的道德约束机制，以规范和约束国际打破道德共识的行为。

Intergovernmental Moral Consensus in the Context of Global Governance

Zhou Hongyan

Abstract：Under the background of multiple subjects and power dissipation in global governance, relying on the international extension of the country's internal governance and the normative constraints of international mechanisms can only treat the symptoms rather than the root cause. With state failure and international mechanism failure, the intergovernmental moral consensus based on common human values is the realistic choice to solve the problem of global governance. Intergovernmental moral consensus in global governance is a generative consensus, which needs to be gradually generated through interaction in the existing subjective, objective and intermediary platform conditions. The promotion of intergovernmental moral consensus needs to watch out and surpass cultural relativism.

Keywords: Global Governance; Multi – governance; Inter – governmental Moral Consensus; Human Common Values

About the Author: Zhou Hongyan (1970 –), Ph. D. , associate professor at School of Politics, Law and Public Administration in Hubei University, associate researcher of Hubei Collaborative Innovation Center for Chinese Cultural Development. Research interests and specialties: administrative ethics and public cultural services. Email: hongyanzhou@ hubu. edu. cn.

地域文化

主持人语

江陵岑氏家族的兴衰是中国历史上值得解读的一种文化现象。从东汉具有绝世之功的岑彭受汉光武帝刘秀的厚赏，南还江陵津乡，岑彭家族已是对湘鄂大地产生巨大影响的一个名门望族，到官居后梁吏部尚书的岑善方更家江陵，再到岑文本、岑长倩、岑羲一门三相，另加盛唐著名边塞诗人岑参，世所罕见。岑羲为相时，其家族已是威威赫赫的世家大族。据岑参《感旧赋》描绘其家族鼎盛状貌云："朱门不改，画戟重新；暮出黄阁，朝趋紫宸；绣毂照路，玉珂惊尘。列亲戚以高会，沸歌钟于上春。无小无大，皆为缙绅；颙颙印印，逾数十人。"后因武后朝，岑长倩反对立武承嗣为皇太子而下狱被诛，"五子同赐死"，而且"发暴先墓"。再至岑羲仿武则天故事，参与太平公主谋害睿宗太子李隆基的政治斗争，结果事情败露，身死家灭。家族之人"或投于黑齿之野，或窜于文身之俗"，钟鸣鼎食的岑氏大家族从此败落，唯存有关历史文献与江陵岑河这一地名让人回味这段令人感慨万端的历史。

本部分三篇文章有对岑文本的解读，有对岑参诗歌的重新认识，有对岑参的籍贯家世与岑河地望的溯源。孟修祥的《岑文本论》的对象是前人与时贤不曾全面论及的岑文本，岑文本从一介书生到位极人臣的宰相，虽然经历了社会地位的巨大变化，不但没有使其居功自傲，反而更加廉洁自律、忠于职守、鞠躬尽瘁、死而后已。论及其一生，既表现出敏于审时度势、敬畏权力的高明政治智慧，同时也展示出一位政治家唯才是用的胸襟气度与高瞻远瞩的思想境界。岑文本是才子，也是"博考经史，多所贯综"的学者，更是弘厚忠谨、清正廉明的杰出政治家。他出色的文采、爱民的心思、高尚的品德与杰出的政治智慧，不仅对唐代岑氏家族产生巨大而深远的影响，而且在当今社会仍然不减其璀璨的文化光芒。李征宇的《岑参与江陵关系论略》一文，从岑氏家族的兴衰对其仕进产生的极大影响出发，论及岑参积极有为的心态是对江陵岑氏家族文化传统的继承，从而成为他一生自觉为恢复家族荣光而不懈努力的动力。文中列举岑参部分送别酬答诗，并阐述其审美特点，认为这些诗歌用典精切，其中与江陵、襄阳、武昌、荆南和汉南等荆楚地名相关的典故，在岑参的诗中运用妥帖自然，十分精妙。另外诗歌造语清新。作者认为："在盛唐的天空之下，在光英朗练的盛世之音衬托下，岑参将自己与江陵岑氏家族的命运紧紧联系在一起，将书剑报国的豪情壮志与雄奇怪异的域外风物融合在一起，铸成了独具一格的别样风采，堪称不朽。"透过岑参的军旅生涯，我们不难见到远祖岑彭的伟岸身影，他"能自砥砺，遍览史籍"，更是受到祖辈与父辈们的深刻影响。陈礼荣的《岑参的籍贯家世与岑河地望溯源》一文，依据有关文献及地方史志，确论岑家的郡望重地当属曾弼成岑彭绝世之功的江陵津乡，而自从岑羲蒙难之后，岑氏后人即在当地绝迹，此即为唐初帝王出于对中国南方世家望族数百年间形成的巨大影响刻意打压的结果。似乎波云诡谲的政治斗争，决定着历史人物甚至一个家族的命运。然而，岑氏家族中以岑彭、岑文本、岑参为代表所表现出的优秀文化精神则在历史的天空中熠熠生辉，永世不朽。

孟修祥

2019 年 12 月 12 日

岑文本论

孟修祥*

摘　要：岑文本从一介书生到位极人臣的宰相，经历了社会地位的巨大变化，不但没有使其居功自傲，反而更加廉洁自律、忠于职守、鞠躬尽瘁、死而后已。他的一生既表现出敏于审时度势、敬畏权力的高明政治智慧，同时也展示出一位政治家唯才是用的胸襟气度与高瞻远瞩的思想境界。他是才子，也是"博考经史，多所贯综"的学者，更是弘厚忠谨、清正廉明的杰出政治家。他出色的文采、爱民的心思、高尚的品德与杰出的政治智慧，至今仍然闪烁着璀璨的文化光芒。

关键词：岑文本　古代政治家　唐代宰相

时间可能会冲淡我们对许多历史人物的记忆，而一旦由于某种机缘让后人注目于他们时，其闪烁的文化光芒仍然可以透过历史尘封，令我们目眩神摇、启悟甚多，唐初著名宰相岑文本就是其中一位。

---

* 孟修祥（1956—　），长江大学教授，主要从事中国古代文学、荆楚文化研究，著有《楚辞影响史论》《中国古代文学与文化研究》《楚歌研究》《隋唐五代湖北文化史》等。电子邮箱：mengxiuxiang@163.com。

岑文本，字景仁，江陵岑河人，[①] 出生于公元 595 年，病逝于公元645 年。在他 51 年的生命历程中，从一介书生到位极人臣的宰相，社会地位的巨大变化，不仅没有使其居功自傲，得意忘形，反而更加廉洁自律、忠于职守、鞠躬尽瘁、死而后已。他的一生既表现出敏于审时度势、敬畏权力的高明政治智慧，同时也展示出一位政治家唯才是用的胸襟气度与高瞻远瞩的思想境界。他是少年得志的才子，也是"博考经史，多所贯综"、满腹经纶的学者，更是弘厚忠谨、清正廉明、充满智慧的杰出政治家。史称岑文本有文集 60 卷，但是我们现在所能见到的被《全唐文》收录的他的文章只不过 20 篇，从清人陆心源的《唐文拾遗》《唐文续拾》的"阙名"文中，也很难判断何文为文本所撰，《全唐诗》卷 33存其诗也不过四首。现存诗文之数与文本的文集 60 卷相去甚远，显然这直接影响到我们对文本之思想与才华的完整认识。现在所能见到的关于

---

① 岑氏郡望在河南南阳。岑氏本为周朝姬姓，以国名为氏。据宋代郑樵《通志·氏族略第二》记载："《吕氏春秋》云，周武王封周文王异母弟耀子渠为岑子，其地梁国岑亭是也。子孙以国为氏。"（郑樵：《通志》，王树民点校，中华书局，1995，第 52 页。）此为宋人说唐话，"梁国岑亭"的梁国当指隋末唐初的梁国。唐代张景毓《县令岑君德政碑》云："（岑）君名植，字德茂，南阳棘阳人也。其先出自颛顼氏，后稷之后，周文王母弟辉。克定殷墟，封为岑子。今梁国岑亭即其地也，因以为姓。代居南阳之棘阳。"（董诰等编《全唐文》卷 450，上海古籍出版社，1990，第 1835 页。）此碑乃唐景龙二年（708）刻，张景毓撰文，释翘微书。"今梁国"即指隋末唐初之梁国。另外此文记载周文王母弟是"辉"而不是"耀"。《新唐书·宰相世系表》亦云："岑氏出自姬姓。周文王异母弟耀子渠，武王封为岑子，其地梁国北岑亭是也。子孙因以为氏，世居南阳棘阳。"（欧阳修等：《新唐书》卷 72 中，上海古籍出版社、上海书店，1986，第 271 页。）"岑氏，古岑子国之后，汉有岑彭。"（应劭：《风俗通义校注》，王利器校注，中华书局，1981，第 528 页。）到梁代，其祖父岑善方（官至吏部尚书）时，更家江陵。岑善方乃东汉征南大将军岑彭之后，更家江陵的原因虽然文献失载，当与岑彭当年曾屯军江陵津乡不无关系。"《郡国志》，南郡江陵县有津乡。贤曰：所谓江津也。"（冯惠民等编《通鉴地理注词典》，齐鲁书社，1986，第 1326 页。）清代王鸣盛的《十七史商榷》卷 30 亦云，"案：《续志》南郡江陵有津乡"。钱林书编著的《〈续汉书·郡国志〉汇释》辨云："《岑彭传》彭屯津乡，当荆州要会。《江水注》：江水又东过枝江县南。注县西三里有津乡，春秋巴人伐楚，楚子御之，大败于津。应劭云：南郡江陵有津乡，今则无闻矣。郭仲产云：寻楚御巴人，枝江是其涂便，此津乡殆即其地也。案本志津乡在江陵，盖从应说。核其地望，郦为翔实，彭军处即此。"（钱林书编著《〈续汉书·郡国志〉汇释》，安徽教育出版社，2007，第 222 页。）到隋代，岑文本的父亲岑之象仍然定居荆州江陵。因此注定了岑文本一生与荆州江陵岑河的特殊关系（参见陈礼荣《岑参的籍贯家世与岑河地望溯源》，荆楚文化网，http：//chu. yan-gtzeu. edu. cn/info/1002/1824. htm，2019 年 11 月 16 日）。

他的记载也只有吴兢《贞观政要》、刘肃《大唐新语》、王溥《唐会要》、计有功《唐诗纪事》、王谠《唐语林》等唐宋之书，内容也大抵不出两唐书本传所记，虽然如此，作为历史天空中的一颗明亮之星，仍不减其耀眼的光芒，故试为之论。

一　少年得志的才子

现在所能见到的有关岑文本的文献中，他给我们的第一印象是少年得志的才子，是满腹经纶的学者。《旧唐书》本传说：

> （文本）性沉敏，有姿仪，博考经史，多所贯综，美谈论，善属文。时年十四，诣司隶称冤，辞情慨切，召对明辩，众颇异之。令作《莲花赋》，下笔立成，属意甚佳，合台莫不叹赏。其父冤雪，由是知名。①

文本不仅一表人才，性格稳重，感觉敏锐，而且善于言谈与属文，在 14 岁时就直面司隶为父亲岑之象申冤，并且"召对明辩，众颇异之"，当堂作《莲花赋》，"下笔立成，属意甚佳，合台莫不叹赏"，虽然这篇《莲花赋》已成佚文而难见其精彩，但当时那群以司隶为代表的达官显贵也均非等闲之辈，能得到他们的高度赞许，并立即为其父亲的冤案平反昭雪，文本由此闻名于世，可见其"性沉敏，有姿仪……美谈论，善属文"的少年才子形象已卓然树立起来。后来在太宗时所写《藉田颂》《三元颂》，收录在《全唐文》中，也被两唐书称赞"其辞甚美"。尤其是贞观十五年（641）由岑文本撰、褚遂良书的《龙门山三龛记》，全文 1800 多字，可谓文本文学作品中的代表之作。

贞观十年（636）六月，长孙皇后去世，魏王李泰在龙门山宾阳洞开凿佛窟，雕造了五尊大佛像，为母亲冥福。就文意所需而言，文本自然要

---

① 刘昫：《旧唐书》（卷 70），上海古籍出版社、上海书店，1986，第 304 页。

在文中对名扬天下的龙门山进行一番描绘，也自然要对长孙皇后与魏王李泰进行一番赞颂，但文中最为精彩之处在于对佛像雕刻之精美的生动描绘：

云生翠谷，横石室而成盖，霞舒丹巘，临松门而建标。崇基拒于嵩山，依希雪岭，（缺一字）流注于德水，俪佛连河。斯固真俗之名区，人祇之绝境也。王乃鳌心而宏喜舍，开藏而散龟贝。楚般竭其思，宋墨骋其奇。疏绝壁于玉绳之表，而灵龛星列；雕（缺一字）石于金波之外，而尊容月举。或仍旧而增严，或维新而极妙。白豪流照，掩莲花之质；绀发扬晖，分檀林之侣。是故近瞻宝相，俨若全身，远（缺一字）神光，湛如留影。嗤镂玉之为劣，鄙刻檀之未工。杲杲焉逾日轮之丽长汉，峨峨焉迈金山之映巨壑。耆阇在目，那竭可想。宝花降祥，蔽五云之色；天乐振响，夺万籁之音。①

形容三龛佛像背景之奇是"真俗之名区，人祇之绝境"，描绘其精致是"楚般竭其思，宋墨骋其奇"，"嗤镂玉之为劣，鄙刻檀之未工"，言其高峻是"疏绝壁于玉绳之表"，言其庄严是"尊容月举"，言其祥瑞是"宝花降祥，蔽五云之色"，言其佛音是"天乐振响，夺万籁之音"，可谓此地有一，天下无双，突出的是两个字：丽、奇。正如刘熙载《艺概·赋概》所云："赋取乎丽，而丽非奇不显，是故赋不厌奇。"② 这篇《龙门山三龛记》可谓唐代赋体文中难得之精品，加上褚遂良之书，书赋合璧，使其成为中国文艺史上的赋书双绝。

如果说文本的赋、颂之类的文学作品写得令人交口称誉的话，那么，他草拟诏诰文书时敏速过人之才华更令人惊叹，《旧唐书》本传称："或策令丛遽，敕吏六七人泚笔待，分口占授，咸无遗意。"以至于使敏于时事、长于文诰的大学问家颜师古被取而代之。后来太宗以岑文本为侍郎，专典机要，并封其为江陵子，获得此殊荣是因为太宗特别欣赏他卓

① 刘昫：《旧唐书》（卷 70），上海古籍出版社、上海书店，1986，第 304 页。
② 刘熙载：《艺概》，上海古籍出版社，1979，第 100 页。

尔不群的才华。

贞观二年（628），太宗下诏，命岑文本与令狐德棻撰写《周史》，并于贞观十年（636）写成，《旧唐书》本传说"其史论多出于文本"。《周史》不只是记述西魏及北周皇朝的史事，还兼顾了同时代的东魏、北齐、梁与陈等四朝的重大历史事件，对于帝位更迭、重大动乱，记载详明，其文笔简洁爽劲，清代史家赵翼《廿二史札记》说它"叙事繁简得宜，文笔亦极简劲"。以"其史论多出于文本"而论，其中"文笔亦极简劲"显然是对文本的高度评价。① 中国自古重视对史书的纂写，因此，对史家要求甚高，唐代著名史学理论家刘知几有"史才三长"说：史才、史学、史识。对于写史的人不仅要求有写史的能力与才华，还需要具有渊博的历史知识，掌握丰富的历史资料，最重要的是"史识"，即对历史是非曲直的观察、鉴别和判断能力。唐太宗把撰写《周史》的任务交给岑文本在内的写作群体，足见文本的史才、史学、史识是堪当其重任的。从张景毓撰写的《县令岑君德政碑》对岑文本的称誉来看，其才、学、识出类拔萃、古今绝伦：

> 宏材巨量，经文纬武，高标百寻，绝壁千仞……至于五车万卷，百家诸子，吐凤怀蛟，凌云概日，不尚浮绮，尤存典裁，藻翰之美，今古绝伦。②

文本在学术上的造诣不限于史学，从幸存于世的《论摄养表》一文来看，他对道家"道法自然"的养生之学颇有研究。"圣人宏全身之道，而能免于忧患；贤者著养生之术，而能终其寿考……养生之术，故非一途，详求至理，语其大略，莫若顺阴阳之序，节寒温之中。何则？人资

---

① 平心而论，《周史》是一部优点与缺点都很突出的史书。刘知几《史通》就对《周史》提出过批评："今俗所行《周史》，是令狐德棻等所撰。其书文而不实，雅而不检，真迹甚寡，客气尤繁。寻宇文开国之初，事由苏绰。军国词令，皆准尚书。太祖敕朝廷他文，悉准于此。盖史臣所记，皆禀其规。柳虬之徒，从风而靡。"（永瑢：《四库全书总目提要》上册，中华书局，1985，第408页。）

② 董诰等编《全唐文》（卷450），上海古籍出版社，1990，第1835页。

阴阳以育，俟寒温以成，虽禀于五常，而连类于万物。在春夏也，万物因而生长，人亦宜微受温暖，以丰其肌肤。在秋冬也，万物因而收成，人亦宜微受寒凉，以坚其筋骨。是以贫贱之人，皆顺其性，而疾病者少，富贵之人，多违其真，而疾病者多。是知春生夏长，秋收冬藏，此天道之大经也。"① 这与嵇康《养生论》中的 "呼吸吐纳，服食养身，使形神相亲，表里俱济也"② 观念是一脉相承的，故在文中两处引用嵇康语，以为说明。该文意旨甚明，即希望皇帝 "顺阴阳之序，节寒温之中"，有南山之寿，但这位深谙道家摄养之理的宰相学者，却于公元 645 年，在随李世民讨伐辽东时，因过度操劳，严重损害了身体健康而途中病故，从而令时人与后人唏嘘不已。

另据《太平广记》记载："唐中书令岑文本，江陵人。少信佛，常念诵法华经普门品。"③《博异志》也有文本 "性慕高道" 的相关记载，可见他从小就对佛教经典颇有兴趣。虽然唐代儒释道三教并立，文本自幼保有对佛经的喜好，但《太平广记》与《博异志》毕竟为志怪小说，在没有获得可靠的文献依据时，我们也很难臆断其在佛教领域的研究造诣。但这并不妨碍我们对这位 "五车万卷，百家诸子，吐凤怀蛟，凌云概日" 之学者风采的感受与认识。

二 杰出的政治家

文本是一位弘厚忠谨、清正廉明、充满智慧的杰出政治家。他作为一名杰出政治家，首先，表现出敏于审度时事的清醒政治头脑。

当萧铣在荆州称帝时，召文本为中书侍郎。后来，当李孝恭打到荆州时，文本成功地劝萧铣出降。虽然岑文本知道萧铣当时的统治区域广大，南到交趾，北到汉水，西达三峡，东及九江。但他深知萧铣性情，

---

① 董诰等编《全唐文》（卷 150），上海古籍出版社，1990，第 669 页。
② 严可均编《全上古三代秦汉三国六朝文》，中华书局，1958，第 1324 页。
③ 李昉等编《太平广记》（卷 162），中华书局，1961，第 1168 页。

外表宽仁而内心疑忌，绝非帝王之才。因此，当武德四年（621）九月，唐高祖李渊下令大举进攻萧梁，下诏发巴、蜀之兵，以赵郡王李孝恭为荆湘道行军总管，统十二总管，自夔州顺流东下，大军压境之时，文本审时度势，成功劝降萧铣，时年文本25岁。

当李孝恭的军队入城后，诸将欲掳掠。他又成功地劝说李孝恭："隋无道，群雄并起，江南人民受苦不堪，王师到此，萧氏君臣，江陵父老决计归命，实为去危就安。今若纵兵掳掠，不仅士民失望，且江岭以南无复向化了。"[1] 这番剖析利害得失的话语使李孝恭立即明白了"去危就安"的政治抉择，于是，严申军令，不仅对萧铣的降将家眷予以保护，使荆州城避免了一场浩劫，同时，影响所及，南方州郡都望风归附。因此，岑文本被授为荆州别驾。当李孝恭进击辅公祏时，又令他主管军书，复授行台考功郎中。作为青年政治家的岑文本，在当时的政治舞台上已是锋芒初露，才能凸显。

其次，深谙治国之道。

经过战乱，唐王朝终于夺取政权，但战争带来的人口锐减、土地荒芜、民生凋敝是当时突出的社会问题。要恢复生产力，恢复社会秩序，必须重农抑商，去奢崇俭，教化民风，这是当时需要施行的重要政治举措。所以岑文本在其《钱不行对》一文中说：

> 去智绝巧，圣人之至德；斫雕为朴，先王之令图。是以贾多端则贫，士多技则匮。未有崇兹剞劂，竞彼奢淫，而能匡国安家，宣风致化者矣。自文明御宇，大拯黔黎，继礼乐于将绝，反淳风于已散。庶绩伊凝，彝伦攸序。虽复工商异类，四民之禁惟宜；而锥刀必争，三农之务或失。诚宜绝其丽美，敦兹质朴。刻玉雕金，弃之如芥草，挥锄执耒，纪之以贤良。则稼穑惟兴，勤体之夫知劝；怠惰方革，游手之人自除。[2]

---

① 董诰等编《全唐文》（卷150），上海古籍出版社，1990。
② 董诰等编《全唐文》（卷150），上海古籍出版社，1990，第671页。

文章的针对性非常强，战乱平息，匡国安家，关键在"三农之务"与"宣风致化"，摒弃奇技淫巧，倡导淳朴民风，"稼穑惟兴，勤体之夫知劝；怠惰方革，游手之人自除"，国家自然走向繁荣昌盛。"贞观之治"的出现，主要是唐太宗知人善用，广开言路，虚心纳谏，采取以农为本、厉行节约、休养生息、复兴文教的政策，文本对此功不可没。

在国家的建设发展过程中，难免遇到重大的自然灾害。贞观十一年（637），天下大雨，洪水冲溢洛阳城，入洛阳宫殿，平地起五尺之水，毁宫寺十九所，所漂七百余家。太宗谓侍臣曰："朕之不德，皇天降灾。将由视听弗明，刑罚失度，遂使阴阳舛谬，雨水乖常。矜物罪己，载怀忧惕。朕又何情独甘滋味？可令尚食断肉料，进蔬食。文武百官各上封事，极言得失。"① 作为中书侍郎的岑文本立即上书陈述治国之道，希望太宗能综览古今之事，明察安危之机，上以国家为重，下以黎民为念，选贤任能，闻过即改，去奢从俭，不忘武备。其《大水上封事极言得失》云：

> 臣闻开拨乱之业，其功既难；守已成之基，其道不易。故居安思危，所以定其业也；有始有卒，所以崇其基也……仲尼曰："君犹舟也，人犹水也。水所以载舟，亦所以覆舟。"是以古之哲王虽休勿休，日慎一日者，良为此也。伏惟陛下览古今之事，察安危之机，上以社稷为重，下以亿兆为念。明选举，慎赏罚，进贤才，退不肖。闻过即改，从谏如流。为善在于不疑，出令期于必信，颐神养性，省游畋之娱；云奢从俭，减工役之费。务静方内，而不求辟土；载櫜弓矢，而不忘武备。凡此数者，虽为国之恒道，陛下之所常行。臣之愚心，惟愿陛下思而不怠，则至道之美与三、五比隆，亿载之祚与天地长久。②

"封事"乃古时臣下上书奏事的密封奏章，为防止内容泄露，用皂

---

① 邹博：《国学经典文库》（卷 12），线装书局，2011，第 133 页。

② 董诰等编《全唐文》（卷 150），上海古籍出版社，1990，第 670 页。

囊封缄，故称。在这个秘密文件中，既旁征博引，系统阐述天下兴衰的道理，又针对严峻的社会现实提出了治国安邦的整体思路与政治举措，其中最重要之处在于"明选举，慎赏罚，进贤才，退不肖。闻过即改，从谏如流……不忘武备"，文本的治安之策得到了李世民的高度赞赏，贞观十八年（644），中书令出缺，文本理所当然地成为无人可比的最佳人选。

再次，有政治家善于识人、唯才是用的胸襟气度。从他对梁、陈名臣中可堪继用的人才进行推荐与对凌烟阁二十四功臣中的侯君集的态度即可见出。

据《大唐新语》卷 6 载：

太宗顾问曰："梁陈名臣，有谁可称？复有子弟堪引进否？"文本对曰："顷日，隋师入陈，百司奔散，莫有留者，唯袁宪独坐在后主之旁。王充将受禅，群寮劝进，宪子承家托疾，独不署名。此之父子，足称忠烈。承家弟承序，清贞雅操，实继兄风。"乃由是召拜晋王友记，高宗更赠金紫光禄大夫，吏部尚书。[①]

此乃公元 580 年隋灭陈时事，文本留意人才，在太宗顾问之时，及时推荐有忠烈之气的袁承家，此人到高宗时仍得到重用，文本可谓善识人才也。

侯君集是唐朝名将，凌烟阁二十四功臣之一。在玄武门之变、讨伐吐谷浑、攻灭高昌三次重大事件中，他是立有大功之人，但后来随太子李承乾谋反而被杀。他在攻灭高昌时立有大功，却在没有请示唐太宗的情况下，擅自将无辜的百姓充作官奴，把高昌的财宝据为己有，又因为害怕手下军士指责自己的过失，任由官兵劫掠财物，极大地损害了唐朝军队的形象。侯君集班师回朝后，等待他的不是掌声，而是监狱。侯君集遭到弹劾下狱后，岑文本从立国之初必须重视有武功的人才的角度出发，为其求情，以致使李世民法外开恩，赦免了侯君集。仔细品读其

---

① 周勋初主编《唐人轶事汇编》（上），上海古籍出版社，2006，第 276 页。

《理侯君集等疏》，颇有意味，他不从正面评说他的功劳，而是说他品虽低劣，功虽不高，但仍有可以宽恕的理由：

> 　　将帅之臣，廉慎者少，贪求者众。是以《黄石公·军势》曰："使智使勇，使贪使愚。故智者乐立其功，勇者好行其志，贪者邀趋其利，愚者不避其死。"是知前圣莫不收人之长，弃人之短，良为此也。臣又闻之，天地之道，以覆载为先；帝王之德，以含宏为美。夫以区区汉武，及历代诸帝，犹能宥广利等，况陛下天纵神武，振宏图以定六合，岂独正兹刑网，不行古人之事哉？伏惟圣怀当自已有斟酌，臣今所以陈闻，非敢私君集等。是以萤爝末光，增辉日月。陛下若降雨露之泽，收雷电之威，录其微劳，忘其大过，使君集等重升朝列，复预驱驰，虽非清贞之臣，犹是贪愚之将。斯则陛下圣德，虽屈法而德弥显；君集等惩过，虽蒙宥而过更彰。足使立功之士，因兹皆劝；负罪之将，由斯而改节矣。[①]

文中以汉武帝时的李广利、汉元帝时的陈汤、晋武帝时的王浑、隋文帝时的韩擒虎等人为例说明"将帅之臣，廉慎者少，贪求者众"，然后建议李世民效前述诸帝"以含宏为美"。但文意一转，言侯君集"虽非清贞之臣，犹是贪愚之将""虽蒙宥而过更彰"，旨在保全，却似贬抑。用语之妙，前所罕见。古来文章有"屈法申恩"之说，措辞已属深婉，而"虽屈法而德弥显"，则更为委婉。然其落脚点在于"足使立功之士，因兹皆劝；负罪之将，由斯而改节矣"。其正确处理具体人与事的建议为李世民所接受。

但是，侯君集毕竟是一粗率无检、利令智昏的赳赳武夫，缺乏政治反思的基本能力。在贞观十七年（643），随太子李承乾谋反而东窗事发，再次被投入监狱，当李世民召集群臣，商议对侯君集的处理意见时，岑文本与群臣意见一致："君集之罪，天地所不容，请诛之以明大法。"

---

① 董诰等编《全唐文》（卷 150），上海古籍出版社，1990，第 670 页。

文本对侯君集前后截然不同的态度，固然因为侯君集所犯罪行性质的截然不同，更因为前时之错在于当时唐朝需要武人的武才而侯君集正当其用之时，故文本有请求宽宥之举；后来之罪，实在是因为罪不容诛，故文本选择对他"诛之以明大法"。政治家唯才是用的胸襟气度并不含糊其对底线的清楚把握。

最后，敬畏手中的权力，为官谨慎，清廉正派。

文本为人崇尚孝义，生活十分节俭，平时待人谦虚谨慎，礼贤下士，深得同事爱戴，又严以律己，勤政廉政，深得太宗亲之信之。成为位极人臣的当朝宰相时，更是明了当时政治生活的本质，因此，更加谨言慎行，《旧唐书》本传记载甚明：

> 文本自以出自书生，每怀抑挹。平生故人，虽微贱必与之抗礼。居处卑陋，室无茵褥帷帐之饰。事母以孝闻，抚弟侄恩义甚笃。太宗每言其"弘厚忠谨，吾亲之信之"。是时，新立晋王为皇太子，名士多兼领宫官，太宗欲令文本兼摄。文本再拜曰："臣以庸才，久逾涯分，守此一职，犹惧满盈，岂宜更忝春坊，以速时谤！臣请一心以事陛下，不愿更希东宫恩泽。"太宗乃止，仍令五日一参东宫，皇太子执宾友之礼，与之答拜，其见待如此。俄拜中书令，归家有忧色，其母怪而问之，文本曰："非勋非旧，滥荷宠荣，责重位高，所以忧惧。"亲宾有来庆贺，辄曰："今受吊，不受贺也。"又有劝其营产业者，文本叹曰："南方一布衣，徒步入关，畴昔之望，不过秘书郎、一县令耳。而无汗马之劳，徒以文墨致位中书令，斯亦极矣。荷俸禄之重，为惧已多，何得更言产业乎？"言者叹息而退。①

文本的为政之道、为人之道基本上遵循着儒家文化传统。《晏子春秋·杂篇下》曰："廉者，政之本也。让者，德之主也。"② 为政的根本

①　刘昫等：《旧唐书》（卷70），上海古籍出版社、上海书店，1986，第305页。
②　张纯一：《晏子春秋校注》，《诸子集成》（第4册），中华书局，1954，第164页。

在于清正廉明，这不仅是从政之本，也是人生立足的根基。文本"居处卑陋，室无茵褥帷帐之饰"的节俭，对母亲的孝敬，对弟侄的恩义，尤其是对位高责重的忧惧，对自己身份的自知之明等，均源于儒家思想的指导。《论语·为政》云："子张学干禄。子曰：'多闻阙疑，慎言其馀，则寡尤；多见阙殆，慎行其馀，则寡悔。言寡尤，行寡悔，禄在其中矣。'"①《论语·颜渊》又云："子张问政。子曰：'居之无倦，行之以忠。'"② 孔子教导子张，如果要做官求禄，就必须慎言、慎行。同时居官要勤奋，千万不能懈怠。文本言行一致，是儒家思想的忠实践行者。其实，早在春秋时代的楚国就有了他效法的榜样，如令尹子文、孙叔敖就是廉政勤政的典范。《战国策·楚策一》中记载莫敖子华之语："昔令尹子文，缁帛之衣以朝，鹿裘以处；未明而立于朝，日晦而归食，朝不谋夕，无一日之积。故彼廉其爵，贫其身，以忧社稷者。"③ 孙叔敖更是为官清正廉洁的典范。《列子·说符》记载他与狐丘丈人的对话，言："吾爵益高，吾志益下；吾官益大，吾心益小；吾禄益厚，吾施益博"，他是切实将自己的语言付诸行动的人，身为令尹，轻车简从，吃穿简朴，妻儿不衣帛，马不食粟。病逝后，家徒四壁，儿子穷得穿粗布破衣，靠打柴度日。故《史记·循吏列传》将其名列第一。文本谨言慎行，清廉正派的为官之道应该与他从小生活于楚地，深受令尹子文、孙叔敖的影响有关。这是其同样身为宰相的侄子岑长倩与孙子岑羲所不及之处。到岑羲为相时，岑家已是威威赫赫的钟鸣鼎食之家，岑氏兄弟子侄数十人都官居要职。岑参《感旧赋》描绘其家族鼎盛状貌云："朱门不改，画戟重新；暮出黄阁，朝趋紫宸；绣毂照路，玉珂惊尘。列亲戚以高会，沸歌钟于上春。无小无大，皆为缙绅；颙颙卬卬，逾数十人。"④ 岑羲当时已有预感道："物极必反，可以惧矣！"然而，他并未因此及时退步抽身，反而仿武则天故事，参与太平公主谋害睿宗太子李隆基的政治斗争，

---

① 《论语》，杨伯峻、杨逢彬注释，岳麓书社，2000，第 13 ~ 14 页。
② 《论语》，杨伯峻、杨逢彬注释，岳麓书社，2000，第 112 页。
③ 刘向集录《战国策》，上海古籍出版社，1985，第 514 页。
④ 《岑参集校注》，陈铁民、侯忠义校注，上海古籍出版社，2004，第 481 页。

结果事情败露，身死家灭。这也是一生谨言慎行的岑文本所未能预料的家族悲剧与政治悲剧。

当然，文本的政治智慧与其对现实政治生活的仔细观察与深刻体悟不无关系。马周是李世民时代为贞观年间的政治改良乃至"贞观之治"的形成和延续发挥了积极作用的重要政治家。岑文本对这位同事非常佩服，据《唐语林·政事上》记载："岑文本谓人曰：'吾见马君论事多矣，援引事类，扬榷古今，举要删芜，会文切理。一字不可加，亦不可减。听之靡靡，令人忘倦。昔之苏、张、终、贾，正应尔耳。'"① 但马周为人极其谨慎，其行文气势并不同于苏、张、终、贾，史称他临终前，索取所撰《陈事表草》一帙，手自焚之，慨然曰："管晏彰君之过，求身后名，吾弗为也。"这也大概就是文本与马周最似之处，有鉴于魏征"谏诤言辞"引起太宗不悦而累及子孙之事，洞察政治生活的智慧使文本更多地选择了谨慎行事。

结　语

一代名相岑文本早已在1300多年前已退出历史舞台，但他出色的文采、爱民的心思、高尚的品德与杰出的政治智慧，形成了激励人们的宝贵文化遗产。当时唐太宗评价岑文本说："朕观自古已来，身居富贵，能知止足者甚少……纵有病疾，犹自勉强。公能识达大体，深足可嘉，朕今非真成公雅志，亦欲以公为一代楷模。"② 刘昫等《旧唐书》本传说："文本文倾江海，忠贯雪霜，申慈父之冤，匡明主之业，及委繁剧，俄致暴终。《书》曰：'小心翼翼，昭事上帝。'所谓忧能伤人，不复永年矣。洎羲而下，登清要者数十人。积善之道，焉可忽诸？'"③ 唐太宗从政治的角度说他身居富贵，能知止足，并充分肯定他鞠躬尽瘁、死而

① 王谠：《唐语林》，上海古籍出版社，1978，第19页。
② 周绍良总主编《全唐文新编》（卷9），吉林文史出版社，2000，第108页。
③ 刘昫等：《旧唐书》（卷70），上海古籍出版社、上海书店，1986，第305页。

后已的精神，说他识大体，确有大唐宰相风度，因此成为一代楷模。刘昫充分肯定文本"文倾江海"的才华，赞颂他为父尽孝，"忠贯雪霜"而又广积善行的高尚品德，以及勤政廉政、匡扶明主之业的能力与谋略。他们两人的评价基本上比较中肯，也为后人所首肯。

Study on Cen Wenben

Meng Xiuxiang

Abstract：Cen Wenben's huge changing of social status, from a mediocre literatus to prime minister, has not changed him into an arrogant man. Instead, he is even more honest, disciplined, diligent, and devoted. His life experiences show his political wisdom of observing and grasping the contemporary social situation, and respects for the mightiest power. And also, his life experiences show his great judge on using people with talent, and his great foresight. He is not only extraordinary literatus with multiple talents based on his years of research on Confucian classics and history, but also an outstanding politician. His outstanding literary works, thinking of loving people, noble moralities, and his marvelous political wisdom, are shining with glaring lights of culture and knowledge.

Keywords：Cen Wenben；Ancient Statesman；Prime Minister of Tang Dynasty

About the Author：Meng Xiuxiang (1956 –), professor in Yangtze University. Research interests and specialties：pre – modern Chinese history and Jingchu culture. Magnum opuses：*The Influences of the Songs of Chu*, *Pre – modern Chinese Literature and Culture*, *The Songs of Chu*, *The Cultural History of Hubei in Sui Tang and the Five Dynasties*, etc. Email：mengxiuxiang @ 163. com.

岑参与江陵关系论略[*]

李征宇^{**}

摘　要： 江陵岑氏在初盛唐年间一门三相，盛极一时，但除岑文本得以寿终外，岑长倩和岑羲均以"谋逆"罪名被诛，不仅累及祖上和子女，也对岑参的仕进造成了极大影响。虽然岑参一生未到过江陵，但他积极有为的心态继承了江陵岑氏的传统，他一生自觉为恢复家族荣光而不懈努力。此外，岑参在部分送别酬答诗中，对江陵也略有提及，这些诗歌表现出精于用典、造语清新的特点，与岑参边塞诗的"语奇意奇"有所不同，对其进行深入研究，能够丰富我们对于岑参诗歌的认识。

关键词： 岑参　江陵　送别酬答诗　唐朝

作为盛唐著名的边塞诗人，岑参在文学史上的地位毋庸置疑，杜甫称"岑参兄弟皆好奇"（《渼陂行》），[1] 唐人殷璠在《河岳英灵集》中选入岑参诗歌七首，并评其为"参诗语奇体峻，意亦奇造"。[2] 岑参诗歌，尤其是他的边塞诗以语奇意奇在文学史上别具一格，代表了奇崛雄伟的"盛唐之音"，其中所贯注的书剑报国、积极进取的精神，为后人所称

---

* 基金项目：长江大学"现代教育与荆楚文化研究"校级优势特色学科群 2018 年度课题（2018YZW21）。
** 李征宇（1984— ），博士，长江大学文学院副教授，主要从事中国古代文学研究。电子邮箱：lee_zhengyu@163.com。

① 杜甫：《杜诗详注》，仇兆鳌注，中华书局，1979，第 179 页。
② 傅璇琮主编《唐人选唐诗新编》，陕西人民教育出版社，1996，第 107 页。

道。然而，关于这位著名诗人的生卒年、籍贯等，却屡有争论。就籍贯而言，有南阳、江陵等诸说，其中江陵说源自闻一多先生编著的《岑嘉州系年考证》，陈铁民、侯忠义等人也推崇此说。江陵岑氏作为唐代著名的仕宦之家，究竟对岑参产生了多大的影响，我们暂且抛开所谓江陵说，从岑氏家族的发展历程以及岑参的创作出发，重新进行审视，以期从另一个侧面认识岑参。

一　岑参家族的发展历程

岑氏祖籍原为南阳棘阳，江陵岑氏自岑文本的祖父岑善方始，即岑参在《感旧赋》并序中所云："其后辟土宇于荆门，树桑梓于棘阳；吞楚山之神秀，与汉水之灵长。"① 南朝时，梁武帝萧衍之孙，昭明太子萧统第三子萧詧依附西魏，在江陵称帝，史称西梁，岑善方有佐命之功，后因官投迹，定居于江陵。《新唐书·岑文本传》云："（文本）祖善方，后梁吏部尚书，更家江陵。"② 此后，岑氏一族在江陵开枝散叶，到唐代成为仕宦之家，先后有三人担任宰相，即岑文本、岑羲、岑长倩。岑参在《感旧赋》并序中自称："参，相门子"，并自豪地历数家世，"国家六叶，吾门三相矣！江陵公为中书令辅太宗，邓国公为文昌右相辅高宗，汝南公为侍中辅睿宗，相承宠光，继出辅弼"。③ 其中江陵公岑文本是太宗朝著名的宰相，自幼聪慧过人，性格沉稳。高祖武德元年，萧詧曾孙萧铣在江南拥兵自立，效仿其祖在江陵称帝，也许是因祖上缘故，岑文本曾被召为中书侍郎。后萧铣为李孝恭所灭，文本归附李孝恭，任荆州别驾等职。贞观朝，岑文本逐渐受到重用，先后任秘书郎、中书舍人、中书侍郎等职务，参与机要，后来"又先与令狐德棻撰《周史》，其史

---

① 岑参：《岑嘉州诗笺注》，廖立笺注，中华书局，2004，第 794 页。
② 欧阳修、宋祁：《岑文本传》，《新唐书》（第 13 册·卷 102），中华书局，1975，第 3965 页。
③ 岑参：《岑嘉州诗笺注》，廖立笺注，中华书局，2004，第 793 页。

论多出于文本。至十年史成，封江陵县子"。① 岑文本死后，"赠侍中、广州都督，谥曰宪，赐东园秘器，陪葬昭陵"，② 江陵岑氏一家显赫一时。

可惜好景不长，江陵很快就变成了岑氏一族不忍回想的过去。武后朝，岑文本兄文叔之子岑长倩因反对立武承嗣为皇太子而下狱被诛，"五子同赐死"，而且"发暴先墓"，③ 不仅岑长倩一支血脉断绝，位于江陵的父祖之墓也被毁坏，虽然睿宗朝"追复官爵，备礼改葬"，但断掉的血脉毕竟无法接续。岑参一支虽然出自岑文本，在本次动乱中没有被波及，但毕竟与岑长倩同宗，祖上坟茔被毁，家庙倾颓，江陵已经成为岑氏一族的伤心之地。波云诡谲的政治斗争，使岑长倩成为不折不扣的牺牲品，不仅自己身死，而且连累祖上与子女。后来，岑文本之孙岑羲，即汝南公先后受到武后和睿宗的赏识，曾任陕州刺史、刑部尚书、户部尚书等职，岑氏子弟"因羲引用登清要者数十人"，如"兄献为国子司业，弟翔为陕州刺史，休为商州刺史"，④ 岑氏家族风头一时无两。可惜，物极必反，岑羲终究与太平公主裹挟不清，最终在先天二年（713）的政变中，与崔湜、萧至忠、窦怀贞等宰相一同被杀，"伏诛，籍没其家"。⑤ 岑参在《感旧赋》并序中悲叹："当是时也，偪侧崩波，苍黄反覆；去乡离土，隳宗破祖；云雨流离，江山放逐，愁见苍梧之云，泣尽湘潭之竹；或投于黑齿之野，或窜于文身之俗"，⑥ 岑氏一家离江陵越来越远了。

自岑长倩事发后，江陵与岑氏的关系已然越来越疏远，而岑参本人与江陵关系显得更为淡漠。其曾祖父岑文本生前在长安为官，死后陪葬

---

① 刘昫等：《岑文本传》，《旧唐书》（第 8 册·卷 70），中华书局，1975，第 2536 页。
② 刘昫等：《岑文本传》，《旧唐书》（第 8 册·卷 70），中华书局，1975，第 2539 页。
③ 欧阳修、宋祁：《岑文本传》，《新唐书》（第 13 册·卷 102），中华书局，1975，第 3968 页。
④ 刘昫等：《岑文本传》，《旧唐书》（第 8 册·卷 70），中华书局，1975，第 2541 页；岑参：《岑嘉州诗笺注》，廖立笺注，中华书局，2004，第 795 页。
⑤ 刘昫等：《岑文本传》，《旧唐书》（第 8 册·卷 70），中华书局，1975，第 2541 页。
⑥ 岑参：《岑嘉州诗笺注》，廖立笺注，中华书局，2004，第 795 页。

昭陵，他的两个儿子岑曼倩与岑景倩均生于长安，长于长安。其中岑参的祖父岑景倩在长安武则天朝为官，先后担任过麟台少监、卫州刺史、弘文馆学士等职，流转于长安、洛阳、卫州（河南汲县）等地，终其一生也未回过江陵。而岑参的父亲岑植，据唐张景毓撰《县令岑君德政碑》，岑植"弱冠以簪缨贵胄，调补修文生，明经擢第"，"解褐同州参军事"，"特授蒲州司户参军事。俄以亲累，左授夔州云安县丞"，"秩满，丁府君忧去职"，"服阕，调衢州司仓参军"，"寻沐恩旨，雪其亲累"，"擢授润州句容县令"。① 《新唐书》卷 72 中《宰相世系表二中》载："植，仙、晋二州刺史。"② 据此可知，岑植官终于晋州刺史。仙州，在今河南叶县；晋州，在今山西临汾。梳理岑植一生行踪可知，他也未与江陵有过交集。既然岑植未到过江陵，所谓岑参生于江陵的说法也就不攻自破，而根据前人研究可知，岑参一生流寓四方，从未来过江陵。③所谓江陵岑氏，自岑长倩后已然成为历史陈迹，岑氏后人并未以江陵为荣，至于他们到底是以南阳为籍贯还是为郡望，这就属于另一个问题了，兹不赘述。

二　岑参与江陵的关系

虽然江陵并非岑参的出生地或者籍贯所在，但他的一生并非与江陵毫无关系。作为一位立志于恢复祖上荣光、渴求建功立业的盛唐文人，岑参身体里流动的仍然是江陵岑氏家族积极进取、慷慨有为的血液，祖上的荣光是他汲汲于仕进的重要原因。纵观岑参一生，一直背负着"国家六叶，吾门三相矣"的家族往事，四处奔走，虽然屡遭挫折，但曾祖岑文本"挺生江陵，杰出辅时。为国之翰，斯文在兹；一入麟阁，三迁

① 张景毓：《县令岑君德政碑》，董诰等编《全唐文》（卷 450），中华书局，1983，第 4145 ~ 4147 页。
② 欧阳修、宋祁：《宰相世系表二中》，《新唐书》（第 9 册·卷 72），中华书局，1975，第 2670 页。
③ 廖立：《唐代户籍制与岑参籍贯》，《中州学刊》1986 年第 4 期，第 81 页。

凤池"① 的传奇经历，一直不断激励着他。他与岑文本一样，堪称少年才士，"五岁读书，九岁属文，十五隐于嵩阳，二十献书阙下"，② 出入京洛十年，天宝三载（744）进士及第后，解褐右内率府兵曹参军。天宝八载（749），充安西四镇节度使高仙芝幕府掌书记，初次出塞。天宝十三载（754），又充安西北庭节度使封常清判官，再次出塞。直到安史之乱后，才被杜甫推荐为右补阙。与杜甫一样，他因"频上封章，指述权佞"，一贬再贬，大历二年（767）入蜀任嘉州刺史，好景不长，大历三年（768）六月即罢官，后流寓蜀地，直到大历四年（769）卒于成都客舍。天宝二载（743），岑参在进士及第前创作了《感旧赋》并序，叙述家世沦替和个人坎坷，文中直言"思达人之惠顾，庶有望于亨衢"，③ 说得直白而坦诚，希望伯乐赏识，给予机会表现自己，实现恢复家族荣光的志向。

江陵岑氏家族的荣光是岑参奋力进取的动力，然而岑氏族人的"谋逆"举动与不幸遭遇又成为岑参仕进之路的障碍。岑氏一门三相中，岑长倩和岑羲都以叛逆被诛，一门三相，却有两相不得善终，致使子女或被诛杀或被流放，祖上坟茔被毁，无论在哪个朝代，这都是族人长时间内无法释放的隐痛，这点也直接影响他们的后人入仕，包括岑参在内。其中岑羲事件对于岑参的影响更大，一是因为岑羲与岑参乃堂兄弟，其祖父岑曼倩与岑参之祖父岑景倩为同胞兄弟，同出岑文本，论家族渊源，岑羲与岑参联系更为紧密，受牵连也更为直接。二是岑羲事件是先天政变的一部分，乃玄宗亲自督办。政变后，太平公主被赐死，睿宗退位，玄宗继位，由此开启开元盛世的序幕。整个玄宗朝，该事件都是莫大的忌讳，而岑参在壮年期间迟迟得不到重用，也在情理之中。天宝三载（744），岑参进士及第，初授为右内率府兵曹参军（正九品下），直到天宝八载（749）才转为右威卫录事参军（正八品上）。正因为在长安迟迟

① 岑参：《岑嘉州诗笺注》，廖立笺注，中华书局，2004，第794页。
② 岑参：《岑嘉州诗笺注》，廖立笺注，中华书局，2004，第793页。
③ 岑参：《岑嘉州诗笺注》，廖立笺注，中华书局，2004，第796页。

得不到机会，是年，岑参充安西四镇节度使高仙芝幕府掌书记，开启了第一次边塞之行，希望在戎马中开拓前程，但并未如意，直安史乱起，岑参东归勤王，才在杜甫的推荐下担任右补阙。

岑参在《感旧赋》并序中回顾家族荣衰，并将自己的命运与家族紧紧联系在一起，"五岁读书，九岁属文，十五隐于嵩阳，二十献书阙下。尝自谓曰：云霄坐致，青紫俯拾。金尽裘敝，蹇而无成，岂命之过欤？……朱轮华毂，如梦中矣。今王道休明，噫，世业沦替，犹钦若前德，将施于后人。参年三十，未及一命。昔一何荣矣，今一何悴矣？"① 作为一位早慧的天才，曾经以为进士及第唾手可得，谁料年到三十而立，尚未有所斩获，岑参在感慨命运之不公的同时，在这篇赋序的最后隐约指出家族荣枯对自己的影响，恐怕这才是他迟迟无法及第的最重要原因。而他也没有料到，即使是及第后，家族的罪过也会影响其终生。

三 岑参的创作

在岑参现存的 402 首（篇）诗文赋中，② 提及江陵的篇章寥寥无几，除了《感旧赋》并序之外，只有两首诗直接提及江陵，即《送江陵泉少府赴任便呈卫荆州》和《送江陵黎少府》；另有三首提及荆南，细究诗意，指称的也是江陵一带，即《送周子下第游荆南》《送李宾客荆南迎亲》《送陶锐弃举荆南觐省》；此外，还有《送费子归武昌》《送襄州任别驾》《与鲜于庶子泛汉江》《送陕县王主簿赴襄阳成亲》《送弘文李校书往汉南拜亲》《饯王岦判官赴襄阳道》等诗，对江汉一带也略有提及。论艺术成就与后世影响，这些诗歌当然无法跟岑参的近百首边塞诗相比，但如果从岑参与江陵的关系来论析这些诗歌，或许可以丰富我们对于岑参诗歌的认识。

首先，从内容来看，这些诗歌均为送别酬答诗。根据现存岑参诗歌

---

① 岑参：《岑嘉州诗笺注》，廖立笺注，中华书局，2004，第 793 页。
② 据《岑嘉州诗笺注》统计。

统计，送别酬答的诗歌有 165 首，① 占其现存 402 首（篇）诗文赋的 41%，可见这类诗歌是岑参创作的主要内容，同时也印证了岑参喜好交友的特点。盛唐文人崇尚漫游，岑参也不例外，在其漫长的流寓人生中，每到一处总能结交诸多友人，盛唐著名诗人诸如李白、杜甫、高适等，皆是他的好友，他们创作颇多酬答之作，有名之作如杜甫的《寄彭州高三十五使君适、虢州岑二十七长史参三十韵》，"高岑殊缓步，沈鲍得同行"，② 盛唐诗歌史上的"高岑"并称由此发端，此诗也见证了他们之间的深厚友情。

具体到与江陵（江汉一带）相关的 11 首诗，也可见岑参交友之广，这 11 首诗分别赠 11 位不同的友人，时间从开元年间一直持续到永泰年间。从诗题来看，这些友人的官职多为别驾、校书郎、主簿、少府、宾客等，阶品较低，还有落第的白衣秀才。俗语说，物以类聚，人以群分，作为一位封建士人，岑参并不得意，他周边的友人也并非得意之人，即使是后世暴得大名的杜甫、李白等，与岑参同游之时，也并未在官场得意。正因为岑参与他们一样，都在蹉跎官场，颇有怀才不遇之感，所以当这些友人前往南方之时，岑参在向他们表达祝愿之余，也隐隐透露出希望他们早日遇到贤君明主。比如《送江陵泉少府赴任便呈卫荆州》中"不畏无知己，荆州甚爱才"，《送陕县王主簿赴襄阳成亲》中"襄阳多故事，为我访先贤"。前诗用的是东汉刘表的典故，当时中原经董卓之乱后异常残破，许多士人纷纷南向归附刘表，荆州一时成为天下英才汇聚之地，刘表也成为识才的明主代表。后诗则用刘备三顾茅庐访诸葛亮的典故，东汉末年，诸葛亮避乱于南阳襄阳一带，刘备为复兴汉室，多次寻访，最终打动诸葛亮出山助其三分天下有其一。这两个典故均为贤才遇到明主而最终实现抱负的故事，岑参化用，既切合友人奔赴荆襄一带的实情，又寄予了美好的祝愿，当然，这个祝愿也在给他自己。在《送费子归武昌》中，他说"曾随上将过祁连，离家十年恒在边。剑锋

---

① 据《岑嘉州诗笺注》统计。
② 杜甫：《杜诗详注》，仇兆鳌注，中华书局，1979，第 640 页。

可惜虚用尽，马蹄无事今已穿"，这四句诗正是岑参前半生的真实写照。天宝八载（749）和天宝十三载（754）岑参两次奔赴边塞，分别投至高仙芝和封常清的幕下，前后数年，离家万里，备尝艰辛，他渴望建功立业，但最后仍是功业未成。年岁渐长后，岑参将自己急迫、无奈、恼怒、悲怨等复杂情感隐含于后两句中，这也展示出盛唐文人在志气高昂之外的失魂落魄，丰富了我们对于盛唐之音的认识。

其次，就技法来看，这些诗歌用典精切、造语清新，展示出岑参诗歌的别样风貌。边塞诗是岑参诗歌的代表，也集中展示他的诗艺成就与特色，殷璠评其为"语奇意奇"，杜确在《岑嘉州诗集·序》中也称其诗"其有所得，多入佳境，迥拔孤秀，出于常情"，① 后人概括为"气势雄伟，想象丰富，色采瑰丽，热情奔放"。② 这种诗歌风格的形成，一方面与岑参本身好奇的性格相关，另一方面也与他的边塞生活有关，兹不赘述。然而，作为一位才华卓著的盛唐诗人，岑参的创作并不只有边塞诗，他的边塞诗也不只是奇情异彩，我们应当在全面把握其创作的基础上，对其诗歌成就与特色有更为充分的认识。

深入分析这 11 首送别酬答诗，并延伸至其他诗歌，可以丰富我们对岑参诗歌的认识。第一，用典精切。11 首诗歌涉及江汉 5 个地方，分别是江陵、襄阳、武昌、荆南和汉南，岑参在诗中根据友人前去的地点和动机，分别用典，妥帖自然。如《送襄州任别驾》《与鲜于庶子泛汉江》《送陕县王主簿赴襄阳成亲》三首诗，均写襄阳，诗中有句曰："高阳诸醉客，唯见古时丘""山公醉不醉，问取葛强知""襄阳多故事，为我访先贤"，前两句用的均是西晋山简的典故，山简曾镇守襄阳，每次出游时，就前往习氏园池酣醉，并将其命名高阳池，事见《世说新语·任诞》；后一句则用诸葛亮躬耕南阳襄阳一带的典故。这些诗句既符合友人前往襄阳之事，又表达了自己的美好祝愿。《送李宾客荆南迎亲》中的迎亲是指迎奉父母，所以诗中有"手把黄香扇，身披莱子衣"句，连

---

① 岑参：《岑嘉州诗笺注》，廖立笺注，中华书局，2004，第 1 页。
② 游国恩等编《中国文学史》（第 2 册），人民文学出版社，1989，第 58 页。

用黄香扇枕温衾和老莱子彩衣娱亲的典故，表达了对友人的敬意；同时，黄香和老莱子均为荆南一带人士，黄香为江夏安陆人（今湖北孝感），老莱子为荆门人，又与友人前去的地方相吻合，用典十分精准。此外，还有《送江陵泉少府赴任便呈卫荆州》中的"不畏无知己，荆州甚爱才"和《送陶锐弃举荆南觐省》中的"何必世人识，知君轻五侯"，前诗用刘表典故，后诗用汉桓帝时五宦官同日封侯的典故，符合对方的身份与实情，是祝愿，也是赞颂。

第二，造语清新。岑参的边塞诗中也不乏语言清丽之句，比如《白雪歌送武判官归京》中的"忽如一夜春风来，千树万树梨花开"，在意象奇特之外，语言也颇清丽。这11首诗中，语言清新句比比皆是，诸如"江声官舍里，山色郡城头"（《送襄州任别驾》）、"日影浮归棹，芦花冒钓丝"（《与鲜于庶子泛汉江》）、"渭北草新出，江南花已开"《送江陵泉少府赴任便呈卫荆州》、"山店橘花发，江城枫叶新"（《送周子下第游荆南》）、"驿帆湘水阔，客舍楚山稀"（《送李宾客荆南迎亲》）、"天寒楚塞雨，月净襄阳秋"（《送陶锐弃举荆南觐省》），诗中对于江汉地区物象、景致的描绘，多用白描手法，造语清新自然，意象明丽动人，为读者建构了一幅幅清丽的图景，诗歌超越了一般送别酬答诗俚俗的格套，既展示出岑参高超的艺术技巧，又体现出他对于友人的深情厚谊。

在盛唐文人中，岑参是少数几位生前即有大名的诗人，杜确在其死后30年为其编订了《岑嘉州诗集》，在序中，杜确回顾了岑参诗歌在开元间广泛流传的情况，"每一篇绝笔，则人人传写。虽闾里士庶，戎夷蛮貊，莫不讽诵吟习焉。时议拟公于吴均、何逊，亦可谓精当矣"。① 如今吴均、何逊之诗流传渐稀，读之甚少，而岑参早已作为盛唐边塞诗派的代表而名垂青史。司马迁提出"发愤著书"，欧阳修也说"穷而后工"，纵观中国文学史，个人命运往往与文学成就紧密相连。在盛唐的天空之下，在光英朗练的盛世之音衬托下，岑参将自己与江陵岑氏家族的命运紧紧联系在一起，将书剑报国的豪情壮志与雄奇怪异的域外风物

---

① 岑参：《岑嘉州诗笺注》，廖立笺注，中华书局，2004，第 1 页。

融合在一起，铸成了独具一格的别样风采，堪称不朽。

On the Relationship of Cen Shen and Jiangling

Li Zhengyu

Abstract：In the early Tang Dynasty, Cen's family in Jiangling had three prime ministers and flourished for a while. But besides the death of Cen's Wen – ben, Cen Changqian and Cen Xi were accused of conspiracy, which not only affected their ancestors and children, but also had a great impact on Cen Shen's official career. Although Cen Shen had never been to Jiangling in his life, he inherited the tradition of Cen's family in Jiangling actively. He consciously made unremitting efforts to restore the glory of his family throughout his life. In addition, Cen Shen also mentioned Jiangling in some farewell poems. These poems show the characteristics of being good at using allusions and creating fresh words. They are different from the "strange words" of Cen Shen's frontier fortress poems. A thorough study of them can enrich our understanding of Cen Shen's poems.

Keywords：Cen Shen；Jiangling；Poems of Farewell and Singing – and – Versifying；Tang Dynasty

About the Author：Li Zhengyu (1984 –), Ph. D. , associate professor at School of Liberal Arts, Yangtzeu University. Research interests and specialties：ancient Chinese literature. Email：Lee_zhengyu@ 163. com.

岑参的籍贯家世与岑河地望溯源

陈礼荣[*]

摘　要： 唐代边塞诗人岑参的籍贯，历来为学界中人聚讼不已的一个话题，有人持"南阳"说，也有人持"江陵"说，莫衷一是。那么，既是先有《元和姓纂》对其已作"后汉征南大将军岑彭之后"方面的记载，可为什么时至宋、元之后，人们却罔顾岑彭的勋业行迹，而仅追溯西周时的岑子封国"因以为姓"呢？实际上，张景毓的《县令岑君德政碑》与杜确的《岑嘉州诗集·序》避谈岑彭而仅执岑家籍贯为"南阳棘阳"说，自有其难言之苦衷。闻一多虽曾力主"江陵"说，但他却曾于注释中解析道，"夫诸书狃于六代积习，匿本贯而标郡望，已为无谓"；此言尽管是对《新唐书》"汉之南阳不因唐郡更名而为邓州"而发，却也披露出了他对前人拘泥于重郡望、重门第陈规陋习弊端的反感。但于岑参而言，其家族的境遇要比那种拘于"匿本贯而标郡望"的旧俗复杂得多。本文依据有关文献及地方史志，继而确论岑家的郡望重地当属曾弼成岑彭绝世之功的江陵津乡，而自从岑义蒙难之后，岑氏后人即在当地绝迹，此即为唐初帝王出于对中国南方世家望族数百年间形成的巨大影响刻意打压的结果。于此，故于当年岑彭所曾驻军的古津乡，仅留下

---

　*　陈礼荣（1949— ），湖北省荆州市荆州日报传媒集团主任编辑，主要从事荆州地方历史文化的传承、嬗递与发展等研究，著有《人文荆州》《荆楚人杰张居正》等。电子邮箱：clr194908@163.com。

一处地名，亦即沿用至今的"岑河"。

关键词：岑参　籍贯　家世　地望

　　岑参（715—770），唐代著名的边塞诗人。天宝年间，他曾两度西出阳关，分别在安西（今新疆库车）和北庭（今属新疆吉木萨县）节度使署军前报效，其间撰写出大量关于边疆军伍生活的诗作。岑参的诗想象丰富，色彩绚丽，意境新奇，气势雄浑，极富浪漫主义的特色，被后世学者尊之为我国古代边塞诗人第一人。然而，研究者发现，对这位出身于名门望族、生活于大唐盛世可终其一生又命途多舛诗人的里籍地望，古往今来，却其说不一。其间，到底是出自史料匮乏，还是人为地有意篡改？本文结合史籍文献及地方史志，对于这一涉及诗人家世生平的突出课题，特予辨析。

一　岑参籍贯地望迷雾的奥秘有待破译

　　唐代著名诗人岑参的籍贯地望，自古以来即颇存歧见。一般而言，在我国古代传统文化的话语体系中，"地望"也叫郡望；"郡"为行政区划，而"望"是指名门望族，二字连用，即表示在某一地域范围内的名门大姓、富贵显达的荣华世家。古人重郡望，既有祖先崇拜的孺慕景仰的思念在内，又有不忘故土、眷恋乡邦的情怀萦绕其间，尤其是秦汉之后，各大姓聚族而居，有的家族以世居某地而人才辈出，有的因战功显赫而世代高官，这种出身于名门望族的世家子弟，往往会因其家族在地方上所形成的巨大影响而倍显荣耀。到了魏晋南北朝时期，朝廷在选拔官员、举荐才人时曾兴盛一时的九品中正制，愈是强化了社会上重门第、重家世的社会习俗。这种习俗延续至唐代，甚至还愈显突出。

　　具体到岑参，对其籍贯地望的表述，历来皆偏重于"南阳棘阳"说。比如，孙映逵在《唐才子传校注》中，追溯其诗集传播源流时，称：

岑参，两唐书无传。《唐诗纪事》卷二三"岑参"条、《郡斋读书志》卷四上，"《岑参集》十卷"条、《直斋书录解题》卷十九"《岑嘉州集》八卷"条，皆称岑参为南阳人，《才子传》从之。①

《才子传》，亦《唐才子传》，系元人辛文房"游目简编，宅心史集，或求详累牒，因备先传，撰拟成篇，斑斑有据"而著。此说至少意味着至宋、元之际对岑参籍贯的认定所采信的源头，均系出自受岑参之子岑佐（孙映逵在《唐才子传校注》中认为应是"岑佐公"，附此存疑）委托主持编辑《岑嘉州诗集》的唐人杜确为该书写的序，其文称："南阳岑公，声称尤著。公讳参，代为本州冠族。"② 其说由来即此，似毋庸显疑。

然而，细读史籍，又发现杜确的这种说法并非无懈可击。如孙映逵即另在《岑参诗传》之附录《〈唐才子传·岑参传〉笺证》中，便别有所述：

> 《元和姓纂》卷五记岑氏谱系，于"南阳棘阳"下载：后汉征南大将军岑彭之后、吴鄱阳太守轲，"十代孙善方，梁起居尚书（据岑仲勉《元和姓纂四校记》），应作'起部尚书'、长宁公，又居江陵。"（善方为参高祖之父）张景毓《岑君德政碑》载："代居南阳之棘阳。十三代孙善方，随梁宣帝西上，因官投迹，寓于荆州焉。"与《姓纂》所记，大致相符。③

那么，所谓岑参的籍贯为"南阳棘阳"说，便是既似是而非，又扑朔迷离了。其症结在于他上五辈的先人岑善方即于梁宣帝时期便"居江陵"；另外，再联系到文中所提及张景毓的《县令岑君德政碑》，这个疑问便愈加强烈。

张景毓所撰《县令岑君德政碑》，亦称《大唐朝散大夫行润州句容县令岑君德政碑》（还另有《唐句容县令岑植德政碑》及《县令岑君德

---

① 孙映逵：《岑参诗传》，中州古籍出版社，1989，第 132 页。

② 《岑参集校注》，陈铁民、侯忠义校注，上海古籍出版社，1981，第 463 页。

③ 《岑参集校注》，陈铁民、侯忠义校注，上海古籍出版社，1981，第 463 页。

政碑》等），为我国唐代尚有拓本存世的一篇名作，至今仍于上海图书馆藏有其善本碑帖。其碑文亦见于《全唐文》，书中有附注曰："景毓，元（玄，清季为避康熙名讳所更改）宗时人。"此系唐朝中宗时，岑参之父岑植任句容县令，有德政，当地民众自发为其立德政碑，碑文为张景毓所撰。其文曰：

> 君名植，字德茂，南阳棘阳人也。其先出自颛顼氏，后稷之后，周文王母弟辉。克定殷墟，封为岑子，今梁国岑亭，即其地也，因以为姓。代居南阳之棘阳，十三代孙善方，随梁宣帝西上，因官投迹，寓居于荆州焉。[①]

倘若细加品析，似可发现张景毓在对岑家世系作史源前溯中，乃是自"周文王母弟辉"始，直接跳至"十三代孙善方"；现估以《〈逸周书〉文系年注析》所载"前 1066 年，商帝辛十年，西伯昌（周文王）三十四年"[②] 之时为"封为岑子"的大致时段，那么当岑善方"随梁宣帝西上"，亦即梁承圣三年（554），其间至少相隔 1500 多年。那么，此处所谓"十三代"，其谬误如斯，张景毓将何以自明？

下面如果推论不错，便是有人于"代居南阳之棘阳"与"十三代孙善方"两句之间，抽掉了一句话。参诸《元和姓纂》，那被抽去者，即应为"后汉征南大将军岑彭之后"。

既是如此，那此言是为谁所删，而又为何要删掉乃至使原文露出一大破绽竟又在所不惜呢？对这个深隐于历史幕后的奥秘，似由岑参祖籍地的明嘉靖版《荆州府志》，无形中率先提供出一条破译的线索。该书于"岑文本"词条内，曾明白无误地称：

> 岑文本，江陵人，其先邓州人。祖善方，仕梁吏部尚书，因家江陵。[③]

① 周绍良总主编《全唐文新编》（第 2 部·第 3 册），吉林文史出版社，2000，第 4709 页。
② 姚蓉：《〈逸周书〉文系年注析》，广西师范大学出版社，2015，第 4 页。
③ 朱宪瀁、孙存等纂修《荆州府志》，嘉靖十一年刊本，政协荆州市委员会校刊整理，长江出版传媒、湖北人民出版社，2014，第 418 页。

　　岑参的曾祖父岑文本为唐太宗时期的名臣显宦，因其圣眷优渥，死后敕命"陪葬昭陵"，备极哀荣。《荆州府志》为他立传，实可谓实至名归。殊未料，时至万历二十二年（1594），地方重修《荆州府志》，竟于该书"人物列传"门内，舍岑文本而另设"岑羲条"，由此便披露出前面所述奥秘的历史因由。其文称：

> 　　岑羲，字伯华，文本孙，累迁太常博士，坐长倩，复以荐为中书舍人……兄献为国子司业、翔峡州刺史，仲休商，子性在清要者数十。羲叹曰：物极则反，良可惕然，以不能退抑。坐豫太平公主谋，诛；籍其家。[①]

　　这段记叙，看起来是将唐代岑氏"一门三相"均照应起来，一并陈述，此举虽为独辟蹊径的一种表达方式，但尤为值得称道的是，文中所叙内容虽极为简略，但却深刻揭示出岑家盛极而衰的历史拐点：尽管岑参的伯祖父岑长倩一度为皇嗣之事开罪于武则天，而其本人及嫡亲五子皆被赐死，可到了唐中宗时，岑参的堂伯父岑羲仍任中书舍人、同中书门下三品，身居揆要之职。岑氏家族因此而顿有鲜花着锦、烈火烹油之势。然而，岑羲此间不仅毫无欣色，反倒惕然喟叹。其后竟不幸而言中，当唐玄宗即位之初，岑家即因太平公主事败而受到牵连，最后被满门抄斩……而当张景毓应承并着手撰写《县令岑君德政碑》时，恰与岑羲发出"物极则反"的惕然喟叹相契合，可见删去"后汉征南大将军岑彭之后"这句话者，或就是岑参的父亲岑植——他不愿再让外人将其家族继续与岑彭及其在南方湘粤大地所产生的声望挂上钩，于是及早自做防范，尽快采取有力措施，以图全身避祸；而岑羲尽管也意识到"物极则反"之祸端，可还没来得及做出反应，随即便惨遭"破家沉族"之噩运。

　　至于岑参身后由杜确为之撰述《岑嘉州诗集·序》时，在家世郡望一事上沿袭张说，绝口"后汉征南大将军岑彭之后"等，亦属事出有因了。

---

① 　杨景淳纂修《荆州府志》，万历二十二年刊本，荆州市史志办公室整理重刊，长江出版社，2016，第799页。

二 东汉初年岑家"郡望"源头在江陵津乡

作为唐代著名缙绅录的一部专著，《元和姓纂》开中国谱牒姓氏之学的新生面。此书为唐宪宗时宰相李吉甫命林宝修撰，元和七年（812）成书，由它所确指"南阳棘阳"岑氏谱系为"后汉征南大将军岑彭之后"的阐述，应当是准确的。

可是，当张景毓撰写《县令岑君德政碑》之时，岑植为什么要从碑文中删除"后汉征南大将军岑彭之后"之语呢？显然，这还得从岑家先祖岑彭说起。

西汉末年因王莽篡位，天下大乱，众雄竞起，而当光武帝刘秀已呈崛起之势时，始自南阳棘阳起家的岑彭便已进入其核心权力圈，为其开国元勋"云台二十八将"之一。东汉建武二年（26），南郡人秦丰在黎丘（今湖北宜城）割地称王，称霸一方，为了灭此肘腋之患，岑彭官拜征南大将军，奉命率军南征。岑彭自从进入荆州，即大展宏图。首先是其一战功成，扑灭了秦丰等敌对势力。然后，他当即麾军前进至长江之滨，占领了南郡属地江陵的口岸津渡——津乡。此后，他即扎根于荆楚大地，苦撑危局，为刘秀独当一面。

经过几年的苦心经营，岑彭不仅在津乡站稳了脚跟，而且还为汉军势力向南、向西的进一步拓展，提供了一个绝佳的战略出发地与后勤保障基地。据《后汉书·岑彭传》记载，其辉煌战果的取得，皆与他独占枢要"引兵还屯津乡"[1] 的重大战略决策紧密相关。

津乡，古称江津，亦即今荆州市沙市区。在西汉时期，"乡"是中央政权全面控制基层社会、"编户齐民"的一级管理机构；它配备啬夫之类的属吏，以听候郡和县的调遣。《广雅》称，十邑为乡，是三千六百家为一乡，故它在空间形态上也是一方地域的名称。

---

[1] 范晔：《后汉书》，《二十五史》（第 2 分册），上海古籍出版社、上海书店，1986，第 104 页。

以地理区位看，津乡在当时堪称一处津关锁钥，是控扼长江中游地区以南整个湘粤大地一处举足轻重的战略要地。那时，长江呈漫流状由西向东流过荆州城南，而如今的沙市中心城区还是一片江心洲；作为一处蕞尔之地，津乡正当大江北岸，掌控整个长江中游地区，亦即西自南津关、东达洞浦与濡须（均在今安徽中部）等地的唯一长江渡口——江津。所以，于《后汉书·岑彭传》中，便有着"津乡，当荆州要会"①的特殊记载。

当刘秀率领汉军在中原大地与各地豪强驰骋逐鹿之际，岑彭屯驻于江陵津乡，不仅为其把守好了南大门，同时也凭借自己所统领的这支水陆大军，"遣偏将军屈充移檄江南"，令江夏太守侯登、武陵太守王堂、长沙相韩福、桂阳太守张隆、零陵太守田翕、苍梧太守杜穆、交趾太守锡光等相继归顺，为进一步扩大刘秀的势力范围，建树了卓异的功勋。

可以毫不夸张地说，当年整个湘粤大地上的若干郡、县，数千里的地盘，全部纳入汉军旗下，都是岑彭以津乡为基地、兵不血刃而收服的。为了答谢岑彭的绝世之功，光武帝刘秀于建武六年（30）冬特召他入京，"数召，宴见，厚加赏赐，复南还津乡；有诏，过家，上冢，大长秋（皇后的内廷属官）以朔望问太夫人起居"。②

纵览中国古代史，光武帝刘秀在对待岑彭的态度上，这份隆恩幸遇该是何等特异超常：当其自津乡还朝期间，皇帝不仅对他数次召见，特予宴请，并且厚加赏赐，而当岑彭"复南还津乡"时，又特地颁发诏书，令回乡省亲，为祖上祭墓；此外，皇后阴丽华还派内廷属官大长秋出面，每逢朔、望日，一月两次至岑家"问太夫人起居"。

正因为岑彭在津乡为东汉政权的巩固建下了不世之功，故于《后汉书·郡国志》中，便将"江陵有津乡"③之说，与后面的"巫西有白帝城"相列并称。这种地理区位的标识手法，在史籍中的出现十分引人瞩

① 范晔：《后汉书》，《二十五史》（第2分册），上海古籍出版社、上海书店，1986，第104页。
② 范晔：《后汉书》，《二十五史》（第2分册），上海古籍出版社、上海书店，1986，第104页。
③ 范晔：《后汉书》，《二十五史》（第2分册），上海古籍出版社、上海书店，1986，第74页。

目，至少它表明在东汉初年，江陵之津乡曾于本朝的军国大计，占有相当突出的地位和影响。

　　光武帝刘秀虽是汉朝宗室后裔，但于天下大乱之际趁势而为，兀然崛起，亦属民间起兵，而岑彭统辖的部队，即是其中一支以南阳棘阳为依托而聚合的宗族、宾客等人拉起来的队伍。后世学者认为，东汉时期如这样聚居于一处的望族豪门，不只是一种军事存在，同时也是一种分割国家资源的社会势力；他们占有大片土地，役使贫民和奴婢从事生产并守卫田庄，而宗族和宾客则是他们管理地方政务、干预世事的帮手和爪牙，故史学家吕思勉先生曾对东汉时期的这种社会组织形式，作出如下精辟的概述：

　　　　《续汉书·百官志》云：大将军营五部，部下有曲，曲下有屯，则部曲之名，正与今之团营连排等。乱离之世，其人或无所归，而永随其将帅，当其不事战阵之时，或使之从事于屯垦事。其后见其有利可图，则虽不益兵之日，亦或招人为之，而部曲遂为私属之名矣。①

　　据史籍记载，岑彭屯驻津乡前后约有九年时间。这样，在屯驻于津乡的汉军部众中，纵然有大量须应征出战的青壮男子，但随同而至的军人眷属，亦为数不少，如原住于南阳棘阳的岑氏宗亲，便在这段相对安宁而又相对稳定的社会氛围内，"因家江陵"了。

　　建武十一年（35）春，征南大将军岑彭与吴汉等率水陆大军溯江西上，攻入巴蜀大地，岑彭被光武帝刘秀任命为益州牧。原蜀主公孙述连遭败绩，大惊失色，派出杀手，趁夜对其实施暗杀——身为东汉王朝一代元戎的岑彭，就这样在灭蜀之战中以身殉职。

　　后来，刘秀削平各地割据势力，重新统一全国，开创了汉家天下150 年的国祚，而岑彭即以其功勋卓著，子孙世受封赏，其家族后裔虽

----

① 吕思勉：《秦汉史》，北京理工大学出版社，2016，第 504 页。

多有在外为官者，但在江陵津乡的这块地面上，依旧留有岑家后世儿孙及其部曲丁口。倘以岑氏家族的"郡望"而论，固然"梁国岑亭"为其"因以为姓"的初萌之地，但倘以功勋宦业的发迹而论，应当还是属东汉初年南郡江陵的属地津乡。

所以，岑彭屯驻在津乡所建立的丰功伟绩，就是整个岑氏家族"因家江陵"的基本依托。

三　岑氏望族发迹地竟何以成为伤心处

当代历史地理学的研究成果表明，今天的荆州市沙市区，在两汉时因长江的主泓逐渐南移，开始由一片名为燕尾洲的江心洲而演变为靠近北岸的江边洲滩；因沙洲的东端建有江津戍，正对北岸的入江水口称江津口，而这一端洲滩即称江津洲，故久有"江津"之称。若是建于两汉时期的基层行政区划"津乡"位于大江北岸，那么今天的岑河镇当是其基本地域。

诚然，笔者也曾留意到岑河在古代还另有"城河"一说，此事见清乾隆版的《江陵县志·卷之三》；但即便是该书，也曾在"城河"的词条下，采用双行夹注的方式称："城河即岑河口。"其文曰："在城东四十里，东南会鹤穴、化港诸水，东北合白渎诸陂泽，下汇三湖附近安兴港。相传，古安兴县地，故以城河名。"①

再查《江陵县志·卷之二十三》"安兴县"条，文曰："在县东四十里，唐贞观中省入江陵。今尚有安兴桥，沿故名也，桥之水曰安兴港；港近市，曰城河口，皆以旧县得名。"②

引人注目的是，安兴县仅存在于后梁至隋这极为短暂的数十年间，而如前所述，这也正好是岑善方在后梁任吏部尚书之际。到唐初贞观时期，此县便被并入江陵。

---

① 《江陵县志》，清乾隆版，台湾学生书局影印本，第334页。
② 《江陵县志》，清乾隆版，台湾学生书局影印本，第1039页。

梁宣帝萧詧所建立的后梁，实为西魏附庸，史称其仅"资以江陵一州之地"，[①] 辖地十分狭仄，故"安兴"县的建立，不过是仅与后梁政权相始终的一个暂时现象。而正好由于乾隆版《江陵县志》保存了这一记载，因而也最终印证了岑彭平蜀之功的根本原因，正是得益于岑河的地理区位及地形地貌。

据《后汉书·岑彭传》记载：建武九年（33），蜀国国主公孙述派部将任满、田戌、程泛率领几万水军，乘船舰下江关（今四川奉节县东），击败当地汉军，再攻夷道（今湖北宜都）、夷陵（今湖北宜昌东南）二地，克荆门山、虎牙山（今湖北宜昌东南隔江相望之二山）。蜀军在江面上架起浮桥、斗楼，并在水下立起攒柱（密集的柱桩），断绝水道，而大军则在山上安营，以抵拒汉兵。

当强敌压境之时，岑彭采取了一系列的积极应对之策，"于是，装直进楼船、冒突、露桡数千艘"，也就是大力发展造船业，并建造出包括直进楼船、冒突（船名，取其触冒而唐突）、露桡（船名，取其露楫在外，人在船中）在内的不同类型的舰船数千艘。与此同时，又抓紧操演水军，一方面准备全力迎战来犯之敌，另一方面还做好了大举进攻蜀地的前期工作。

两年后，即建武十一年（35）春，当岑彭将要会聚众将、合兵一处、集结军力、西上伐蜀时，又召集包括湘粤各郡在内的汉军部队水陆大军，应时集中。一时间，"发南阳、武陵、南郡兵，又发桂阳、零陵、长沙委输棹卒（指临时征调到的水军），凡六万余人、骑五千匹，皆会荆门"。[②]

由于那时在当地仍保留长江北岸"九穴十三口"之一的古鹤穴口（后直至明中叶才因泥沙淤积而封堵），再加上自古即拥有"东南会鹤穴、化港诸水，东北合白渎诸陂泽，下汇三湖附近安兴港"等得天独厚

① 李延寿：《北史》，《二十五史》（第 4 分册），上海古籍出版社、上海书店，1986，第 331 页。
② 李延寿：《北史》，《二十五史》（第 4 分册），上海古籍出版社、上海书店，1986，第 331 页。

之优势，故据此即可理解，彭率大军驻屯津乡，不仅有条件调运材料，修造战舰，更有利于集结来自湘粤各郡，如武陵、南郡、桂阳、零陵、长沙等地的水军。因而不过数年功夫，军力大增，于西伐巴蜀之战中，以极大的优势克敌制胜。若非此地据有这样好的地理区位及水运条件，说要建此奇功，不啻天方夜谭。

纵观史籍，在中国古代宗法社会的特有体制下，由岑彭所开创的津乡岑氏，作为对湘鄂大地拥有巨大影响力的一个望族豪门，其福泽子孙的余荫，几乎惠及了岑氏家族的上十代人：直到隋、唐易代之际，岑文本年纪轻轻即被梁主萧铣授以"中书侍郎"（掌机密）① 之要职。入唐之后，他亦官运亨通，于"贞观元年除秘书郎，兼直中书省……李靖复称荐之，擢拜中书舍人，渐蒙亲顾"；时隔未久便晋封"为中书侍郎，专典机密"。② 此间其个人才具应在其次，联系到初唐名相李靖也曾拥有对湘鄂大地"传檄而定"之奇勋，而他对岑文本"复称荐之"，可见其确实亲身见识过了津乡岑氏秉承前代余烈，而对湘鄂大地所拥有的影响力。

如此，便又不难理解，时当岑长倩出事之后，岑羲一系在唐中宗朝仍旧家势显赫的内在原因。此后，随着大唐皇权的逐渐稳固，直至凭借关陇军事集团崛起而执掌中枢的皇室亲贵认为津乡岑氏已不足以再做依靠时，为自身利益考虑，其当下便露出狰狞面目，毫无顾忌地将岑羲"坐豫太平公主谋，诛；籍其家"！若非岑参之父岑植早有预感，而又一直远离故土家园在中原一带做官，且谨言慎行，由此他这一家人才得以保全下来。换句话说，对岑植、岑参而言，江陵津乡既是其祖籍地，又是招嫌惹祸的伤心处。

岑参成年之后，写过一首长诗《感旧赋》。于诗前的小序中，他如此描绘出初唐之时津乡岑氏的光鲜荣耀："朱门不改，画戟重新。暮出黄阁，朝趋紫宸……列亲戚以高会，沸歌钟于上春，无小无大，皆为缙

---

① 宋祁、欧阳修、范镇等：《新唐书》，《二十五史》（第6分册），上海古籍出版社、上海书店，1986，第404页。

② 刘昫等：《旧唐书》，《二十五史》（第5分册），上海古籍出版社、上海书店，1986，第304页。

绅。颙颙卬卬，逾数十人。"诗中以写实性的描绘，刻画出当时岑家那恢宏壮观的华贵与尊崇；可是，一旦噩运降临，旋踵而至的即为血光盈门，家族倾遭灭顶之灾！

据说，当岑家被"灭门"之际，岑参才两岁，当时发生于老家的情景，都是其兄长说给他听的。于是出现于诗中的惨状，便是以极度惊恐与惶乱的笔调写道："既破我室，又坏我门；上帝懵懵，莫知我冤……泣贾谊于长沙，痛屈平于湘沅……昔一何荣矣，今一何悴矣！"

当岑羲被唐玄宗满门抄斩后，家族旁系子弟均遭放逐，这些楚地罪因在大群如狼似虎的军卒与衙役驱杀下，唯有四处逃窜，方可幸免一死。当在写出这些诗句的时候，诗人岑参肯定是浑身颤抖，心在滴血："云雨流离，江山放逐。愁见苍梧之云，泣尽湘潭之竹。或投于黑齿之野，或窜于文身之俗。"① 诗中所提及的黑齿部族，是传说中湘粤大地蛮族的一脉支系，其族人惯于用漆树的汁液把牙齿染黑，使之面目怪异，让外人望而生畏，以求保全自己；文身部族之族人即在通身上下涂上各色树胶，以便潜伏于林莽之中狩猎……岑家子弟为避乱而只得远走他乡，以致最终只能与"黑齿之野""文身之族"等少数民族的人们为伍，此前曾世世代代生活在江陵津乡的岑氏家族成员，自此全部消亡殆尽。

结　语

唐代宗大历五年（770）冬，诗人岑参苦累一生，未及稍得消闲，无奈大限已到，最后客死于成都旅邸，殁年 55 岁；而他那曾经显赫一时的桑梓故园江陵津乡，却因岑氏家族惨遭"籍其家"的弥天大祸，阖族人丁或遇难，或逃亡，离散殆尽，唯有曾辟为安兴县的宅居故地，却因旧时"地以人传"的定名习俗，将这处"东南会鹤穴、化港诸水，东北合白渎诸陂泽，下汇三湖附近安兴港"的港汊纵横之地，命名以"岑河"而保留下来。

---

① 《岑参集校注》，陈铁民、侯忠义校注，上海古籍出版社，1981，第 437 页。

　　随着唐人杜确的《岑嘉州诗集·序》问世，若非南北朝时有岑参的五世祖岑善方曾于后梁时期位居要津而为载名于史籍，那么，依照《旧唐书·岑文本传》所称"南阳棘阳人"之说①而言，岑氏家族的脉系传承便会与江陵绝缘；幸而《新唐书》在同名本传中于"邓州棘阳人"后，另附"祖善方，后梁吏部尚书，更家江陵"②述录，这才将已渐次消隐在历史尘烟之中的家系渊源，与历史的本来面目相互续接起来。

　　其间，尤显珍贵的是《元和姓纂》，当其成书之时，与岑参辞世不过相隔仅 40 来年。由该书所确指的南阳棘阳岑氏家族，实乃"后汉征南大将军岑彭之后"的阐述，为最终揭开岑参的籍贯家世早于东汉初年即移址江陵津乡及其时至唐开元年间又消弭于无形这二者之间所隐藏的奥秘，提供了坚实的依托。若能懂得前者，即可知岑彭为东汉定时立下的不世之功，给其家族后人带来了极盛甚至是"一门三相"之类的荣耀；要是弄清后者，便能看懂随着唐朝大一统局面的稳定及巩固，对津乡岑氏家族予以断然诛除的历史成因。

The Family History of Cen Shen and the Origin of Local Prominent Families in Cen He

Chen Lirong

Abstract：The native place of Cen Shen, who is a famous military frontier poet, is always a hot topic among the history studies. Some believes he is from Nanyang, some believes that he is from Jiangling. The Book *Yuan He Xing Zuan* recorded that he is a descendant of Cen Peng, who is the General to the South in Hou Han. However, after Song and Yuan, history studies neglect the grand achievement of Cen Peng, and only take the family name as that it is

---

① 《岑参集校注》，陈铁民、侯忠义校注，上海古籍出版社，1981，第 437 页。
② 《岑参集校注》，陈铁民、侯忠义校注，上海古籍出版社，1981，第 437 页。

named after a feud in Xi Zhou. In fact, the *Benevolent Political Achievement of Mr. Cen written by Zhang Jingyu and Preface of Cen Shen's Poets' Collection* written by Du Que avoid to talk about Cen Peng, and only take the native place of Cen family as Nanyang, and both of these writers have their hidden reasons. Although Wen Yiduo insists the native place of Cen family is Jiangling, but he also explains in annotation: these books are written affected by old habits of the six dynasties, in this way the native place is hidden, only the live places are shown, this is why these records are meaningless. He writes this because *Xin Tang Shu* records that Nanyang of Han changes its name into Dengzhou in Tang dynasty, meanwhile he expresses his repellent feeling about former history discourses' focusing too much on local prominent families and following old social habits. Cen Shen indeed has a much more complex family history than just an old habit of concealing the native place and only showing the living places. Based on local documents and history records, this article has confirmed the native place of Cen family is in a small town of Jiangling named Jin, in which Zeng Bicheng and Cen Peng had great accomplishment. Since Cen Xi was in danger, the descendants of the Cen family have disappeared locally. This is the result of deliberate suppression by the emperors of the early Tang Dynasty because of their huge influence on the aristocratic families in southern China for hundreds of years. Thus, there is only one place named after the family name Cen in the old town Jin, which is the "Cen River".

Keywords: Cen Shen; Native Place; Family History; Origin of Local Prominent Families

About the Author: Chen Lirong (1949 –), chief editor of the *Jingzhou Daily*. Research interests and specialties: development of local history and culture of Jingzhou. Magnum opuses: *Humanities and Cultures of Jingzhou*, *Zhang Juzheng: A Prominent Talented Official of Jing Zhou*, etc. Email: clr194 908@ 163. com.

哲学与文化

论黑格尔《美学导论》[*]

〔美〕诺埃尔·卡罗尔　著　倪胜　译[**]

摘　要： 本文为对黑格尔《美学导论》的全方位研究。首先从哲学体系上比较黑格尔和康德的异同，随后指出黑格尔历史地看待事物的方法，分析了黑格尔的艺术定义、艺术史发展三阶段、艺术的终结等重要理论。本文通过实例指出，黑格尔的理论充满矛盾，但黑格尔对艺术哲学的影响直到今天也未消失。

关键词： 黑格尔　康德　艺术终结　现成品艺术

格奥尔格·威廉·弗里德里希·黑格尔于 1770 年出生于德国斯图加特。他是康德最杰出的继承者，有人甚至认为黑格尔超越了康德。

人们经常听说在叫作"分析的"或"盎格鲁美国的"哲学与有时被

---

[*]　译按：2020 年卡罗尔教授即将出版新书《艺术哲学经典》（*Classics in the Philosophy of Art*），论述了从柏拉图、亚里士多德到哈奇森、康德、黑格尔、叔本华、尼采、托尔斯泰、贝尔等重要艺术哲学家的思想。他发给我原文并嘱我译出。这里发表的是其中"论黑格尔《美学导论》"一章。其中"论亚里士多德《诗学》"一章我也已经译出，放在 2020 年下半年出版的《卡罗尔论戏剧》中，有兴趣的读者可以参看。请注意本译文的术语与国内流行的略有不同，比如 reflection 我译成反照，而不是反思或反射。作者引用黑格尔相关内容时根据的是英译本，为避免曲解作者，本译文一律依照英译本译出，而不借鉴黑格尔原著的已有中译本。

[**]　诺埃尔·卡罗尔，美国美学和艺术理论界的知名学者、讲座教授，美国美学学会前会长，在国际学术界尤以他对电影哲学的开创性的贡献而被认可，现为纽约城市大学杰出教授。倪胜（1970— ），博士，上海戏剧学院副教授。电子邮箱：nisheng555@126.com。

称为"大陆的"哲学之间存在差别，但既然有如此多的千差万别的哲学家被集合在这些标签之一的下面，那么很多情况下这些术语并没有多大意义——这些标签经常将哲学家们概括为相互之间截然对立。然而，按照经验规则，从分组来获取意义的方法看，大陆哲学家中典型的思想家们会非常认真对待黑格尔，而分析哲学家一般不会（尽管其中有个别例外），有些分析哲学家甚至对他完全不予理会。

这并不是说大陆哲学家总是赞同黑格尔的，有不少人，像卡尔·马克思和米歇尔·福柯都强烈批评黑格尔。但那种批评恰证明他们非常重视黑格尔，因为黑格尔并不符合大多数分析哲学家的教规。在所谓分析哲学系学习的学生并不被要求必须修习黑格尔课程或者要求通过关于他的考试。康德似乎是同时出现在分析和大陆哲学家的阅读列表中的最后一个哲学家。因此，黑格尔是西方哲学进化过程中转向的一个关键点。

一　康德和黑格尔

讨论黑格尔时，一个有用的方法是将他与康德进行比较。黑格尔与康德的主要差别在于康德认为某些事物是不可知的，而黑格尔对此比较乐观。回想一下上一章康德伟大的主观转向，他自夸为哥白尼式的革命，由此他主张心灵过滤后得到的输入①便于我们所经验到的每个事物都通过某种形式和范畴所范型，如空间、时间和因果性。但康德暗示说有些不可过滤的东西仍被过滤掉了。这些处于不可过滤状态的事物，康德认为是不可知的，因为知识都是被心灵处理（过滤）过的。于是就有一个本体领域，即著名的物自身领域，以及一个现象领域、诸现象的领域，即我们用形式和范畴来经验的领域。

在《判断力批判》中，我们碰到的这个本体领域即用红字标出的"超感性的"。康德认为我们知晓存在着一个本体领域，但我们不知道关于它的任何特性，因为知识涉及心灵对范畴的应用，而本体，根据其定

---

①　即予料——译者注。

义，是未经心灵处理过的东西。也许你知道一首大门乐队（The Doors）的老歌《突入另一边》，康德也说存在着一种"另一边"，我们知道它的存在，但我们无法突入进去。

尽管受到康德哲学的部分吸引，但很多德国哲学家如费希特，都不满意其结论，即存在某种不可知物。于是，他们创造出形而上学体系用来展现我们的知识而且并未按照康德所说受到限制。没有什么东西能像指出他们不能知晓某些事物那样更能激怒哲学家们了（除非说你知道某些能让怀疑论者苦恼的事情）。因此，许多康德的继承者，比如叔本华，发展出一些精心制作的哲学用于证明我们可以拥有某些康德不可知的知识。黑格尔的计划也许是这类徒劳尝试者中最悲伤的一个。

黑格尔是一个唯心主义者（Idealist，理念论者）。他认为终极实在是精神上的，我们可以通过意识接近它。也就是说，由于终极实在是可被意识到的，我们就可以慢慢知道并理解实在，因为意识是我们本性里的一种知性物。由此，康德和黑格尔之间一个主要差别就是黑格尔认为我们可以拥有有关实在本身的知识。

两位哲学家之间第二个重要差别关系到他们对心灵的分析。康德认为范畴——心灵组织其输入的东西——是超历史的，我们的范畴——比如因果性——是固定的，它们不会随时间改变。新石器时期的猎手或采集者和我们的心灵都应用同一个基本结构。尽管许多思想家落入康德的观念，认为心灵通过范畴组织了我们的经验，但也有少部分人同意这些范畴在历史上和文化上不可变更。当我们讨论康德第三批判里的共同感意念（notion）时，我们就会碰到康德范畴不可变结构的观点。然而，其他思想家认为，心灵使用来组织经验的范畴在主观上是可变的。他们认为当你从一种文化或历史时期移动到另一种文化或历史时期时范畴就会变化。

毫无疑问你听到过一种断言，通常由文化人类学家所鼓吹，即不同的文化按照不同的基本范畴看待世界或组织世界。这种观念是康德式的，至少从含义上讲它认为人类对世界的经验是心灵带给世界的，而心灵的结构由范畴带来。但这种看法终究不是康德式的，因为文化人类学家典型的思考是心灵所用的这些结构根据不同的人类种族而不同。

黑格尔是促成人们接受这种观点的最重要的思想家之一，即按照一种特定含义（经过讨论），心灵历史地变迁着。黑格尔主张，心灵随着时间而进化——人们在不同的历史时代理解世界也不同。黑格尔认为心灵——人类意识——承担着在历史过程中变形的任务并且他作为哲学家的部分任务就是对这种变形作详细记录。

另外，黑格尔相信变形过程朝向某种特殊方向，即进化、进步。尤其，黑格尔认为随着时间的流逝人类变得越来越意识到自身的本性。像苏格拉底一样，黑格尔将生命中最重要的命令视为"认识你自己"。然而，黑格尔将这种命令用于人类意识自身，而不是特殊个体。黑格尔觉得对自身知识的探寻——意识成为对其自身本性的意识——是人类历史的主要任务。大写首字母是 M 的心灵（Mind）的天职就是去理解自身，理解它自己的本性。这就是为什么艺术在其体系中如此重要，因为艺术在人类自我理解或自我意识的进化中扮演了一个关键角色。什么角色？艺术有能力反照（reflect）人类心灵并为我们展现，就好像镜子反照我们的脸一样，艺术反照人类心灵的本性以及心灵从一个时期到另一个时期的变化路径。

那么比较康德心灵不可变结构观点与黑格尔进化本性的概念就提示给我们黑格尔对艺术的意义的意念。因为心灵或意识（或用黑格尔术语，精神）从一个时期到另一个时期发生着变化，艺术的所作所为——在人类意识进化的每一个点——都给予我们关于心灵的自我理解的尺度。

既然艺术与意识随时间的进化如此联系紧密，那么在黑格尔历史进程的完整概念中讨论艺术的角色就是有用的了。

二　黑格尔和历史

以上我非常多地用了心灵一词。很明显，我说它是随时间的绵延变化着的——从一个时代向另一个时代进化。其实我没有，黑格尔也没有，只是指个人心灵——我的或你的心灵。我们的心灵并不会在从一个时代到另一个时代的过程中持存，否则我们会死亡。那么，当黑格尔说到人类心灵——进化着的人类心灵时，他是在一种全体或集体的意义上说的，而不是在个体的意义上。他将心灵指认为进化着的人类种族的心灵——人类的精神史（你也可以这么说）。黑格尔以不同的方式来暗指这种现象，包括心灵（大写首字母为 M）、意识、精神、绝对精神、神圣本性甚至神（尽管是有点斯宾诺莎意义的神）。

黑格尔的基本前提是心灵或意识、精神是在历史过程中承担变化的东西。黑格尔最伟大的著作《精神现象学》（1807 年）就是对人类心灵随历史（从感性到概念）实现其命运的进化——意识对其自身本性的自我理解——方式的一种解释。

如上所述，黑格尔的历史图像从本质上与他要谈的艺术相关，因为他相信艺术是对心灵或精神的反照。因此，艺术的历史是人类心灵努力实现其天职时的反照。另者，因为人类心灵的任务是了解其自身，既然艺术是我们了解自己的主要方式，那它在我们理解人类意识本性的过程——我们也可以将这个过程描述为对成就其自身本性的意识的意识物质，即按照其定义，为自我意识或自我觉醒的东西之一——一个实质上不可缺少的角色。

这个过程跨越从古代直到黑格尔那个时代的人类种族历史。随着时间流逝，黑格尔认为，人类心灵或精神开始不断更为清晰、更为精练地理解其自身。在发展的每一阶段，艺术用不同的媒介，如经过雕刻的石头进行反照，它对应着对自身、当时心灵进化所能达到的、不同的理解水平。

艺术反照心灵。因此，艺术史反照心灵的进化和历史。那种历史采取了一个明确的方法，因为它拥有一个明确的方向。它被吸引朝着越来越多具有自我意识的方向前进。它被一种趋向驱使着追求一个更好地理解其自身本性的方向。因此，艺术史证明了越来越多的自我意识。艺术的历史概括了意识的历史。

但艺术并不是按照一种被动的方式简单做到这一点的。艺术对人类意识的进化也有其奉献。

怎么这么说？

再想想镜子的类比：将镜子举到你脸的高度来梳头发。但一旦你看到你的样子，知识就能帮你调整你的外形（头发）。照镜子可以使你改变你的外观。同样当意识按照言说的方式用艺术来照镜子，它就不仅仅看到它是怎样的，并且其自我理解也使得未来的精炼化成为可能。按照这种方式，艺术不仅记录我们所是的，而且也充作进一步进化的工具或中介。

由于艺术与意识的历史紧密相关，值得在转入黑格尔《美学导论》之前再谈一下某些黑格尔对人类意识进化的特殊看法的细节。

历史大概遵循着这样的路径。开始，有物质（质料）和精神或思想。这是事物之间最基本的区分。物质比较重，而精神较轻。物质服从物理规律，物质完全被因果原则决定。精神与物质相互区分。按什么方式呢？原则上，精神或心灵是自由的——不完全被规律决定，即精神的本性就是自由。

由此，黑格尔考虑意识的历史就是心灵或精神认识自身的故事。但通过历史过程所认识到的本性是什么呢？那就是精神或心灵是自由的现实化。但心灵没有一下子就认识到这里隐含的每件事物，需要花费时间反照而逐渐领悟相关的事物。于是历史过程就是一系列相继的对我们自由的接近——一系列增长的对人类自由的精炼。

说人类是自由的意味着什么呢？那就是创造我们自己。但这又是什么意思？

与动物对比一下吧。动物被自然所束缚。假定，它们完全被自然所编程——被本能所控制。人类按照一种常规程序对它们进行再造。我们如何做到这样？通过我们的文化，尤其是通过我们的物质文化以及我们的实践。

一只海狸被预先编程去建筑一座水坝——从历史看，海狸们本能被预先编程来建筑一个同样的水坝。人类就不同。面临不同的环境，我们研究出如何调整不同的方式和实践使我们进化到去适应我们不断变化着的环境，改变人的工种，我们——猎手和采集者，变成了农业或工业工人。

通过我们的实践，我们从自然中解放我们自己。黑格尔首先强调的自由，是从自然中获得解放的自由——从本能中解放以及从自身的负担中解放。由实践将我们自身从自然解放，通过包括物质文化在内的诸文化，我们依次将自己创造成某种人——能按照某种方式实现他们的潜能并获得了某种程度和某个方面的自由。这并非某些伴随明显的自我觉悟的巧合。这是我们的特殊实践造成的未计划的结果。消费人就是在没有一个基本的蓝图下被创造出来的。我们就是我们成为——与劳动人相比较——社会组织的结果，我们非常盲目，至少就其最终的结果而言。

从大尺度上看，每种文化，通过协调其成员的能量和努力，也就是说，通过协调社会成员的各种活动（命令、义务、贡献权力、权利、财富等），达到了一个自由的水平。人类从自然中解放与文化的政治组织有关，这组织分配权力和责任以及物质产品。因此，从其重要的意义看，政治文化反照了给定的人类历史的自由水平。再者，政治文化创造了人们的特殊组织样态，如骑士和奴仆。治国才能就是灵魂的才能。

随着人类自由的水平以及对自由的觉悟的改变，政治组织也因此改变。黑格尔因提供了关于从古到他的时代的人类进化的三层历史而知名。总结成一句口号，即黑格尔说历史是诸事件的状态从一个人的自由到一些人的自由最终到全部人的自由的运动过程。

具体而言，黑格尔认为在亚洲文明里一个人是自由的——皇帝、法老或邦主。在古典文明里，有一些人是自由的，如雅典城邦里的市民，即那些在柏拉图《理想国》里聊天的人。然而，在古代雅典只有一些人是自由的，只有一些人拥有政治权力。很多生活在城邦城墙里的人被剥夺了公民权，包括妇女、外国人和奴隶。古罗马也一样，尽管罗马编撰了《罗马法》，增加了比市民更多的人的自由预期，因为一个写定的法律体系为他们提供了日益增长的广泛的保护。

于是在自由史的第一个时代，一个人（通常被认为等同于神）是自由的。下一个阶段，一些人是自由的。因此，也许可以预测，在最后的阶段，所有人都是自由的，尤其是在所有人平等的意义上。

这最后一个阶段伴随着基督教观念，在上帝面前每个人都是平等的，每个人都有灵魂。如保罗或每个人都能和犹太人一样成为基督徒。根据基督教教义，平等原理出现在宗教学说里。但这种观念开始扩大，超越宗教进入政治领域直到自由民主的理念进入我们自己的时代似乎成为一个几乎普适的理念。

当然，所有人的自由——不管是我们自己的时代还是黑格尔的时代——都未成真。但黑格尔的意思只是所有人都有自由权利的意念在现代社会里是一种期望。这是一种理念，如在我们自己的时代为不同的市民权利运动作保证。于是即便这种使每个人都自由的情况还没有出现，这种普适自由的理想已经传出国门进入今天的全世界了。这种理想仍会面对阻力，但可争论的事情基本上趋向于黑格尔所建议的这种方向。

前面我提到，人类历史包括一种不断增长的觉悟或对自身本性的自我意识，无须多言，黑格尔相信有一种叫作自由的东西。然而，迄今为止，我们只是在讨论自由的扩展而并不是我们对自由的自我意识——对作为自由存在者的我们自己真正本性的自我意识。自我意识的意念如何合乎黑格尔的自由历史呢？

每个社会都会达到一定的自由水平，每种文化允许其成员达到某种范围和运用某种方式。最为明显的也许在其政治、社会和经济安排的形式上，但自由的水平也被文化的其他方面如哲学、艺术和宗教等所反照。

例如，宗教在一种文化中反照自由的水平被黑格尔神化为一种精神的符号。在亚洲社会，一个人是自由的，即皇帝或法老。这一点反照到那个时代的宗教上，法老同时就是一个神。在这种文化里的神性就代表了一种人性概念——一种人性投射到神学的平面上。在亚洲社会只有皇帝是真正的人，真正拥有自由，并且这一点由皇帝被绘画成神而体现出来。于是古代宗教，给予我们人的精神一个有限的概念，它显示出精神是自由的，但那种自由的概念是狭隘的以至于其自由仅被视作是一个人的。

在古希腊宗教里，所有的神都有一个人的外形，而在亚洲寓言里则是动物和神的融合，如印度教里的象神 Ganesh。古希腊的神没有自然的权力，尽管他们可以与之相伴，如阿波罗和太阳的相伴。作为对人类本性的反照，希腊宗教被假定为再现了神性——人性的象征——作为分离的形式。希腊自然宗教，即一种对人类精神的本性的反照，并且运用了神话语言来记录对人类精神本性的洞察，即人类精神是与野蛮的自然相分离的，通过不老且不死的神来标志。

按照这种方式，希腊文化不仅涉及人的自由的增加，而且其宗教以及艺术和哲学含蓄地反照了人类自由的进步。艺术、哲学和宗教是人类自由进步的表现，因此提供了人类自由进化的一个客观关联，给我们机会对我们日益增长的授权进行沉思和自我觉悟，这种自我觉悟自身成为进一步授权的条件，引导我们走上更高的授权，等等。

然而，黑格尔并不认为这是一个永无止境的过程。他认为我们会到达一个点，在那里我们可以完全理解作为自由存在物的我们的本性——一个自我意识完成了其任务的点，历史的终结（即意识要求理解自身的历史的终结）点。的确，黑格尔感觉，尽管有点不谦虚，历史契机随着其《精神现象学》于1807年的出版而到来。

当然，人们可以驳斥黑格尔对历史大约于1807年终结的宣告。然而，人们可以在驳斥时还不抛弃黑格尔主义。我们可以认为过程已经结束了，但时间仍在前行。现在，很多人拒绝这种观点，理由是他设想历史是一个进步的计划——一个朝向更为自由和自我意识进步的计划。似乎很难直接否定在某个方面存在着超越历史过程中的人类本性和政治自由。也就是说，超越这两种自由。

也许在这个整体哲学理论的语境里我们需要接触黑格尔的艺术概念，因为艺术扮演着一个在自我理解的意识的进化里履行的角色。艺术支持这种现实化，但这引来一个意识自我觉悟的方式问题。

艺术由外化自身而觉悟自己——通过将内部的东西呈现到外部——表现自身。人类通过行动和反照曾经所为而学习其自身的本性。为了理解我们真正是什么，我们必须观察我们所为。这不仅仅是其他人怎么来理解我们，而是我们怎么去理解我们自己。我们通过我们的作品理解我们自己。这就是我们理解我们自己和我们自己的概念的方式。

想想作为个体，我们如何努力搞清楚我们是谁。我们可以从闭上眼睛内视自己开始。但我们能"看到"的全是空的、光幻视的点点。① 如果我们真的想研究自身，我们就应该观察我们的行为——我们的行动，它可以展现出我们的兴趣和我们重视的东西。因此，黑格尔建议研究社会。

观察人性创造的和毁灭的、崇拜的和痛恨的、建设的和改变的自然。人类客观化其自身，按照他自己的形象雕塑世界。我们投射我们自己到对象之上，到世界之中。现在很难在地球上找到一个没有被人类改变过的地方。如果你想了解现代社会所重视的，就去看看我们的公路和桥梁——它们表达了我们是谁；它们到处表现出我们的欲望。建筑环境，对黑格尔来说，就是一面人类精神在其发展的每个阶段上的镜子。

黑格尔写道：

> ……人们通过实践活动被自身现实化，当他有冲动用中介直接给予他的，外在呈现在他面前，产生他自身，同时又能认识自身。他通过改变外在事物并且刻上自己内在的印记于其上来表达，随后发现在它们上面复现了他自身的特性。人们这样做是为了作为自由的主体剥离外在世界顽固的异质的东西来欣赏事物的外形和样式，从自身看其是一种仅为外在的现实性。（XLIX）

意识或精神通过自己的活动对象化或外在化自身，即通过实践，如我们知道的宗教。它在大自然上留下印记，就像它将世界塑形以服务于精神的自我需求、欲望和价值。通过检查我们所产出的以及我们的生产实践，我们可以研究我们的本性，其真正过程涉及一个人类自由的增长或扩张的过程。即不仅我们的实践将我们从物质或自然的支配里解放出来，而且通过对这些实践所表达的东西进行深思，我们可以从自我意识里获得更进一步的自由。

---

① 回想一下休谟说的，当他内省时无法抓住任何"自我"的一瞥。

艺术，当然是我们的实践之一。的确，当我们按照康德美学的理念来看，艺术是一种表达我们最深刻的人类主题的中介，如道德理念。因此，艺术是研究人类本性的不可否认的源泉。对黑格尔来说，几百年来，艺术实践是人类进化本性的意识表达的主要源泉之一。通过艺术，每个社会表达出作为自由意识的本性的意识水平。

黑格尔写道：

> 美的艺术……被简化为一个显示意识的样态并带来神性自然的表达，人性最深刻的兴趣，心灵最全面的真理。在艺术作品里民族积淀成他们内心最有意义的直观和理念；自由艺术通常是——对很多民族来说都不例外——理解其智慧和宗教的关钥。

> 艺术与哲学和宗教分享着这个特性，只是在这个特殊的样态中，它在感官形式里再现了最高理念，因此将它们更进一步带到自然现象的特征，到感官和感情上。（XII ~ XIII）

对黑格尔来说，艺术使得意识能以感官形式通过体现精神（意识、神圣自然、绝对等）反射自身。这是因为这些形式是感官的，它们是审美的主体。通过将意识外化到不同阶段上，艺术将意识置于令其可以被观察或自我观察到的地方。艺术使得文化的抽象理念——这种理念文化自身不可能哲学化地发出来——在具体对象上体现出来，例如雕塑，他们可以直观到，也即感受到。

有时候这个过程可以被指为异化。意识或精神对自身进行异化或间离，采用异化、外化或对象化的形式，一种可以被详细审看的感觉形式，因为它是按照可以被直观到的形状被领受的，即其本质的本性可以通过感官被估计出来。康德考虑美是道德的象征，而黑格尔认为艺术是自由的感性象征。

作为反照意识本性的一个角色，艺术与哲学和宗教联系在一起。实际上，在这种进化过程的早期阶段，比哲学的出现和精致化更早，艺术与宗教一致，在履行对意识的自我理解的表达上是一种拥有决定性的角色。

我们的每一种实践都在表达某种人类需求。艺术是人类实践。因此它也在表达一种需求。黑格尔认为：

> 存在于艺术里的普遍需求，在人类理性的冲动里将内在和外在世界提升到一种对自身精神的意识，作为一个能在其中认识他自己的对象。他满足于这种对精神自由的需求，当他将所有这些为他自己的存在，按照一种对应的方式实现这种对其自身的显化，从而不需要唤起对他自己的复制，即将他的内里变成可视的和对他自己的心灵和他者心灵的知识。这就是人的自由理性，在这个理性中，所有行动和知识，以至于艺术都有其理据并且有其必然的起源。（L）

根据黑格尔这个指示，艺术在人类历史的演进中有着绝对的中心作用。由此，他将艺术看得比其他哲学家们更高。但在解说这个意义之前，黑格尔需要告诉我们什么是艺术。

三 什么是艺术？

四卷本的《美学导论》包含黑格尔关于导论系列讲座的内容，出版时被称为《艺术哲学》或《美学：关于艺术的讲座》。这个研究是一种对艺术史及其形式和类型的哲学解释。它包括一些有史以来最耀眼的哲学式的艺术批评。然而，它并不是一部黑格尔亲手完成的著作，而是他的学生霍托（Heinrich Gustav Hotho）在黑格尔去世后从黑格尔不同时期系列讲座的笔记里采摘出来，编辑出版的。

尽管黑格尔以晦涩出名，但他却是一个非常棒的讲座人。很多人派他们的仆人去听他的讲座记下笔记以便于他们在沙龙和社交聚会上可以参与非常精致复杂的谈话。也许黑格尔晦涩名声的理由之一是他流传到今天的很多作品源出自讲座笔记，并且正如大多数哲学家们认为的，他们的讲座笔记，通常是用来提示他们想说的东西的个人编码的符号，只有他们自己才能理解。

那么，黑格尔的《美学导论》就是要给他对艺术作为人类历史的显露的本性和目的的探索做一个导引。于是，它完成这类导论通常的任务，定义并确定其范围，避开对这种导论可能的反对，定义其主题和意义，对将要探索的浩瀚历史给予摘要，等等。

在第一章，如大多数作者一样，黑格尔告诉了我们他的书要写什么。他打算处理美学，涉及感知领域——感觉和情感——尤其包括美。黑格尔对美学这个标签并不感到特别舒服，他对另一个标签如 kallistics（源自希腊语的美一词，kalon）也是如此。他宁可使用一个新的术语，他更喜欢将研究领域限定为趣味。他仅仅倾向于处理艺术美——美的艺术（beaux arts）。与哈奇森和康德不同，自然美并不在他的眼界内。

黑格尔认为自己采取这样的策略有几个理由。首先，他认为，每种科学都对其探索的领域有其特权。此处黑格尔在欧洲的意义上使用科学这个术语。根据这种用法，科学就是指任何探寻知识的方案，而不像盎格鲁－撒克逊意义上的科学仅指自然科学。

其次，黑格尔强迫自己的注意力在美的艺术上而不是自然，用他的话说，因为"艺术美比自然美更高。因为艺术美是心灵产生出来的"。（III）因此，由于它是精神产物——心灵产生的——比起自然美来它就会告诉我们更多关于意识的本性。

黑格尔也为他聚焦于美的艺术而不是自然美作辩护，他说自然美也是进行科学研究的一个不确定的主体，因为"在处理自然美时我们发现我们自己太过开放以至于变得含糊，太过缺乏准则……"（IV）。也就是说，由于自然美不是产自心灵——并非意向性活动的产物——它缺少明确的欣赏标准。由此，自然美就缺少趣味的客观标准意义上的客观性。被算作自然美的东西太琐碎主观，因此，在认识上太不受科学研究的影响。

将其研究领域进行划分，并且说明了他选择性聚焦的理由后，黑格尔暂停追问是否美的艺术真的能充作科学研究的主题。他预见了两种对其研究计划的反对意见。第一种反对意见是非常严苛的。它控告说，艺术对科学研究的保证并不重要。艺术并非生活的严肃任务之一。艺术有关于消遣和娱乐的内容。艺术并不重要，由于过于轻浮无聊，以至于不应该用宝贵的哲学脑细胞来思考它。第二种反对意见是对柏拉图的回应。艺术被谴责为处理幻觉，它存储并推销欺骗性的外观。

黑格尔通过唤起读者对艺术在精神自我展现中扮演的角色来处理对艺术的严苛排斥观点。他说"正如艺术很少通过放纵的奇思怪想来排除哲学思考。如已经指出过的，给意识带来心灵最高的兴趣是艺术的真正任务。于是从内容上讲美的艺术就不能漂游在没有羁绊的胡思乱想的狂野之中……"（XXII）。也就是说，美的艺术并非无足轻重的东西。它是人类戏剧的中心部分。它并不仅仅是消遣，其真正的任务是展现我们最高的兴趣，根据黑格尔，它有一个非常严肃的计划。当然，这并不意味着黑格尔否认某些艺术实际上是消遣，而只是强调背负着其最高天命的艺术——黑格尔最为属意去分析的种类——是人类严肃历史的一部分。

黑格尔回避了一个控诉，即美的艺术是可疑的，因为它通行在幻觉中，这一点唤起了亚里士多德对柏拉图的反驳。黑格尔论证说：

> 艺术将真正的重要性从这个糟糕和迅速转换的世界的象征和假象里解放出来，将现象的象征传送到更高的现实上，即心灵的产生。艺术的显现，因此远离了单纯的象征，而拥有了与普通生活的现实相比最高现实性和更真实的实存。
>
> 与历史叙事的再现相比，艺术再现很少被叫作欺骗的象征，好像存在着更为真实的真理一样。因为历史并不是直接的实存，而只是智识对历史的呈现，因为其描述的元素，其内容负载着由普通现实伴随其外现、复杂性和个体所构成的整个偶然物质。但艺术作品带给我们的是支配历史的永恒力量，而没有多余的中间呈现物和其不稳定的外貌。（XIV）

也就是说，亚里士多德说诗歌比历史更接近于哲学，按照同样方式黑格尔断言艺术比起历史研究来更适合抓住历史的本质，因为艺术穿入细节之中抓取事物的核心。艺术并不贩卖欺骗性的幻觉而是呈递更高的真理，由心灵生出的真理，关于意识自我实现的旅程的真理。尽管通过外观来工作，艺术有能力带我们接触到事物普遍的（黑格尔说是永恒的）特征，而通常的历史却只能提供给我们一堆混乱、转瞬即逝的特殊的东西。

对其研究计划辩护之后，黑格尔打算进入实务，开始定义艺术。尽管他在第一章对艺术的本质提出过明确建议——含蓄地将艺术作品分为意向性的制作出来的、感性的事物，而艺术定义在第二章得到了直接的处理。

黑格尔开始像大多数哲学家一样，抱怨以前的诸种理论，认为它们要么太泛要么太狭隘。他自己的定义开始于第 XXXI 章，黑格尔提醒我们他的主题是艺术美（artistic beauty）——美的艺术（the fine art，回想一下 kalon 既可以指美也可以指精细良好）。他已经构建过，指出艺术是一种意向性的制作的事物。于是下一个工作就是通过艺术美的公式来解析美的操作概念。即什么是美的本质？

黑格尔通过引用哲学家 Hirt 来回答这个问题，定义美为完满。但什么是完满？再度暗指 Hirt，黑格尔说完满就是"适合其自身目的"（XXXI）。一把牛排餐刀足够尖利以切开一块牛肉，就是适合其目的并且完满的牛肉餐刀。那么一件美的艺术作品就是适合于其自身目的的作品。

但什么是艺术的目的？对黑格尔来说，艺术的目的就是呈现某种内容到感官。那么美的艺术作品将会是关于某个事物的——该事物已经有其内容——按照某种适合于其目的的方式给予某种形式。黑格尔说艺术"首先涉及内容，例如，作为一种特殊的感情、情境、事变、行动、个体，其次是使内容能再现地体现出来的样态和样式"（XXXI）。于是，对黑格尔，美的艺术作品包含形式和内容，内容在一种形式中呈现以适合于其目的。

这里，形式的概念类似于我们在"人类的形式"里所表达的形式。因此，黑格尔说另一种表述方式，就是美的艺术作品是一种意向性制作的东西，令事物能拥有内容，即关于某种事物，即感官上体现于某种形式，适合于其所关于的某种东西。① 美的艺术作品是意向性制作的人工制品，与自然美有区分。但它是什么种类的人工制品呢？它是一种关于某物的，即有其内容且其呈现的内容从某种方式上适合其目的。

在中世纪天主教教义中，上帝的家意味着将我们的思想拉入天堂，因此，其拱形圆顶令我们的眼睛向上看。哥特式教堂的形式——其建筑体现——适合于表达这种超验的意义，而低矮的屋顶则是一个不合适的选择。这并不会推进教堂所追求的计划（的确，它可能甚至是在阻碍它），而哥特式中殿的垂直状态强化了希望建筑物可以增加对基督教教义的理解。

对黑格尔而言，艺术作品的形式仅仅适合于"应该进入好像属于展示的艺术作品，并且其本质上表现内容而不是别的，因为其自身并非无用和多余"（XXXI）。也就是说，艺术作品应该是有机的整体。艺术作品里的每种元素都应该对表达艺术作品所关于的那个东西做出贡献。艺术作品里应该没有什么能增加作品的内容。如果作品包含节奏，它们应该不只是装饰，它们应该支撑诗歌的意义，也许通过强调其关键的理念来支撑。

为了去除展现某些内容，作品在安排上必须应用手段——所呈现的手段（如果是一幅画，如线条和颜色，或者如果是出戏，则是词语和身姿）——按照某种作品内容传递给读者的方式。也就是说，艺术作品的形式必须通过某种方式起作用，即它可以有效地呈现其内容。理想化的情形下，为了成就这些，艺术作品应该只包含表达或推进作品内容所必需的那些东西。

这个内容也可以叫作作品的意义或者作品的特性原理。这些词组就是作品所涉及的东西的名字。对黑格尔，艺术作品必然是有内容的。他们必然是关于某事物的。

但是，如果我们谈论意向性制作的、感官对象的艺术作品，其内容

---

① 作为欣赏的美的理念，当然，令我们回到《大希庇阿斯篇》里被苏格拉底仔细研究过的定义之一，而后这个定义遭到了拒斥。

就必须以某种方式呈现。它必须有形式（在人类形式意义上的，即可感知的形式）。因为艺术作品在知觉上是美的，形式就必须适合于作品的内容。对艺术的美（即美的艺术的作品）而言也是必需的。

于是，黑格尔对艺术作品的定义是：

> X 是一部美的艺术作品当且仅当①X 是意向性地被制作的，②可（感官）感知的对象，③关于某事物（X 有内容），④有一个形式（可以具体化的形式）是适合于其内容。

这里的每项条件都必须有，如果一部作品想要成为美的艺术作品，它们在一起准予某候选者有艺术的地位。也就是说，当所有四个条件都符合，才足以称某作品为美的艺术作品。

考虑一下大卫的《荷加斯兄弟的誓言》。两个穿着罗马服装的男性形象占据画面表达对卫国革命的祝福。这两个人和他们的剑形成画面里一个事实上的 X，将观众的眼睛准确引导到绘画上的一个标志着他们爱国主义的誓言的点上——视线里最重要的元素，因此通过其感知上强迫性的设计加强了这个作品的内容或主题。这是一种让绘画的形式适合于绘画所关于的东西的方法。同时，很清楚，这个设计的坚固结构表达出清晰性和坚固性的质感，回应了荷加斯兄弟誓约的坚定——他们誓约的情感回响在整个作品中。这也有助于用完满适合于内容的形式来体现作品。

黑格尔说："……我们找到办法区分事物内在的美的元素，一种内容，以及某些以内容作为其意义的外在东西；内在的东西将自身展示在外并且以其手段让自身被认识，因为外在的东西指出了从自身达到内在的点。"（XXXIII）也就是说，艺术作品有其内容——内在的东西，其意义和含义——在外在的东西里体现出来，其呈现的样态——或指示或关于或评论或适合于其内容。作品的形式——其体现者——令内容（一些理念）对观众感性地有效。音乐、建筑、雕塑以及绘画适合和不适合于内容的形象令其理念立刻可以为感官所理解。诗歌和文学通过形象的语言以及对我们通过能唤起心灵形象的、可感知的事物、人物和行动的描述来做到这一点，由于我们可以对内在的形象详细审看，因此也可以称这些心灵形象为形象。

到此，美的艺术的定义给了我们非常抽象的关于美的艺术作品是什么的概念。这个定义符合非常多的琐碎的作品，如电影《宿醉》（*The Hangover*）。的确它有一个适合于其（喜剧）内容的形式。但这个定义并没有告诉我们为什么艺术自身是重要的，也没有指导我们怎么看哪一个美的艺术作品是值得一提的。为了学习这些，我们必须试图进入作品回答人类对生产作品的需求。出于这种需求，黑格尔写道：

> ……艺术似乎出自更高的冲动并且要满足更高的需求，有时候，甚至是人的最高的、绝对的需求，与整个时代和人民的宗教利益相结合，与他们最普遍的对这个世界的直觉相结合……
>
> 普遍和绝对的东西需要从艺术中显现，艺术在其形式方面讲，出自人所思考的意识事实，即他将自身从中拉出来并且为自身令其显明他所是的东西……（XLVII ~ XLIX）

也就是说，对艺术的需求出自我们对理解我们人类本性的需求，我们需要意识到我们作为精神的本性。于是，令艺术作品重要的东西，就是它们与绝对精神或意识相关的东西，那就是有价值的美的艺术作品的内容。艺术使得这个内容从感性上显明出来。的确，有价值的艺术是其形式能体现内容的艺术，适合于其所关于的东西，即精神。

> 在艺术里这些感性形状和声音呈现它们自身并非简单地为其自身和其直接的结构，而是努力在外形上满足于更高的精神利益，看到它们有力地召唤在心灵意识的深处的回应。于是在艺术里感官的东西就被精神化了，即精神以感官上的形态出现。（LVIII）

因此，重要的美的艺术，根据黑格尔的观点，通过适合、支持、增加其内容的感官形式，令精神于感官上得以显明，而其内容，在有价值的艺术那里，就是作为自由的意识自身的本性。

例如，莎士比亚的《罗密欧与朱丽叶》就使得个性自由从家族和氏族的控制中得以突显，因为罗密欧和朱丽叶选择相互结合，而不是屈从于一种由其可敬的家族独裁的选择。罗密欧式的爱以及其所鼓吹的东西，在莎士比亚这类剧中，赞扬了个性自由选择并因此使得精神的突显得以进化，具体化了对人类自由阈限的理解。

值得注意的是，黑格尔的观点与康德的观点在很多方面尖锐对立，包括以下几个方面。①对黑格尔而言，有意义的艺术美并不简单关乎情感，也不简单是主观的，它是一客观内容，即绝对精神。②艺术美有一个确定的概念，即意识的本性。按照这种观点，从事艺术更直接的是认识上的，而不是康德认为的，跟亚里士多德一样，艺术是在追求真理。③艺术在黑格尔这里更为重要，因为它在完成人类命运过程中扮演了一个独立的角色，即它对自身认识的探求。正是由于这一点，在人类最高进取心的范畴里，将艺术摆在了与哲学和宗教并列的地位。

四   艺术史的哲学

如前所述，某物是一种有价值的艺术作品，当且仅当它是关于精神的（或者说，其内容是自我意识的本质）以及能用形式体现或显明对精神（或自我意识）的欣赏。但是，如早先所讨论的，黑格尔并不认为意识会立马认识其自身的全部本性。这是一种有台阶的、展开的人类历史的过程。

自我意识是一个过程。它需要时间。意识有很多层面或面貌并且一定会逐渐展开。考虑一下精神分析的情况也许是一种有用的类比，精神分析是一种对自我的研究，可以持续很多年。同样的，意识对其自身深度的质询也花了上千年。它包含直到黑格尔时代的整个人类历史，精神处于一个充分且明晰地理解其自身的位置。因此，美的艺术必须映照意识从其进化过程中对自我理解的突显。

也就是说，因为精神的自我理解需要时间——在艺术发展变迁的每一阶段上艺术的特殊内容会变得越来越精细。因此，随着每次精神自我意识水平的变化，相应的艺术具体形式必然会变化，以找到一种适应于自我艺术的当下阶段的呈现形式。按照这种方法，黑格尔就可以解释艺术风格从一个时代到另一个时代的变迁。在每个时代，都有新的内容，依次召唤新形式的创造以适应新的内容的表达。

粗略地说，人性从感官到概念化或理智化的运动，开始于感性的混乱和偶然，最后到达纯思想的运动。艺术，在黑格尔这里，同时映照并促使这种发展，至少一直到其进化的最后阶段。

艺术的进化阶段伴随着艺术的进化，并映照它，同时又拖着它前行。如我们所知，在黑格尔看来，意识的自我概念并不会慌慌张张的变化。它们有自己的使命——一条走向自我意识的道路，包含着越来越精细的对作为自由的精神本性的理解。这是一个发展过程，类似于一个婴儿变成儿童而后变成成人。其自我理解的阶段与人类自由的成长相对应。当意识达到更高的自由水平，艺术也反照这种内容，并且其结果就是，美的艺术作品的相关形式。不同的历史时代成就不同的自由水平并且被相应时代的美的艺术所反照。

在其《美学导论》里，黑格尔单独提出三个主要阶段，我们叫作美的艺术、有价值的艺术的哲学历史。这些阶段与我们早前讨论过的自由（从一个人的自由到一些人的自由到全体人的自由）发展的三个阶段相关。艺术历史的这三个阶段分别是象征阶段、古典阶段和浪漫阶段。与每个阶段相伴，意识的内容发生突变，伴随这些内容上的变化，艺术体现的形式在相应的样式上也有变形。

黑格尔艺术哲学史的最早阶段就是象征阶段，黑格尔提及古中国、印度、美索不达米亚和埃及（CV α）。在人类历史的这个点上，精神对其自身的理解非常晦暗。这种晦暗被反照出来，如表现在其建筑形式上。金字塔表达了对精神的理解，它是庄严的，甚至崇高的；它们通过其纪念碑形式来传递这些理解。这仍然不能以感官形式完全满足精神的肖像，因为金字塔没能给予内在的东西以感官感受，因此，无法承担内向的或内部的精神。然而，黑格尔说这些结构是崇高的，因为它们努力再现某些东西，但这些东西是它们用物质手段（如坚固的石头做成的砖）无能再现（精神）的，是无法完成的任务。

如前所述，精神假定试图通过神圣的图像来努力理解其自身。宗教的媒介包含着每个连续文明的类神的内向的或心灵的图像，而艺术，其媒介是感官，将这种内向的想象外化出来，使其能被感知到。象征艺术在历史的最初时期成为原始宗教的运载工具，因为在那个时间点上，神学并不存在。

在象征的发展阶段，精神与动物王国的关系并不确定——不确定其自身的动物本性的意义。为此，它以动物形式再现自身——神是半人半动物形象，就像印度猴王哈努曼或老鹰头的埃及神荷鲁斯或吉萨金字塔的狮身人面像斯芬克斯。黑格尔也解释了神被再现为人的形象的变形，如部分印度神和女神有多支手臂（如舞王湿婆和怪物如卡利－杜尔加）——作为精神极端不完满地理解其本性的证据，也有采用蛋和花来作神性象征性再现的。

古典艺术，即希腊和罗马的艺术，是艺术和精神自我意识共同进化过程里的下一个主要阶段（CVI β）。如我们所知，精神对作为其本质的自由的理解先于历史的交叉点，这一点被反照在古典艺术里。黑格尔观察到，希腊的神被再现为人的形象，从而将精神人格化了。这种再现神性的方法证明精神有一个对其自身更好的理解。不再是象征性地由半人半动物形式来体现了，现在神们——如宙斯、赫拉、雅典娜、阿波罗等——被再现为完全的人，因此确证了精神在人类中的恰当位置。[①]

古典艺术阶段指出人类形式是合适的反照对象，以至于精神在此时集中精力于对自身意识的追求。通过在线自身为人，精神承认其生物本性同时中止按照动物性来想象自身，而用成为从心灵上对自身的自我意识来取代。

---

① 黑格尔认为古典艺术里的神与象征艺术里的神相对立，前者通常指黑格尔所解释的更高的、怀疑经过精挑细选的人物。与动物性的对神的再现相比，黑格尔似乎想忽略宙斯的变形癖好（变成牛或天鹅等），不提古典神话学里流行的生物如半人半马的萨蹄尔，他们是神、或半人半神的后代。

　　再者，古典时期的塑像以它们的（理想化的）和谐比例为标志，黑格尔将其看作精神对人和神（理想）相统一的象征认识，由此，作为身体形式与心灵对应。

　　如果建筑是艺术发展的象征阶段的签名艺术，塑像就在古典时期起到同样的作用。另外，黑格尔将这个转换认定为获得自由，因为雕塑比建筑更为自由，因此，推定为几乎没有主题涉及的纯粹自然力量，像庄严和坚固，即雕塑涉及更少关于力学上的事务。由此，雕塑明显地更有可塑性。古典阶段的和谐雕塑，再现了神圣的人类本性，又名神性，从心灵/精神所处的征服过程中的、真正的自然里抽取而来。

　　然而，尽管古典艺术克服了象征艺术里的一些局限，却还是有对自己的不利因素。尽管它成就最好、最完美、最和谐——在以感知形式显现精神的可能上面，这在很大程度上是被限制了的事物里最好的。因为，从极端上说，精神不可能被限制到感官形式里，并不是精神的所有特征都可以用身体特征来描绘。于是，如果精神想要发现表达得更为明确的艺术形式，它就必须超越古典雕塑的成就，无论其和谐比例显得多么完满。

　　于是，跟象征艺术的一些中心问题被古典艺术解决一样，同样的，下一个时期的艺术发展会设法解决古典艺术的问题，即浪漫艺术（CVII，γ）。古典艺术的中心问题，根据黑格尔所说，就是它要保持不被物理①上的东西分解且仍然在人类肉体的术语中和神的东西相结合，但精神或心灵走到极端时会超越物理的东西。这种思想在浪漫艺术的开头就已经开始艺术地解决了。

　　浪漫艺术从基督教教义开始。黑格尔认为：

　　　　现在基督教教义将神作为精神或心灵——不是作为特殊的个性的精神，而是作为处于精神和真理里的绝对，带到我们的智慧面前。为此基督教教义从想象力的感性退出而进入智慧的内在的东西里，

———————————
　　①　原词为 physical，物理的，指包括人的身体在内的自然界——译者注。

并且使得这个成为媒介和实际上意义的实存物，没有肉体形状。（同上）

也就是说，随着基督教教义带来作为体现意识的神的概念，由此解开了精神的真正本性。

基督教是浪漫艺术时期的开幕典礼。其首先和最要紧的内容，是基督的受难，其被处决和复活，而复活尤其象征了精神对物质的超越。基督，神的化身，再现了人性以及他超越死亡的事实，允诺精神不会被肉体锁住——不仅仅在基督身上，而且普遍地在人类身上。早期浪漫艺术将耶稣的复活和受难当作其内容，这一点由耶稣诞生、其婴儿期与妈妈玛利亚在一起、十字架的状态、被处决，以及随后的被神化等绘画足以得到证明。基督的一生和死亡充作一种精神战胜物理实存的寓言。浪漫艺术的任务应该是为这种精神概念找出一种合适的体现形式。

因此，艺术史经历了一个从反映不确定的原始阶段——沉入自然里的动物主义——到确定的阶段再到超越自然的旅程，是对耶稣出生到死亡过程的一个缩影。

伴随着在艺术进化之前的故事，强调了艺术穿越时代在内容上发生着变化，黑格尔用变化着的媒介（艺术形式）① 阐述了一个关于艺术进化的平行故事。建筑是象征艺术阶段的媒介例证。但说到底它对反照精神的真正本性而言并不是适合的可感知的工具，因为它与物质紧密联系在一起。其原理太过机械且难分难解地屈服于自然规律，比如重力。

古典艺术再现了一种对投射精神的手段的修正和提高。当然，它也要应付物质，但它在雕塑中使用物质呈现和谐比例的人的形象来表达某些精神的东西。古典艺术，按照一种锻造以令精神的和质料的东西和解的方式，把人性联系到自然里。这种将理想化的人类外形与石头的成功融合，由此将物质刻上了精神的记号。

---

① 为显现不同的艺术形式的本性，黑格尔为他的追随者提供了手段来估价艺术作品。艺术作品实现了它们形式的作用就叫作成功，否则就是失败。

浪漫艺术通过依次"解决"艺术媒介的物质维度，来超越建筑和雕刻。建筑和雕刻是三维的，而典范的浪漫艺术形式绘画却是二维的。再现性的绘画用二维再现了三维物质世界，令三维依赖于观众的想象力。所谓绘画平面的幻觉空间据说毫无夸张地离开了物质世界，诉说了心灵并且因此与主体性产生了更深的接触。按这种方式，绘画可以假定与内在感情相关联，例如宁静，例如作为体现，描绘儿时耶稣被他亲爱的妈妈玛丽亚抱在腿上。

音乐，作为最初历时性艺术，甚至被假定为与物质的三维现实"保持距离"。尽管音乐也是物理性地生产出来的，黑格尔并不相信这个与理解它相关。因此音乐被设想为去物质化的，允许对情感领域——内在生命的冲动——以膨胀和收缩、涨落起伏、紧张和放松、聚和散等节奏进行探索。然而，在音乐范围内，尤其是纯粹的管弦乐，可能被限制在情感的领域，它不适合揭示充分的就精神是心灵而言的精神的深度。

像音乐一样，诗歌，也据说是去物质化的，但借助于语言，它甚至可以比音乐更深入人类主观性之中。在浪漫艺术的时代，悲剧是诗歌的典范形式，以基督受难为模板，却随现时代而进化，聚焦于个人的痛苦和受难，像哈姆雷特一样，其情感探索诗歌可以比音乐的追求更为集中和有洞察力。

当然，黑格尔认识到悲剧也是希腊文化的特征，但他区分了古代的悲剧和现代浪漫时代悲剧。因为，就黑格尔的观点看，古代悲剧的主题是社会力量的冲突，如《安提戈涅》里家族的要求和城邦的要求之间，而现代悲剧所聚焦的是个人的情感，尤其是痛苦方面。

诗歌最后成为浪漫时期的标志艺术。不像雕塑和绘画，诗歌指出某种不可感受也不可视的东西。所以，它指向了精神的终极本性。然而，诗歌仍然与形象表达紧密结合着。它仍然诉诸感官，甚至好像它是感官的（或想象的）想象力。于是，就此看来，诗歌最终在其能力所限范围内揭示真正的意识本性。

的确，美的艺术是用感官形式体现理念的事物，其充分揭示的意识对自身的本性的可能性是被排除了的，所以说，原则上，从一开始，从精神上看它是无法降低到非物质的程度的。然而，这种限制仅在历史过程中伴随着浪漫艺术的困境变得明显。于是，黑格尔对他的时代下结论说，艺术走向了终结。艺术尽量达到了力所能及的程度，必须将其澄清精神本性的工作任务转交给神学和哲学。

五　艺术的终结

在《美学导论》最开始的一章，黑格尔宣布：

> 从各方面考虑，对我们来说，艺术是在其最高的命运上，一种过去了的事物。在这方面它对我们而言更进一步丢失了其真正的真理和生命，必然转换到我们的理念中而不是断言其早先的必然性，或假想其早先的在现实里的地位。（XVIII）

也就是说，艺术就其最高的天命来说——揭示意识对自身的本性——已经过去了，是一种过去的事物。理由随着对这本书的研究慢慢清晰，用感官手段阐释非物质的精神长期而言是自我挫败，尽管它只有通过长期的跟踪才会变得清晰，但最终落入浪漫艺术时期。

黑格尔在第一章介绍艺术的终结论题的观点时是方法论上的。黑格尔相信这种现象只是当它们走向终结时由于哲学分析才变得可疑。如他在《法哲学原理》所言，"密涅瓦只是在黄昏才展开其翅膀"，他说这句话的意思是我们只能在主体过去后，在其全盛期的黄昏才能清晰地看到它。正是这个理由，美学在黑格尔那个时代才有存在的可能，因为只有在他那个时代艺术到达了其作为心灵镜像的任期的终点。这就是为什么，黑格尔相信，科学地研究艺术本性——当然，如他所介绍的——只是在19世纪前期才成为可能。

黑格尔没有说艺术在1820年代就中止了其制作。事实上，在黑格尔宣布艺术的终结后可能有比过去更多的艺术作品被创作出来。黑格尔不过是说艺术在追求其最高的天命上不再可行了。艺术做了它能做的，用

尽其手段，来揭示艺术的本性。如黑格尔所言"艺术的形式足以限制它成为受限的内容"。(XVI)

为什么？因为在现代时期精神或心灵进化到了最为抽象地对自身的理解。想想康德的《纯粹理性批判》。艺术并不决定于传递对普遍水平上的心灵本性的反照，因为在其他事物之中，它被锁定在特殊性里面。伊莎多拉·邓肯（Isadora Duncan）以吹嘘她打算用《纯粹理性批判》来编舞而闻名。她从未这样做过，并且根据黑格尔的言论，她也绝不可能这样做。因为艺术作品是特殊和具体的，因此并不适合用来反照抽象地对精神或心灵的自我理解，尤其是进化到康德和黑格尔那个时代的哲学。

> ……我们现代世界的精神是，或说接近于，我们的宗教和我们理智的文化，显露其自身超越了被人的绝对意识所假定的艺术是最高样态的阶段。艺术产品或作品的特殊样态不再属于能满足我们最高需求的东西了。我们已经超越了艺术作品被崇敬为神圣的并且实际上被膜拜的水平；它们制造的印象是思想更为周到的一类东西，并且它们在我们心里搅起的情感也要求更高水平的测试和更有深度的确证。思想和反照已经飞跃到美的艺术之上了。（同上）

也就是说，意识到达了纯精神性和抽象性的阶段。艺术自己的本性当然与感官媒介有关。结果，它就不能在保留艺术的同时又充分反照精神。精神，按照某种方式说，上到了一个艺术无法跟随的"地位"。在发展的早期阶段，艺术可以用于镜像心灵，跟宗教和哲学一样。的确，在一开始，艺术有一点优势，因为神学和哲学仍然在它们的初期阶段。但随着心灵逐渐现实化为自身是不可复归的非物质的精神，艺术就不再能明确表达它了，尽管宗教和哲学仍然可以。于是，艺术掉出了三联体，将人性的天命留给宗教和哲学——用来认识人自己的本性。

六　艺术去哪儿?

虽然到了黑格尔的时代，艺术从事于其最高天命的计划已经终结，艺术继续在被创造着。这引来了一个关于艺术——其角色或目的——终结的问题——在艺术终结以后，在其世界历史角色之后艺术如何能前行的问题。也就是说，什么是美的艺术（从其目的看）在现代文化里的终结，难道是在美的艺术到达其历史计划的终点时?

整个历史，如我们所知，黑格尔认为在感性和精神之间、在特殊和普遍之间存在着对立。然而，在现时代，黑格尔主张，这个张力变得特别尖锐和令人不安。黑格尔写道:

> 这些反题……从所有时代以来就以杂多的形式预先占据人类意识并令人类意识焦虑，尽管此时的人类意识是现代文化的，这个文化是精心制作的且是最清晰的，但其迫使这些反题走到了一个最坚定的矛盾点。理智文化以及知性的现代游戏在人身上创造出这个差别，令他成为一个两栖动物，因为它使他生活在两个矛盾的世界里;以至于甚至意识也在这个矛盾里来回游荡，从一边到另一边跑来跑去，它不可能满足某边的自身又满足另一边。因为，在一边，我们将人看作一个普通现实性和尘世历时性的囚徒，被欲望和贫穷所压抑，被本性艰难地驱使，陷入物质之中，陷入感官目的以及感官的快乐之中;在另一边，他又以外在理念而得意，进入思想和自由的领域，迫使他具备意志普遍的规律和属性，将其从生活和繁荣的现实性的世界剥离出来，分解到抽象……生活和现时代文化对其理解的这样不符，要求这个矛盾必须解决。(LXXIII)

这就是现代哲学的任务，调和这个对立——调和当代理智生命的抽象与实存的特殊性的矛盾。艺术，其天命就是用感性形式来揭示真理，必须再现出在先的，哲学地调和反题。再者，用感官形式揭示真理永远是艺术的本质任务，再现和展示这种哲学的调和就是艺术的内在目的。

在三个章节的"艺术的终结"的第二部分，黑格尔提出艺术（目的）终结的问题并且拒绝了常见的嫌疑目的，包括：模仿、情感的净化、教育、改善、利益以及名声。这些东西的全部目的都是外在于艺术作品的，与其目的是作为其本质的物质在用感官形式揭示真理相比。于是，在现时代，哲学调和抽象与特殊，因此，艺术的角色就是投射真理到特殊之上以调和搅乱现代文化的反题。

艺术处于艺术终结阶段的问题要说的是：如何与精神（理性）的抽象共存于世俗实存的世界？明确地说，自律的抽象理念如何与将自律体现在特殊文化时代的日常生活相调和？艺术可以对这种调和有所贡献，因为其媒介是感官形式，它就可以通过再现民族和人民的时代来体现自律的抽象理念。

例如，荷兰艺术歌颂他们的时代，他们自律的形式。通过静物画这个类型，荷兰绘画明显寻求琐碎的内容——食物和厨房用具——以照射人类情感的光芒。他们的绘画形式来自普通生活，以重要的意义歌颂其生活方式、民族精神，即他们的自律，包括令他们舒适的、小资产阶级生活方式的事物。强调餐桌上的快乐，表达自我尊重而不要带着骄傲展示他们自己的工业产品的那种浮华。他们艺术的简单性例示了他们的节俭和自信心正如荷兰风景画类型，其土地和水的比例让人想起他们英雄般地从海洋一点点夺取他们的国家。① 按照这种方式，荷兰绘画充作一个将尼德兰国家多样性的小资产阶级自由进行外化的标志——他们在精神自律上的多样性。

美的艺术并没有像哲学对精神本性那样的探索深度和抽象程度，但它并不是可有可无的，尤其在现代文化里，因为它再现了诸反题在抽象和特殊之间的调和，但对哲学来说，这是无效的方式。因为，它是可感知的，其感官的物质性能够用一种哲学不会用的方式来解决了我们两栖本性的一部分。

---

① 指荷兰人围海造田——译者注。

七　对黑格尔的批评

黑格尔的艺术哲学是一个里程碑。不用说，对于他所解释的艺术形式的历史意义、类型、艺术的特殊作品等问题都出现了对他的质疑。他对艺术媒介"含义"的事实上讽喻式的注释，如绘画和音乐，似乎尤其强行，全都进行了剪裁，使其过分便利以适应黑格尔世界历史的盛会。但也许对其理论最抽象特征进行批判，而不是点出黑格尔更为幻想性的解释里的特别之处，在哲学上更为有用一些。

黑格尔的艺术定义是其哲学的核心。但它有说服力吗？

基本上，黑格尔认为某物是美的艺术作品当且仅当它有其内容且它有一个与内容相适应的体现形式。其体现形式，换句话说，适合于内容令其内容可以按照其含义来得到理解。这个公式里的内容条件和形式条件对艺术而言每一个都是必要的，它们合起来形成某事物成为艺术的充分条件。然而，这个理论是可以争议的，它太过狭窄，因为它排除了很多通常被视为艺术的作品。

研究一下内容条件。如果内容是一个含义的东西，确实存在艺术作品，按某种说法，"包含在含义下面"。想想那些专门致力于感官快乐刺激的艺术作品——纯装饰艺术。这种艺术或者是视觉上的或者是听觉上的——纯管弦乐只是让人激动的复杂声音结构和装饰音，没有任何理念；或者，抽象视觉设计，你的眼睛喜欢看但并不承载任何信息。黑格尔可以否定这些所谓的不合适的艺术作品吗？它似乎违背了我们对常规的艺术概念的用法，包括我们通常对美的艺术概念的理解。当然，黑格尔承认存在着装饰艺术。问题是他的艺术定义是否与其对装饰艺术的承认相一致。

也有一些理由挑战黑格尔的体现形式条件。在 20 世纪出现了一种艺术类型，现成品艺术。一个最著名的例子就是马塞尔·杜尚（Marcel Duchamp）的《泉》。这是一个普通的小便器，反过来放着，也许想说它并未在使用中，上面有签名"R. Mutt"。将这样一个小便器作为艺术品展现就是试图有意冒犯杜尚所拒绝的、流行的艺术概念。换句话说，它有一个含义。但它的确有一个适合于其含义的体现形式吗？它的形式不完全就是一只普通的小便器的形式——一种更适合于这类器皿的通常作用的形式——而不是一种与杜尚意图的含义远远相关联的形式。杜尚为自己争辩而使用了它，但他对于小便器目的的重新制定改变了其形式？如果有的话，那么围绕着杜尚给予《泉》以其意义的行动是其语境特征，还是对象的物理形式是其语境特征？

另一个杜尚提供的现成品艺术作品是一个普通的金属制品，犬毛梳子。这个有着无趣外观的东西恰好有着清理狗背毛发所需的形式。但像《泉》一样它也意味着将长手套扔到了当代艺术世界。[①] 体现作品的特殊形式到底要按什么方式才可以被说成明确表达了那个作品的含义呢？

这里，黑格尔式的解释，可能会试图说所发现的艺术对象只是在黑格尔理论之后出现的艺术范畴，已经超越了他的知识范围。的确如此。然而，就黑格尔的定义而言显然是意图抓住艺术永恒的本质，所以上述回答并不适用于他。黑格尔可以否认所说的作品是艺术作品，但那会显得好像略过了一个世纪的艺术运动。艺术档案会不会将杜尚的东西置于经典之列呢？

结果，证明的负担就属于那些黑格尔的后继者，他们希望能维护黑格尔对艺术的每一个要求。与这些条件相伴的一个问题是它们并不充分地包含在内。这个公式排除了假定的没有含义的艺术作品，一方面，是有含义的艺术作品，而另一方面，是没有一个单一的体现形式的作品。这些显然的缺陷需要由立志成为黑格尔主义者的人来修补。

这些条件不仅太过排外。相应地，它们也太过包含。例如，很多商业广告能满足黑格尔的公式，比方今天很多电影院里特定节目播映前投映的，令人屏息的步调、朗朗的叙述、拍摄诱人的高雅行为的视频、奢侈的车辆等。黑格尔，当然可以否认这些是重要的艺术。但他如何能够否认它们是美的艺术？它们的体现形式——比如它们兜售汽车的形

---

① 按照欧洲骑士传统，扔手套是下挑战书的标志——译者注。

式——难道不适合它们要传达的信息吗？

黑格尔方式的另一个基本的教条是艺术终结的主题。对黑格尔来说，艺术反照其时代的精神。随着人类意识或精神的发展过程——变得越来越明了自己的本性——美的艺术通过发展新的艺术体现形式反照这个新的内容（这个内容突显出更高的自我明了的水平）。艺术形式，如歌剧，突显出对个人情感的歌颂。然而，这个发展过程假定为在黑格尔时代的浪漫艺术那里达到了一个限制，因为意识被断言会变得过分抽象以至于无法由感官形式的体现来反映。人们怎么可以将康德的理论翻译为图像——哪怕是词语图像？于是，黑格尔主张艺术必须放弃其最高天命而让表达精神自身意识的任务转到神学和哲学上去。

但在黑格尔去世后兴起的艺术的某些类型能避免陷入这样的诊断吗？从绘画看，20 世纪见证了抽象艺术——由像康定斯基、马列维奇和蒙德里安这样的艺术家画的画，用不同的方式，激发了对能体现绝对的形式的发掘。也许，每个人的努力都失败了。但他们的失败并不意味着抽象艺术必须按再现艺术被黑格尔所知的、假定受限的方式限定住。

另一种艺术形式很少被黑格尔的雷达扫描到，即小说。在 20 世纪，一些卓越的小说家，如穆齐尔和托马斯·曼，以及戏剧家如贝克特，采取了哲学转向。也许这种小说种类并非源自继续追求艺术的最高天命？一个像萨特《恶心》那样的作品呈现出人类自由的概念。它表达了平行于萨特在其更为哲学的作品如《超越自我》和《存在与虚无》中提出的自由观点。的确，萨特熟悉一些黑格尔的著作。而且，萨特对自由的强调是非常黑格尔式的，当萨特确信意识的本性就是自由时，为什么哲学化的小说不能是黑格尔艺术终结主题的反例呢？

再说一遍，黑格尔主义者无法回应，哲学小说超越了其视界，因为他几乎不能将小说按照他对艺术史进程的解释进行考虑。因为，艺术史的终结，对黑格尔来说并不仅仅是历史观察，它意味着必然性。再者，它不应该是明显的吗？这在黑格尔的时代是可能的，因为文学贩卖词语，因此，它永远有能力表达抽象理念。也就是说，像萨特的作品在黑格尔的时代并不是非常难以想象的。

八　研究结论

几乎没有哪些艺术哲学比黑格尔的更全面，也没有很多人会赞同作为整体的艺术、作为人类历史展开过程中扮演重要角色的艺术。当然，黑格尔对艺术说过的一大堆话与赖于接受他的人类历史概念——也许，不用说这个概念——是高度自相矛盾的，尤其是从其进步的、必然的、单向的以及朝向越来越高的自由的人类发展的过分整洁的图画看，如果不提他对哲学唯心主义的贡献。尽管黑格尔的形而上学有些过分，但黑格尔用过的很多艺术史方法，对美的艺术历史研究的方法有着持久的影响。

也就是说，很多艺术史被引导去努力揭示艺术对那个产生了这个艺术的诸社会的呈现。当然，我们不会将那些社会排列成一条规模庞大的历史轨道以专门显示一个精心制作的、宏伟的统一主题，如自由。但我们经常将艺术看成民族时代的证据。也就是说，我们继续将艺术解码成可以从中分辨出我们是谁的东西。在这个意义上，我们仍是黑格尔主义者。

G. W. F. Hegel's *Introductory on Aesthetics*

Noel Carroll, trans. Ni Sheng

Abstract：This paper is mainly about the *Introductory on Aesthetics*. Comparing Hegels and Kants philosophy, discussing Hegel's conception of human history, analyzing Hegels definition of art, three stages of art development, the end of art, and so on. This paper points out that Hegel's theory is full of contradictions, but the influence of Hegel on art philosophy has not disappeared until today.

Keywords：G. W. F. Hegel; Kant; The End of Art; Readymade

About the Author: Noel Carroll, distinguished professor of Philosophy in Graduate Center CUNY. Ph. D. Philosophy, University of Illinois, Chicago; Ph. D. Cinema. Research Interests: aesthetic theory, philosophy of film, philosophy of literature, philosophy of the visual arts, social and cultural theory, philosophy of history, ethics, philosophy of the emotions, history of early modern philosophy.

About the Translator: Ni Sheng (1970 –), Ph. D. , associate professor at Shanghai Theatre Academy. Email: nisheng555@ 126. com.

熊十力与唯识学关系问题辨正

——读《〈新唯识论〉儒佛会通思想研究》书后

姚彬彬 [*]

摘　要： 关于熊十力与佛学关系问题学界历来有颇多争议，很多佛教学者认为其"误解"或"误读"了佛教唯识学的基本理论，本文认为这种看法是值得商榷的。首先，熊十力在其思想发生"由佛入儒"的转变之前，其对于唯识学的研究已有很高造诣，得到当时该领域的权威欧阳竟无与支那内学院同人的认可；其次，在 1943 年熊十力与吕澂的论辩中，二家之分歧属于诠释视角和方法立场上的差异，不宜强分轩轾；再次，熊十力指责唯识学存在不少理论缺陷，其致思方向与其对"本体"的独到理解有关，而并非"误读"唯识学；最后，熊十力于佛教颇受华严宗、禅宗学说的影响，这不仅是其对唯识学发生质疑的原因之一，也是导致其"量论"难以完成的内在思想根源。黄敏的《〈新唯识论〉儒佛会通思想研究》一书也在有关方面做出了许多颇具见地的新探索。

关键词： 熊十力　佛教　唯识学　儒佛会通

---

[*] 姚彬彬（1981— ），哲学博士，武汉大学中国传统文化研究中心副教授、硕士生导师，主要从事中国思想文化史、佛教哲学研究，著有《现代文化思潮与中国佛学的转型》《"章门弟子"缪篆哲学思想研究》等。

一　熊十力的学术情况

笔者约自 20 年前初涉佛学门径，熊十力先生所著《新唯识论》是当时仔细读过的书之一，获益甚多。后来又读到熊先生在 1943 年与佛学大家吕澂论战的往复函稿（题为《辩佛学根本问题》），因学力所限，当时并不能读懂太多，虽震于吕澂先生深厚的佛教文献功底，却也对其论战中表现出的偏狭刻薄之文风颇感不喜。但看后来的佛学界人士对这场论战的评价，大多倾向于吕澂一方，笔者心中则一直存有若干疑问，觉得吕先生虽然娴熟于文献，旁征博引，但纯就方法论而言，因其逻辑的跳跃性，也颇有似是而非之处，于是专注于此问题数年，发表了《本觉与本寂——吕澂先生的禅宗研究》一文（见《法音》2008 年第 8 期），提出了吕澂先生治学，好用"相似性"论证"相关性"，但其中较为欠缺历史逻辑上的"必然性"这一基本看法。简言之，熊十力在当时虽因为不若吕澂先生那么娴于文献，看似落于下风，但却不能就此简单论定他的看法是错误的。

今之不少佛学学者（尤其是一些专治唯识学的学者）坚持认为，熊十力"误读"了甚至"不懂"佛教唯识学，其实这往往是带有一些门户色彩的偏颇之论，缺乏公允性，正如也有不少学者因为胡适对佛教（乃至一切宗教）的文化贡献评价较低而深致不满，而欲连他的禅宗史研究也一并进行否定的情况一样。其实胡适对中国禅宗史筚路蓝缕的研究贡献，在中外学界是公认的，我们可以说胡适先生"不信"甚至不大尊重佛教，却绝不能说他"不懂"佛教；熊十力先生与佛教唯识学的关系，亦应作如是看待。近读黄敏博士的新著《〈新唯识论〉儒佛会通思想研究》（社会科学文献出版社，2020），亟感深获于心，其是一部能够正确和公允评价熊十力佛学思想的优秀作品。

何以说不能简单论定熊十力先生"误读"或"不懂"唯识学？其实这从最基本的史实记载中就能得到答案。1920～1922 年，熊十力在当时的佛学重镇南京支那内学院师从近代佛学大师欧阳竟无学习唯识，在支那内学院的三年中，熊十力终日沉潜苦读佛教三藏的浩瀚经卷，希图"追寻玄奘、窥基宣扬之业，从护法诸师上索无著、世亲，悉其渊源，通其脉络"。[①] 那时候他与同门"上座"吕澂一样，都还是唯识学的忠实信奉者。熊十力在当时对唯识学的主要典籍，若《唯识二十论》《唯识三十论》《成唯识论述记》《瑜珈师地论》《摄大乘论》《因明入正理论》，以及大乘空宗的《大智度论》《大般若经》等，均反复再三研读，一些重要的段落几乎可一字不漏地背诵。"熊十力在内学院学习异常刻苦。内院弟子中数他最穷，据说当时他只有一条中装长裤，洗了之后要等它干了才有穿的。他起初并不为人重视，后来欧阳大师听说蔡元培先生为他的书（引者按：指《心书》）作序，才找他要稿子看。熊氏请欧阳先生看他写的学佛笔记，欧阳先生阅后才刮目相看。"[②] 1922 年，北京大学校长蔡元培委托梁漱溟赴内学院，帮助遴选一位合适的人来北大讲授唯识学。梁漱溟本想邀请欧阳竟无器重的吕澂，但欧阳将吕澂视为接班人，坚决不放，于是改请熊十力，熊先生后被北大聘为"特约讲师"（1943 年改为特聘教授），从此开始了他在北大长达三十多年的教学生涯。

从这一经历可见，梁漱溟在邀请吕澂不成的情况下而邀请熊十力，应该是在欧阳竟无对熊十力的学问相当认可的条件下达成的。吕澂先生自然是欧阳竟无最器重的首席弟子，但当时熊十力也是欧阳竟无比较赏识的弟子之一。熊十力于 1921 年在内学院学习时已开始撰写《唯识学概论》一书，后来此书成为他在北大讲授唯识学的讲义，原原本本地绍述唯识学的思想体系，1925 年的内学院年刊《内学》（第 2 辑）中所刊载的熊著《境相章》即《唯识学概论》中《境识章》的大部分内容。[③] 可见熊十力在其思想发生转变之前，他的唯识学造诣已经得到了当时学术同人的相当认可。此外，熊十力对于与唯识学密切相关的佛教逻辑"因

---

① 熊十力：《新唯识论语体文本壬辰删定记》，《新唯识论》，上海书店，2008，第 113 页。
② 郭齐勇：《天地间一个读书人——熊十力传》，上海文艺出版社，1994，第 37 页。
③ 参见景海峰《熊十力哲学研究》，北京大学出版社，2010，第 65 页。

明学"也造诣极深，其在 1926 年出版的《因明大疏删注》一书中，对于唐代窥基篇幅浩繁的《因明入正理论疏》一书择取精华，删去烦冗，并有以增补，该书迄今在因明学界评价仍然极高，为斯学的必读书之一，被誉为"删其当删，注其当注"的精心佳构。这些情况已可说明，如果贸然断定熊十力"误读"或"不懂"唯识学，那只能说是对熊十力的平生学术情况缺乏最基本的了解。

不过，由于吕澂先生对熊十力与内学院的恩怨自始至终耿耿于怀，其在晚年（1983 年）回忆时仍说："另有熊十力，他不是内学院的人，但却由人介绍住在内学院里面，经常问学于欧阳先生。他的《新唯识论》就是住在内学院时期写的。我们当时曾开玩笑叫他是'外道'。"①这一说法显然是错误的，因为《新唯识论》是熊十力在北大任教多年后思想发生转变时才开始撰写（于 1932 年出版）的，在内学院时候他还表信于唯识，怎么可能被同学说成是"外道"？至于说熊先生"不是内学院的人"，那就更不符合实际情况了，不仅熊氏的作品都在内学院的同人刊物上发表了，另据他们的同门李安在 1986 年的书信中回忆，明确说"熊十力先生是内学院老同学"。②

二　关于《新唯识论》的辩论

熊十力与以支那内学院学术群体为代表的佛学界的决裂，发生在他的代表作《新唯识论》出版之后，这是一部标志他思想正式转向"摄佛归儒"的作品，他仍然借用唯识学的术语体系来表达自己的思想，但基本宗旨则转为归心于中土《周易》的天地生生之大德。如蔡元培先生所说："熊先生认哲学（即玄学）以本体论为中心，而又认本体与现象决不能分作两截，当为一而二、二而一之观照。《易》之兼变易与不易二

① 高山杉：《一份新发现的佛学家吕澂的谈话记录》，《南方都市报》2017 年 5 月 21 日，第 8 版。

② 豆瓣，https://www.douban.com/note/324572283/，2014 年 1 月 2 日。

义也，《庄子》之齐物论也，华严之一多相容、三世一时也，皆不能以超现象之本体说明之。于是立转变不息之宇宙观，而拈出翕辟二字，以写照相对与绝对之一致。夫翕辟二字，《易传》所以说坤卦广生之义，本分配于动静两方；而严幼陵氏于《天演论》中附译斯宾塞尔之天演界说，始举以形容循环之动状，所谓'翕以合质，辟以出力，质力杂糅，相剂为变'是也。熊先生以《易》之阴阳、《太极图说》之动静，均易使人有对待之观，故特以翕、辟写照之。"① 此即《新唯识论》核心理念"体用不二""翕辟成变"之立义。黄敏的《〈新唯识论〉儒佛会通思想研究》称这种思想特色为"儒佛会通"，但这不是对等关系的相互比附的会通，而是树立了主体性的会通，是立足于儒学的本位来汲纳和消化佛学。

黄著中对熊十力在《新唯识论》出版后与内学院诸君的论辩过程有细致的爬梳，谓：

> 第一次辨难始于 1932 年《新唯识论》文言文本造出，内学院刘定权（字衡如）率先做《破新唯识论》，并刊登在当年 12 月《内学》第六辑，欧阳竟无亲自作序，谓熊十力灭弃圣言量，乃愈聪明愈逞才智，愈弃道远，明确表示对《新唯识论》的反对。之后，熊十力次年二月即写出《破破新唯识论》以答刘定权，坚决维护己说。此后欧阳竟无在 1937 年 4 月的《答熊子真书》，1939 年 7 月的《答陈真如书》、《再答陈真如》书中也发表了对熊十力《新唯识论》的一些看法。

> 熊十力与内学院门人的第二次争论起因于 1943 年欧阳竟无逝世，吕澂致信熊十力商量悼文事宜。而熊十力回信附上题为《与梁漱溟论宜黄大师》一文，对其师欧阳竟无的学问从闻熏入手表示遗憾。并在回信中自称侍师日浅，思想又不纯属佛家，"即为师作文，恐难尽合"，况且悼文纪念等时俗恐与欧阳竟无大师之名不合，可

---

① 蔡元培：《新唯识论·序》，《熊十力全集》（卷 2），湖北教育出版社，2001，第 4 页。

免阿谀之词，切勿效仿云云。吕澂即回信维护尊师，双方就闻熏入手展开来往书信争论，其中熊十力紧紧围绕其《新唯识论》旨意辩驳，显然借闻熏修证工夫来发挥其《新唯识论》改造佛说之意，以续第一次争论中未决之疑难。而吕澂则站在唯识学的角度批评熊十力返求实证说，将其归入《大乘起信论》等伪经、伪论非佛说之一流，将批评范围扩大到对中国佛教如来藏系的台、贤、禅三家，大有非唯识学不得为佛说之势。

第三次则是在1944年《新唯识论》语体文本造出后，王恩洋阅其《新唯识论问答》而概论其思想，于当年6月即作文评议其不当，对《新唯识论》语体文本的流行表示担忧。可谓接续前两次内学院门人对熊十力批评未完之志。而熊十力对此文未作明确回应。①

就笔者对以上提及的有关著作的阅读印象，最早的刘定权所撰的《破新唯识论》等，由于其思辨深度不高，所论多出于护教情结，颇有些"为否定而否定"的味道，学术价值有限，黄敏在著中认为："刘定权主要用归谬反问法。即按熊氏之说姑且举例，由例证推导出其自身不能自圆其说"，但时时"将哲学讨论与现实生活混为一谈"，因而"对《新唯识论》的思想主旨并未完全把握，有任意裁割之嫌"。② 这一评价相当准确到位。

吕澂先生则是熊十力平生之学术劲敌，他们的论战当然也是火花四溅，精义迭出，黄敏认为这一论战"两人有直接交锋的问题主要有两个，一是闻熏实践或者返本还源的工夫修养问题，二是《新唯识论》所属是否为伪经伪论一流的分判"。③ 这一概括也是基本符合实际的。此外，熊、吕之争讨论的具体问题背后，其实还隐含着二人治学基本方法论的原则性分野：熊十力倾向于使用"本体论""宇宙论"等来源于西方哲学的概念来诠释佛学（当然在概念的使用上，他又有自己的"创造

---

① 黄敏：《〈新唯识论〉儒佛会通思想研究》，社会科学文献出版社，2020，第219~220页。
② 黄敏：《〈新唯识论〉儒佛会通思想研究》，社会科学文献出版社，2020，第221~223页。
③ 黄敏：《〈新唯识论〉儒佛会通思想研究》，社会科学文献出版社，2020，第230页。

性诠释"）。吕澂则坚持认为佛学中并无"本体论"等观念，并认为西方哲学此类之说为"俗见"，他对熊十力说："俗见本不足为学，尊论却曲意顺从。如玄、哲学，本体论，宇宙论等云云，不过西欧学人据其所有者分判，逾此范围，宁即无学可以自存，而必推孔、佛之言入其陷阱？此发轫即错者也。"① 熊十力则针锋相对地回复：

> 西人治学，析类为精，玄哲与科学，不容漫无分别，未可以俗见薄之也。且言在应机，何可自立一种名言，为世人之所不可共喻？世人计有万象森罗，说名宇宙。吾欲与之说明是事，是否如世人之所计着，则不得不用宇宙论一词。世人推原宇宙而谈本体，吾人与之说明是事是否如世人之所见，则不得不用本体论一词。……犹复须知，本体论、宇宙论等名词，儒佛书中虽不见，而不能谓其无此等意义。即如宇宙论一词，若不包含本体论在内，则只是对于万象界予以解说而已。……古今中外，凡是穷探真理的哲人，总有其关于宇宙论方面的见地。若以此为俗见，吾不知何者为超俗之见也。本体论一词，不容不立，准上谈宇宙论一词而可知。从来哲学家谈本体者，其自明所见，尽有各不相同，然而都以穷究宇宙本体为学。……如果说天下有一等学问，于所谓宇宙论、本体论等者，杳不相涉，如来教所云，逾此范围宁即无学云云者，吾真不能想象此等学问，究是讲个什么。如果说要归到人生，人生对于世间的观念如何，就是其对于宇宙论方面的见地为如何，更是其对于本体论方面的所见为如何。②

吕澂作为一个以佛学为本位立场的教内视野的佛学家，当然认为佛学研究是一个自洽自足的自我诠释体系，其方法实导源于他的老师欧阳先生提出的"结论后之研究"，后来他在此基础上又提出了"义据批评

① 熊十力：《熊十力论学书札》，上海书店出版社，2009，第 24～25 页。
② 熊十力：《熊十力论学书札》，上海书店出版社，2009，第 28～29 页。

法"，意思是先判定义理之正谬再作考据研究，[1] 因此必以佛学（尤其是唯识学）本身为无上之真理，必高踞其他学问（如西方哲学和中国的儒、道思想）的地位之上，故称佛学之外的一切学问都是"俗学"。熊十力则认为，凡是对人生宇宙之真际问题有所思考，追求之问题总无非是纷然杂陈的现象世界背后的真实（或本质）情况是什么，这种思考得出的结果无论为何，都属于本体论和宇宙论的范畴。即使如佛教坚信世界背后没有一个主宰性的"本体"，在熊十力看来，这种"没有本体"的说法，本身就是佛教对于本体论的一种意见。由此可见，熊十力理解的"本体"，即现象界背后隐含的真实情况，而非一定是说有实体性和主宰性的东西才叫"本体"。

其实哲学领域的种种纷争，古今中外多属此种情况，即对立的双方围绕着一个或几个概念争论不休，其实归根结底往往导源于双方对相关概念的"前理解"本来就是大相径庭的。熊十力与吕澂等内学院派佛学家的争论，其核心其实正是对"本体"这一概念"前理解"的根本差异。

对于这一情况，黄敏也有敏锐的察觉，其谓：

> 就体用关系上而言，由于佛教之体并非熊十力的哲学本体、宇宙本体，而是在一切诸法存在条件、本质根据，在此基础上建立起缘起诸法之相。……佛教体相用不二可以说相当于熊十力所谓本体与其称体之用之间的不二，非本体与现象的不二。就体用不二这种表述均存在于儒佛两家而言，具体的内容表达上还是有差异的。而熊十力更多地强调宇宙本体，佛教更多地泛指诸法法体，即使在真如理体的表述层面上，也不存在真如有能生万法之用一说。[2]

类似这种对哲学概念之间微妙差异的把握，在黄著中所见不少，

---

[1]　参见姚彬彬《理性与正信——略论内学院一系佛学的修学观》，《法音》2009 年第 3 期。

[2]　黄敏：《〈新唯识论〉儒佛会通思想研究》，社会科学文献出版社，2020，第 164 页。

体现了作者敏锐细致的治学风格和较为卓越的思辨力。不过，著中偶尔也出现了诸如"熊十力对唯识学方法论上的误解""对种识关系的误解"① 等说法，这则是笔者不尽赞同的，克实而言，这都是诠释视角和方法立场上的差异，说是"误解"则恐有过当。

三　熊十力与本体论

熊十力的《新唯识论》等著作对佛教唯识学（主要是从护法到玄奘一派）的理论批判，一直主要围绕着两个基本观点而展开，都与他对"本体论"的思考有关。

首先，熊先生对唯识学核心理念"种子"说极表不满。他在著中指出：

> 种子的含义，就是一个势力的意思。他所以叫作种子，因为他具有能生的力用之故，世间说麦和稻等等都有种子。旧师大概把世间所谓种子的意义，应用到玄学上来，而臆想识的生起，由于另有一种能生的势力，遂把这个势力名叫种子。但旧师所谓种子，在他看来并不是一个抽象的观念，他认为种子是有自体的，是实在的，是有生果的力用的。……总之，个别的种子，个别亲生各自的果，所以，他定因缘的义界，特别拕重亲生自果一义。因为他的种子是多元的，若不是各自亲生各自的果，岂不互相淆乱吗？……这是他的根本错误。至于以种子为识的因，以识为种子的果，因果判然两物，如母亲与小孩，截然两人，这种因果观念，太粗笨，是他底玄学上的一种迷谬思想。②

熊先生更认为："他们无著派的种子说，全由情计妄构。易言之，即依据日常实际生活方面的知识，来猜测万化之原。如此而构成一套宇

---

① 黄敏：《〈新唯识论〉儒佛会通思想研究》，社会科学文献出版社，2020，第 49~53 页。
② 熊十力：《新唯识论》（语体文本），《新唯识论》，中华书局，1985，第 280~281 页。

宙论，自不免戏论了。他们所谓种子，也就是根据俗所习见的物种，如稻种、豆种等等，因之以推想宇宙本体，乃建立种子为万物的能作因。这正是以情见猜测造化，如何应理？据他们的说法，种子是个别的，是一粒一粒的，且数量无穷的。轻意菩萨《意业论》云：'无量诸种子，其数如雨滴。'这无量数的种子，不止体类不同，还有性类不同。"① 由熊氏所论可知，他之所以批判唯识学"种子"义，在于以"种子"把本体析为无数多元，显得支离破碎。这种批判视角，颇类似于古希腊亚里士多德对柏拉图的"理念论"的指责，亚里士多德认为，柏拉图在说明一具体事物的原因时，却寻找一个与之分离的另一个事物作为它的原因。也就是亚氏所说的"那些把理念当作原因的人，首先设法把和存在物数目相等的另外的东西当作他们的原因"。② 这样，有多少个具体事物就应该有多少个分有的理念。从熊先生的角度去看，唯识学种子的"性类""体类"的无数划分，亦面临这种"一物一本体"的问题。

关于此无量无数的"种子"的来源，在熊先生看来，唯识学的解释亦颇有问题。唯识学认为，"种子"的缘起，是众生无明业力不停息的"现行熏习"，而熏成新种而后，种子也同时成了"现行熏习"的发起原因，如是循环不已，构成人生与世界存在的根本原因。这种"种子生现行，现行复生种子"的理论，在熊氏看来，则是把本体与现象截然打成两段的一种二元论的伪命题。

其次，熊先生尚认为唯识学所立种子为本体，不仅这本身"可以说是多元论或二元论"的，③ 在唯识学的整个体系上，又犯了"二重本体"的过错，熊氏指出："为什么要说他们有宗有二重本体呢？他们既建立种子为诸行之因，即种子已是一重本体。然而，又要遵守佛家大乘一贯相承的本体论，即有所谓真如为万法实体。"④ 这样，在熊先生看来，唯

---

① 熊十力：《新唯识论》（语体文本），《新唯识论》，中华书局，1985，第 423 页。
② 〔古希腊〕亚里士多德：《形而上学》，苗力田主编《亚里士多德全集》（第 7 卷），中国人民大学出版社，1993，第 50 页。
③ 熊十力：《新唯识论》（语体文本），《新唯识论》，中华书局，1985，第 427 页。
④ 熊十力：《新唯识论》（语体文本），《新唯识论》，中华书局，1985，第 427 页。

识学处理"种子"与"真如"的关系，亦是颇颟顸不清的。

上述观点，在正统的佛教人士看来，当然是离经叛道的，因为他们不承认佛教有"本体"，觉得熊十力是把"本体"这一观念硬套到了佛教的身上。《〈新唯识论〉儒佛会通思想研究》书中所总结的周叔迦对熊论的反驳，其观点有代表性：

> 周叔迦认为，熊十力的根本问题在于错解唯识学的种子说、真如论，同时废弃因缘义，妄建本体，沦为外道。熊十力认为唯识学种子论是一种集聚说，这一点为周叔迦所承认，但种子现行的集聚义为了解释缘起，在因缘法中立如是体用关系，是就依他起立一切法，"所谓因缘者，相生为义。如彼世间，种能生果，果还成种，循环无已。是故种子即是习气之异名，与阿赖耶识，不一不异，不惟心从种生，一切现行，皆从种生。十二因缘，无明缘行。行缘识，此识即是种子识。以此识因缘名色六入受等，故名种子。又以此识从过去无明行因缘而有，故名习气。若谓非从种生，则无一切因果十二因缘等"所以，种现关系，种识关系无非是依他起上显示缘生的道理，若陷入佛教的名相分析中，五蕴十二处十八界岂不是将宇宙人生割裂成五片十二片自相矛盾。若在此基础上强加本体，则是横生增益谤。这一切皆"因由执体为实"，立宇宙一体却不知体义说既不固定，则应为权变说法，不应又执定体，反批唯识有执体，遂执其一端而攻其余，才有二重本体之论。①

吕澂曾更明确提出："实则佛教从无本体之说，法性法相所谓真如实相者，不过为其'转依'工夫之所依据。"② 实则，佛教的"真如"一词，在不同宗派中意义颇有差异，吕澂之论是就玄奘一系的唯识学而言，他所说的"转依"一词本也是唯识学的特有概念。

---

① 黄敏：《〈新唯识论〉儒佛会通思想研究》，社会科学文献出版社，2020，第 229 页。
② 吕澂、柳诒徵：《汤用彤〈汉魏两晋南北朝佛教史〉审查书》（姚治华整理），载《汉语佛学评论》（第 3 辑），上海古籍出版社，2013，第 6 页。

　　至于如何评判熊十力与佛教界人士的这两种截然对立的看法，首先取决于对"本体"这一概念的判释，如前所论，这一点在他们之间本身就是大相径庭的；此外，又涉及不同诠释立场的问题，熊十力认为唯识学的"种子"和"真如"都有一定本体性，是因为在唯识学说法中种子"具有能生的力用"；至于"真如"，吕澂先生也说到，这是唯识学修行的"工夫之所依据"，是唯识家悬置起来的，是对"法尔如是"的绝对真实状态的描述。但从熊十力的视角来看，这种对"真实"的描述，当然也可以理解为"本体"。

　　就此而论，吕澂等唯识家所理解的"真如"这一概念，实与康德哲学的"物自体"（ding an sich）有一定类似性，都是被悬置起来的"虚位"的绝对真实。研究康德哲学的学者大抵不会承认"物自体"就是"本体"（nounmenon），因为在康德的著作里面这是两个不同的概念。但是，如果从熊十力对"本体"一词的界定出发，说"物自体"这一概念也有一定本体性，当然也是有道理的。故熊十力对"真如"的理解，亦不妨作如是观。

　　对于一种哲学体系，立足于其体系内部来进行自辩，与立足于外部进行"中立"性的剖析，立场不同，结论也自然大相径庭。熊十力说唯识学的"种子"是本体，但唯识家也可以从其教义中的"种子"与"现行"循环互生的关系上来辩解其并非本体。20世纪佛学史上也有与之类似的争论，印顺法师平生判定佛教的"如来藏"观念是受到了印度婆罗门教"金胎说"的影响而形成的，谓"如来藏说的兴起，是'大乘佛法'的通俗化。如来，也是世俗神我的异名；而藏 garbha 是胎藏，远源于《梨俱吠陀》的金胎 hiraṇya – garbha 神话"。① 所以认定"如来藏"也有一定本体或实体性，违背了佛教的最初宗旨。此说亦引发数十年的轩然大波（至今未息），因为主张如来藏教义的佛教人士（如天台、华严、禅诸宗），当然也可以从他们自身教义传统的"如来藏"是"空性"

---

① 印顺：《印度佛教思想史》，《印顺法师佛学著作集》（第34册），光盘版，新竹：印顺文教基金会，2006，第162页。

的种种说法来进行反驳。——由立场之别而引发的观点结论之歧异，实
则"此亦一是非，彼亦一是非"，吾人都应该给予一定"了解之同情"，
而未必要强分轩轾。

虽然，思想转变之后的熊十力，对于唯识学的思想体系甚表不满，
但这却不等于他否定了一切佛教学说，当时佛教界的太虚法师已敏锐地
察觉到，《新唯识论》的体系，虽旨在颠覆唯识，却恰恰与在唐代便与
唯识学针锋相对的华严学异曲同工，他指出：

> 顷熊君之论出，本禅宗而尚宋明儒学，斟酌性、台、贤、密、
> 孔、孟、老、庄、而隐摭及数论、进化论、创化论之义，殆成一新
> 贤首学。①

在太虚看来，熊十力既然不满于唯识学系统，自然应与中国传统的"如
来藏"一系华严、天台诸宗义理有所契合。后来学者石峻先生更详论说：

> （熊十力思想）比较接近于华严宗"一切有情，皆有本觉真心"
> 的所谓"了义实教"。唐代华严宗又多注意研究可能是中国人创作
> 的《圆觉经》。至于华严与唯识之争，则源远流长，甚至同是玄奘
> 门下的窥基与圆测就有不同的理解，而华严宗大师法藏一贯反对唯
> 识宗的学说，更是非常明显了。同样也可能是中国人创作且具有广
> 泛影响的《大乘起信论》一书，也主张"一心二门"（即心真如门
> 和心生灭门），可见同华严宗有类似的思想倾向。历史上这些反对
> 唯识宗的思想，可能对熊先生都有不同程度的启发。②

太虚谓熊氏思想为"新贤首学"，冯友兰则谓"熊先生的《新唯识论》

---

① 太虚：《略评〈新唯识论〉》，印顺编《太虚大师全书》（第 25 册），光盘版，新竹：印顺
文教基金会，2006，第 144 页。
② 石峻：《熊十力先生的思想道路》，《玄圃论学集——熊十力生平与学术》，三联书店，
1990，第 55～56 页。

直接向《成唯识论》提出批评。这同法藏退出玄奘的班子有同样的意义"。①
对于包括华严宗在内的"中国化"佛教宗派，熊十力在平生著作中一
直有较高的评价和更多的认同。黄敏在著中对此问题也有其独到的阐
述，在前贤论定熊十力思想倾向于华严的基础上，又提出了其与禅宗
的亲缘性，认为"熊十力综合了儒佛两家各自的优点，但在闻熏修证
和返本还原这两种方法上仍以突出返本还原为主"，"在对心与性关系
的论述上熊十力大量引用禅宗语录，表现出与如来藏系特别是禅宗心
性思想更为接近"②云云，这都是十分精到的看法。纵览熊先生平生为
人风骨，任情使气，遇事便发，喜怒随心，宛如赤子，确实有些禅者
气象。

四　熊十力与《量论》

熊十力在《新唯识论》完成后，一直有计划再完成一部《量论》
（佛家把知识论称作"量论"），并将《新唯识论》视为"境论"，而
《量论》则为新论之续篇。但穷其一生，《量论》终未完成，他亦时时念
兹在兹，以"量论未作"为"极大憾事"，③并多归诿于"年既老衰"
而精力疲困这类原因。

因此，后来研究熊十力的学者在他们的著作中，多有对熊先生"量
论"思路的种种分析和推测，也有不少专门的论文探讨此问题。笔者对
此问题的看法则有所不同，熊十力平生创作欲相当旺盛，晚年时也仍然
保持非同一般的活力，如果他确实把这个问题思考清楚了，是不可能不
写出来的，所谓精力疲困云云，只能视为一种托词，若立足于他的"体
用不二"论这一基础性前提去思考，"量论"之难以完成，恐怕真实原
因是导源于他思想体系中的内在悖论。

---

① 冯友兰：《怀念熊十力先生》，《玄圃论学集——熊十力生平与学术》，三联书店，1990，第
　　31页。
② 黄敏：《〈新唯识论〉儒佛会通思想研究》，社会科学文献出版社，2020，第7~8页。
③ 熊十力：《十力语要》，中华书局，1996，第284页。

　　所谓"体用不二"，即在超越世俗思维的观照中，现象世界与本体世界浑然同体、本心良知与世间森罗万象完全打成一片的吾人内在境界的直观呈现。熊十力平生常言"吾学贵在见体"，在"见体"的状态下，本体即境界，即工夫，类似于禅宗所言的"当下即是、立处即真"，"不假修证、不假外求"的刹那间的悟解。熊十力的弟子牟宗三曾回忆熊十力与冯友兰讨论"良知"问题时的情况，给他极大的精神震撼：

　　　　有一次，冯友兰往访熊先生于二道桥。那时冯氏《中国哲学史》已出版。熊先生和他谈谈那，并随时指点说："这当然是你所不赞同的。"最后又提到"你说良知是个假定。这怎么可以说是假定。良知是真真实实的，而且是个呈现，这须要直下自觉，直下肯定。"冯氏木然，不置可否。这表示：你只讲你的，我还是自有一套。良知是真实，是呈现，这在当时，是从所未闻的。这霹雳一声，直是振聋发聩，把人的觉悟提升到宋明儒者的层次。①

　　此之"呈现"，实类似于亨利·柏格森（Henri Bergson）所说的"直觉"（intuitionism），是一种生命境界之当下朗然现前，是语言所不能形容的状态，故禅家有"言语道断，心行处灭"之说，此之谓也。而佛教的知识论也就是"量论"，将知识分为"现量"和"比量"，"现量"为感性直观知识，"比量"则为推理知识。熊十力的"呈现"自然属于"现量"的范围内，但现量又是脱离和超越语言的，佛教认为吾人观照某事物之当下一刹那，此属于"现量"，但下一瞬间出现了思维认识，则就已经变为"比量"了。由于"现量"之不可言说，所以佛教文献对"量论"的阐释，多是只对其进行了一些分类和简单的界定，而重点则在于对"比量"的研究分析，形成了一套与西方形式逻辑有些类似的"因明学"体系。——熊十力的"体用不二"之观照境界当然自是不可言说的"呈现"，也注定了很难用知识论的语言系统去进行细致的描述

---

　　①　牟宗三：《五十自述》，《牟宗三先生全集》第 32 册，台北：联经出版事业有限公司，2003，第 78 页。

和表达，《量论》之所以写不出来，恐怕也正是这个原因。

黄敏在其著中对于熊十力先生倾向于"反本还原"的认识论与类似于禅宗"顿现本心"之处亦有着有力阐发：

> 就熊十力的返本还原说而言，他一方面对禅宗大加赞赏，在顿现本心上与宗门接近，但另一方面他又觉得菩提心的说法太神化，净种的发现毕竟困难。所以，虽然他在妄念障蔽本心上与禅家一致，但他主要还是从本心与现实人心合一的角度着眼，习心也属于本体显发的一面，就本体非外在于人而言，修行工夫实自本体出，性修不二才成为可能。……从性修不二着眼，从性即本体立言，但他对具体如何返本，如何还原的步骤没有更为深入的交代，而仅仅停留在对为学的强调，对本体认识的重要性，使得他的返本还原论多少缺乏了实践可操作性。①

这一判断相当准确，但可能也显得有些过分谨慎。因为，既然熊十力对本体的认识与禅宗的思路相当一致，就宗门之见地而言，本来就是强调"性修不二"的，"利根上智之士，直下断知解，彻见本源性地，体用全彰，不涉修证，生死涅槃，平等一如"。②并不存在阶梯式的实践过程，本体即工夫，故"步骤"和"实践可操作性"等，无论在熊十力的思想还是禅宗的学说中，均不构成问题。

黄著在涉及熊十力"量论"问题时，提出熊氏后学唐君毅的"无定执而自超越"论与牟宗三"智的直觉"论都是熊先生思路的继续开展，但他们都旨在努力糅合形而上之观照与世间科学这两种性质完全不同的知识，使得这种悖论更为明显地表现出来：

> 这种建构认识论的方式完全是从形上心性论引申来，知识仍没有独立地位。其实，从心性学的建构出发，可以设问，何以非要在

---

① 黄敏：《〈新唯识论〉儒佛会通思想研究》，社会科学文献出版社，2020，第209页。
② 杨仁山：《等不等观杂录·学佛浅说》，《20世纪佛学经典文库·杨仁山卷》，武汉大学出版社，2008，第233页。

存有层安排科学知识？……科学知识的发不发展，发展的程度，与哲学形上建构之间似乎没有必然联系，不必一定要在哲学系统中安排科学地位。另外，熊十力、唐君毅、牟宗三都不约而同的延续以佛家遍计所执性来开出科学知识的思路，但遍计所执性本身是一宗教立场的价值判断，就执与不执本身而言，以此来证成智的直觉的必然呈现是可能的，但以此来说明科学知识则似乎不充分。科学知识的基础应有其物质层的客观性，不能以形上学的建构来囊括，这不应该属于形上学建构的范畴。①

在这一方向的努力上，牟宗三的思路很有代表性，他晚年千方百计构思解决"旧内圣"如何开出"新外王"的问题，提出了"二层存有论"，认为"智的直觉"可以透过"良知的自我坎陷"而进入现象世界，从而保有包括科学与民主观念在内的"世间法"的合理性。他的有关构思，在哲学思辨上极尽曲折之能事，看起来相当精致，但是，却显然落入一种思维游戏的状态（佛教称之为"戏论"），是旨在满足自身体系"自洽"的追求，类似于一种教义信仰体系的建构，实则与现实存在问题了无所涉。这一情况与人类生活的二重性（或多重性）有些相似，就像一位哲学家或艺术家，当然有自己崇高的精神生活和境界造诣，但同时也都过着跟大家一样的"食色性也"的世俗生活。这两方面是并存的，也都是不可少的，但完全没有必要在自己的精神世界追求中硬生生找出一种"自洽"的理由，来论证自己"食色性也"之如何堂正合理，这样反而容易造就出一种虚伪性的人格。

结　语

熊十力先生的《新唯识论》等著作是早年引导笔者学习哲学的门径之一，所以在阅读黄敏博士的这本《〈新唯识论〉儒佛会通思想研究》

---

①　黄敏：《〈新唯识论〉儒佛会通思想研究》，社会科学文献出版社，2020，第 218 页。

时，触发了笔者多年来对熊十力佛学思想的一些思考，这篇"书评"实在有不少"借他人酒杯，浇自己块垒"的内容，好在与作者相识多年，想必不以为忤。

黄君之著，正确提出"《新唯识论》的思想特点在会通，方法在会通，目的也在会通。对《新唯识论》的研究要把握其会通之旨，才能对其进行准确的定位和评判，理解其在近代佛学发展乃至近代中国哲学发展史上应有的意义"① 这一根本宗旨，玄珠在握，故全书所论，切理餍心，思深意密，多所创获。在梳理前哲思想的基础上又提出了"中国式唯心论"这一理论概括，饶有见地，值得期许。晚近新儒家之佛学思想，亦是多年来笔者所关注的领域之一，深知在新儒学研究学术群体中，既娴熟于佛学义理，又具有比较扎实的中西哲学功底者，实属凤毛麟角。就此而论，黄著实为笔者目前所见研究《新唯识论》佛学思想的最佳作品。

Discrimination of the Relationship between Xiong Shili and Consciousness-only
——After Reading the Book *A Study on the Comprehensive Thought between Confucianism and Buddhism in New Treatise on the Uniqueness of Consciousness*

Abstract：The relationship between Xiong Shili and Buddhism has always been controversial in academic circles. Many Buddhist scholars believe that he "misunderstood" or "misread" the basic theory of consciousness-only. This article believes that this view is questionable. First of all, Xiong Shili had a very high level of knowledge in the study of consciousness-only before his thought changed from "Buddha to Confucianism", which was recognized by

---

① 黄敏：《〈新唯识论〉儒佛会通思想研究》，社会科学文献出版社，2020，第 6 页。

Ouyang Jingwu, an authority in the field at the time, and colleagues in the Chinese Inner college. Secondly, in the argument between Xiong Shili and Lv Cheng in 1943, the differences between the two schools belonged to differences in interpretive perspectives and methodological positions. Thirdly, Xiong Shili accused the consciousness-only theory of many theoretical flaws, and its thinking direction is related to its unique understanding of "ontology", rather than "misreading" the consciousness-only theory. Finally, Xiong Shili is quite influenced by the Huayan school and Zen doctrine. This is not only one of the reasons for his doubts about the theory of Consciousness-only, but also the inner source of thought that makes his "Liang theory" difficult to complete. Huang Min's *A Study on the Comprehensive Thought between Confucianism and Buddhism in New Treatise on the Uniqueness of Consciousness* has also made many insightful new explorations in relevant aspects.

Keywords: Xiong Shili; Buddhism; Consciousness-only; Comprehensive Thought between Confucianism and Buddhism

About the Author: Yao Binbin (1981 –), Ph. D. , associate professor and master supervisor of Wuhan University Chinese Traditional Culture research Center. research interests and specialties: the history of Chinese thought and culture, Buddhist philosophy. magnum opuses: *Modern Cultural Trends of Thought and the Transformation of Chinese Buddhism*, *Study on the Philosophical Thoughts of "Zhangmen Disciple" Miu Zhuan*, etc.

艺术与存在：对艺术的思考

艾麦提江·吐尔逊[*]

摘　要：对于艺术的概念，国内外有不同的看法。研究当代艺术概念的许多问题必须要回到历史的、社会的、文化的大背景中去。在当今这个媒介形态发生了许多新变化的时代，艺术家们对于艺术的概念进行了比较深入的思考。因此，本文拟从艺术家的视野出发，对于艺术概念的多样性进行深入探讨与阐释。

关键词：艺术　符号　艺术哲学　艺术审美

一　艺术的概念

什么是艺术？对此，理论界有着不同的看法。其中，一种较具代表性的观念是"有意味的形式"，也就是塑造可感的机理和提供认知的形式。艺术概念，这种特殊的感受形式，却是在 18 世纪末才出现。而美术（Les beaux - arts），就诞生于"人文"（liberaux）艺术。如果我们从考察"艺术"这个词入手，今天所使用的"艺术"（art）一词源自拉丁文"ars"，而拉丁文的"ars"从古希腊文翻译而来，在古希腊文中的原义

---

　*　艾麦提江·吐尔逊（1983—　），湖北大学文学院博士研究生，乌鲁木齐职业大学艺术学院讲师，主要从事艺术创作与美学、美术理论研究。电子邮箱：867535215@ qq. com。

是指工匠制作东西的一种技艺。①

艺术是什么？艺术为何称其为艺术？这个艺术哲学的核心问题，使对艺术本质的考证逐渐具有本体论意义上的重要性。但是，在西方艺术哲学的发展史上，对艺术定义的探讨实际上是伴随着现代美学体系的建立而逐步发展起来的。

在西方艺术史中，古希腊所说的艺术主要指一种人的生产性的制作活动。中世纪，神学家托马斯·阿奎那从"理性的正当秩序"的视角来为艺术下定义，认为一件艺术品的源泉来自创造者的主观内心世界，他是按照观念去制造艺术的。邓斯·司科特在探讨艺术本质问题时也认为艺术是人行为的产物，把艺术定义为引导性观念产品。此时艺术是作为神学的附庸而存在的。到了文艺复兴时期，对艺术的自主意识才逐渐确立起来，这种自主意识的确立强调美的尺度。到了 18 世纪，艺术的概念才具有了现代的含义，它是和现代艺术体系同时诞生的，艺术的概念进一步丰富。

艺术是一种表现，艺术的概念有一个发展的过程，我们不妨区分为两个阶段。第一阶段是古代的艺术概念时期（5～18 世纪），艺术被认为是一种遵循规则的生产。第二阶段从 1747 年西方现代艺术体系的建立直到现代，它标志着古代的艺术转向现代的艺术概念的一场变革，即技艺与艺术这两条路才真正分离，实现艺术被定为美的表现。另外，艺术作品的独立存在是艺术概念出现的必要条件。艺术概念的发展不仅依靠理论，而且需要实践的力量。现代艺术观念认为，艺术是非实用的，不是指向实践的。艺术形式在艺术作品中具有首要的位置，那么艺术往往通过美学形式获得张力和价值。艺术的概念往往通过预设艺术品的独立性而存在。艺术是拒绝日常生活的，艺术与日常生活之间存在着一条鸿沟，丹托之前的艺术理论是这样认为的。②

艺术作为一种独特的文化形态或文化现象，在整个人类文化大系统

---

① 〔法〕雅克·朗西埃：《美感论：艺术审美体制的世纪场景》，赵子龙译，商务印书馆，2016，第 262 页。

② 周键：《如何定义艺术——丹托艺术哲学再认识》，博士学位论文，华东师范大学，2013，第 29 页。

中占有极其重要的地位。实际上，艺术的起源同人类文化的起源一样古老，从那时起，艺术作为文化的组成部分，就始终参与和推动着人类文化的发展进程，体现和反映出人类文化的各个历史发展阶段。从这个意义来讲，艺术就是一面镜子，反映了社会本身，艺术能够用来定义一个国家，纵观历史文化，艺术深深地植入了人生。从视觉感受的角度来讲，任何形式的艺术都是观念的阐述，艺术是情感的宣泄、视觉的盛宴、人类情感符号的创造。如当下国内外电影艺术就突出观众情绪被电影内容感染，《战狼》《红海行动》《阿凡达》等，皆是如此。在此意义上来看，艺术是一种视觉感染。因此，艺术是藏在我们理想中的一块绿色土地，是人对内心自由世界的伟大探险。

从人类的活动方式来讲，艺术离不开人的劳动，如体育文化中的艺术活动。因此，艺术作为人的一种活动方式，参与人活动的一切过程。在这个过程中通过人的想象会产生美，从这个意义来说——想象就是艺术的来源。[1] 从社会交往论的角度来看，艺术是由各种因素结成的网络，它是整体的、不可分割的，其每一个网络交叉点都是由情感线条来联结的。它是人创造的一种虚构的实在，是一种网络化反映。

在符号学领域，符号形式哲学对艺术的一个最基本的规定是：艺术是一种符号形式。艺术和其他一切符号形式一样，在本质上都是精神作为之一种，代表着构造世界活动的一种方向与模式。艺术活动本身——无论是艺术创造还是艺术鉴赏——都是一种对象化自由活动。并不存在一个独立于人之外的自然世界，纯粹存在意义上的世界只可能是彻底的混沌，或者说是一种永恒的"变化着"；我们世界的全部确定性与无限丰富性来自精神的作为，来自人的符号化活动，来自人的意义赋予活动。在此意义上，任何一种可能的观照与理解世界的方式都构成了人的构造活动的有机组成部分。[2] 换言之，艺术是直观性地理解世界的方式，而

---

① 曹廷华、许自强：《美学与美育》（第 2 版），高等教育出版社，2011，第 85 页。
② 石若凡：《"卡西尔—朗格符号论美学"辨异——对卡西尔美学研究出发点的反思》，《中文论坛》（第 2 辑），长江出版社，2015，第 120 页。

就意义世界的非被给予性而言，这种理解活动本身就是一种构造活动。

从艺术与现实的关系来看，艺术比生活更美，更感动人。对于创作者而言，艺术是忘记自身、超越自身，人自由的最佳状态。从某种程度来讲，艺术是艺术家尝试的灵魂。一次好的艺术展览和一场艺术表演，会让观众在心理上与视觉上感受到双重的满足，在这个意义上我们可以说艺术就是对灵魂的解读。正如伽达默尔所说："一切艺术的本质自在地在于它们'把人表现给人'，从这里艺术才能变为人活动自律的现象。艺术的任务不再是表现自然理想，而是人在自然界和人类历史的世界内的自我相遇。"① 艺术是许多架设的语言，因此形成许多风格和样式。艺术是人类与生俱来的一种创造能力和想象力，是体会天地自然的特殊方式与途径。从艺术的语言表达方式来讲，艺术是形式色彩汇成的语言世界。海德格尔认为，艺术是真理的源泉。作为发现的守护者，艺术是真理的源泉，它通过作品跃出，凭借想象而诞生某物，通过跃出使某物进入存在。

从艺术自我展示方式来看，艺术是人们自信的一种体验，是一种良好精神状态的表达，也是会发现你情感空间世界的手段，是心灵的故事，是时代的回声。从这个意义来讲，艺术意味着有意味的交流、交往、交融，它会帮助人认识情感，并且引导人们发挥一种潜能。人的心灵有的时候总是处在焦虑、紧张状态中，需要发泄，但这个过程不仅是阐释那么简单，而要以一种体面的方式反映心灵。艺术本身就具备对人的心灵感动净化的作用，它会影响到人的艺术教育各个细节。而艺术教育对于个人，对于社会都必将起到积极的作用。它是培养人的世界观与价值观的最快捷方式，比如学校教育中的舞蹈、美术、音乐等课程就是艺术培养的一种手段。从人们最能欣赏的电影艺术角度来讲，艺术是一种人行为中的审美活动技术，它通过各种媒介与材料来抒写生活中的故事。从"美"的发生角度来看，艺术是一种为满足人类精神和心理需求的文化行为，也是一种自然美与人工美的结合。如艺术家到外地写生，表现大

① 〔德〕伽达默尔：《真理与方法》（上卷），洪汉鼎译，上海译文出版社，2004，第 60 页。

自然中所喜爱的对象，然后按照自己的想法和最早追究的意境再进行加工，这个过程就是自然美与人工美的高度结合。

二 艺术的作用

艺术——跨越民族、穿透心灵、沟通思想的工具，[①] 它作为综合语言交流工具，在不同民族、不同国家之间的交往中发挥作用，随着时代变化而不断丰富自身的表达方式。因此，艺术必须要具有批判精神与思维。西方现实主义文学与艺术十分追求作品具有一定的艺术批判性。艺术是大众对于社会认识、个体自我认识、人形成批判性思维的前提。从过程论观点来看，艺术是人与社会之间进行交往与互动的有效手段，是一个信息传播过程。在传播过程中，艺术创作、传达、欣赏构成了一个完整的链条。

从艺术本身的层次来讲，潘诺夫斯基认为，艺术的含义有三个层次。第一，基本的或自然的题材，又分为事实性和表现性主题，它是作品再现的对象呈现的。他认为对这种含义的辨析，就是前肖像学的描述。第二，从属性和约定俗成的题材，它的含义通过形象、故事和寓言的方式显示出来，与此对应的研究方法就是肖像学的。第三，内在的含义和内容，他认为这就是图像学所研究的对象。在研究历史中的美术作品的含义时，潘诺夫斯基的图像学方法最关心的是第三个层次的含义，这是因为它不仅是前两个层次的综合，而且更为重要的是，它是与当时的历史时代和背景联系在一起的，甚至成为它的一种征兆，而不仅仅局限于作品本身的内容。他以达·芬奇的研究为例说明，其实艺术就是对精神层次的挖掘。以不断加快的社会发展来看，艺术只会越来越多元，不会更新换代，过去的艺术依然会存在，只不过新的艺术形式会越来越多，取代旧的位置。因为，互联网已改变了整个人类的看的方式。艺术通过优

---

① 徐红梅：《博物馆：激活记忆与创造力》，人民网，http://culture.people.com.cn/n/2013/0519/c1013 - 21531477.html，2013 年 5 月 19 日。

秀的艺术家劳动而生，它在特定的条件下挖掘群体的审美需求。① 艺术有的时候面对大众，无法表达清楚让对方理解，但是它还在那里。如艺术展厅、博物馆、公共艺术场所展示的艺术作品。人在生活中追求审美精神，因此在生活中一直在自己的艺术渴望中坚守着喜爱的审美理想和原则。从这个角度来讲，艺术是一种满足人类审美需求的技术手段。通过古典主义绘画大师的眼光来看，艺术就是精致、优雅。法国哲学家丹纳认为任何一个艺术种类的出现都与社会和时代有关，它是人类社会精神文明进步的结果。② 在现实生活中艺术的目的不在于单纯的模仿，其也不是单纯的技术。艺术和社会之间的联系是非常必要的，但是它的意义并不仅仅反映现实生活，对现实生活做出新的注释，而是使人们有能力去塑造他们的生活，让他们的现实生活反过来施加于社会或者用其他方式去影响，并且改变现实。③ 它表现事物的某种显著的特征，表达某种程度的核心观点，属于人的某种特别状态。人们利用艺术相互传达自己的感情，使用语言来互相传达自己的思想。从这个意义来讲，艺术就是桥梁，是人类交往中的必要手段。艺术是审美的创作，我们提倡创造美的艺术，发挥天才艺术家的作用，创造美的作品，让我们的时代艺术充满个性，繁荣社会主义文学艺术。在这个过程中艺术家与客观世界建立起人与表达对象之间的现实题材关系，艺术就是艺术家们所建立起来的关于题材意志的创作印证。一幅好的艺术作品，不仅要达到视觉美观，还要有灵魂，那就是作品的创意。当然，对于艺术家来说，创意靠的不是天马行空的想象，而是要在交叉的事物中一步一步寻找。④ 当代，阿瑟·丹托提出"艺术界"理论，试图寻求对艺术的一种哲学解释。艺术是什么呢？是一物通过解释获得的意义。在他看来，一物是不是艺

① 桑子文、金元浦：《互联网＋文化消费与艺术电商发展研究》，《山东大学学报》（哲学社会科学版）2016 年第 5 期。
② 裔萼：《康定斯基论艺术》，人民美术出版社，2002，第 51 页。
③ 陈卫和：《美术基础教程》（第 2 版），高等教育出版社，2013，第 28 页。
④ 吴子林：《文学批评的歧途与未来》，《人文小苑》2018 年第 3 期。

术，不是由哪个人说了算，而是精神发展到一定程度所形成的结果。①

三　艺术与人的关系

艺术是艺术家创作活动的本源，是艺术家的最大隐私，是艺术家的心灵独语，是夜静时分的内心隐痛。无论对艺术创作还是对艺术欣赏来说，最后决定性的源泉是艺术家的内在感悟与体验。从更宽泛的意义上说，"模仿说"认为，艺术是对现实的模仿；对于大众来说，艺术是发现"美""真"的体验过程；从艺术体验的角度看，艺术贵有个性。虽然有个性未必一定是好的艺术，但无个性则肯定不是好的艺术。因此，在生活中，艺术家在认识艺术的同时，还需要对自身的优点和弱点进行理智的思考。事实上，艺术是开放性概念，从某种程度来讲，它是创作者的生命表达和尊严。在创作过程中，艺术意义的确定性和指向性，通过艺术在回应社会实践的过程中获得，同时也为艺术提供新的艺术表达方式和依据。洪毅然认为"艺术走向大众"，提升了大众艺术审美。在艺术与大众的双向互动中，消弭艺术上的精英与大众的界限，从而实现艺术自由、平等的民主化进程。因此，艺术是生命的综合。这就是古人以他们的审美趣味，以及无与伦比的科学所做的努力。以这种科学获得的令人向往的统一性，产生了宁静、力量、崇高静穆的情感和环绕着它们的和平气氛。

随着全球文化艺术交往和互动的不断深入，许多国内外艺术大师作品中出现普遍认识的各种符号，从艺术作品视觉上来看，艺术是人类的特定象征符号。托尔斯泰说过：将自己生活中对于情感的体验传达给别人，让别人得到一种感同身受的感动。②

从生活日常记载角度看，艺术是一种记录，记载人"美"的活动。因此，艺术是对于审美判断的创作，我们提倡创造美的艺术，发挥天才

---

① 高建平：《艺术的定义及其意义》，《文史知识》2015 年第 11 期。

② 刘悦笛：《当代艺术理论：分析美学引导》，中国社会科学出版社，2015，第 366 页。

艺术家的作用，创造美的作品，让我们的时代艺术充满个性，促进社会主义文学艺术行业的进步。可以毫不夸张地说，艺术在内容、形式、材料方面发展到今天，给"艺术"下定义仍然让人感到困难。当代艺术家、教育家徐冰认为，只要工作是有创造性的，对人类有益处，就要大胆去做。[①] 这就说明，他完全不考虑自己的创作属不属于艺术，他将艺术渗透到其他学科领域中。比如，文学派生出语言艺术、交际艺术、公关艺术等，美术派生出摄影艺术、服装艺术、装置艺术、设计艺术、数字艺术等，未来还会有更多新的发展，这是必然。因此，人们的生活因艺术而超越平凡，艺术因创造而激情奔放。它提供了众多的信息和可能性，让我们能够超越已知内容去思考。

艺术本来就是用来思考的事情，本来就是用来判断的事情。如果我们在艺术面前，不再判断、不再思考，我们跟艺术的关系也就终结了。我们跟生活的关系不同于以往，艺术是生活当中的一个组成部分，也是生活当中不能分离的部分。对于现代社会与个体生活而言不能没有艺术，人与人之间、人与社会之间、人与自己之间要通过艺术来沟通、来交流，需要艺术来缓解人们之间的障碍，缓解人们之间的误解，分解人们彼此之间的判断。

有时候我们对艺术进行思考，从某种程度来讲，思考本身也是一种表达方式，所以笔者特别有兴趣以这样的形式去思考、去体验其带来的快乐。当然日常生活也会带来烦恼，但是烦恼可以升华人们对生活的理解。我们今天面临的社会，已经不同于以往的社会，我们在不知不觉中已经融入一个跟以往完全不同的社会文化、社会艺术的语意之中。我们可能没有在意，周边环境的变化、周边的艺术氛围、周边发生的一切自由活动与自然现象问题，这些问题都能够从艺术当中寻找，并且获得答案。因为，在我们现代社会，有许多艺术家在为我们过去、现在、将来的新生活付出他们的努力。从艺术家的眼界来看艺术，社会中的每一个

---

① 李睦：《艺术的启示》，360 图书馆，http://www.360doc.com/content/19/0405/23/3051778 7_826691542.shtml，2019 年 4 月 5 日。

人也算是艺术当中的一员，甚至是艺术家。现代社会艺术与艺术家、艺术家与观众、观众与艺术之间曾经有的那些界限，在今天看来，已经逐渐模糊了。艺术，尤其当代艺术是复杂的，甚至是杂乱的社会文化现象。不同的历史阶段又有其独特性，甚至有看似荒诞的表现，是人创造的一种虚构的实在，是一种自由的个性反映。

我们对艺术思考的目的除了我们曾经所得以外，可能更多的还是我们从中获得的更深刻的存在感与启示。如今从信息时代的表面上看，"搜索"就是借助现代信息技术，在数毫秒之内即可实现，同时不同风格流派的艺术家，各种艺术经纪人以及艺术投资者，也让世界各地范围的"艺术大搜索"随时上演。可是，这并不是决定的作用。在这里只是提醒人们对于理解艺术存在的重要性，意义因背景而无处不在，而"搜索"只是艺术存在的一种方式而已。这种存在感，建立在理性基础上，建立在我们已有的理论、情感、综合判断上，是一种重新的、综合的分析与判断。

结　语

当今社会艺术就像一部手机一样，陪伴着我们生活的方方面面。笔者认为，人们对于艺术的认识与理解越来越丰富，参与的范围也会越来越广泛。因为，诞生一个新技术意味着，出现一个新理论观点。某种程度来讲，有可能会打破艺术家与人们对于艺术的认知。生活因艺术超越平凡，艺术因创造激情奔放。作为人类精神自由的终极追求，艺术是一项需要忍受孤独而独自行进的事业，我们在行进中思考，在行进中超越，它永远在多种选择之中。在现代生活中，艺术存在于艺术家的观察与创作行为之中，存在于批评家的策划思路中，存在于教育家的美育作业之中，同时存在于爱好者的欣赏与收藏家的购买之中。

Art and Existence：Thinking about Art

Aimaitijiang Tuerxun

Abstract：There are different views on the concept of art at home and a-broad. Many problems in the study of contemporary art concepts must be returned to the historical, social, and cultural background. The author believes that in today's era when many new changes have taken place in the form of media, artists have made more in-depth thinking about the concept of art. Therefore, this article intends to proceed from the artist's perspective and conduct an in-depth discussion and interpretation of the diversity of artistic concepts.

Keywords：Art；Symbol；Philosophy of Art；Artistic Beauty

About the Author：Aimaitijiang Tuerxun (1983 –), Doctoral candidate in Department of Chinese Language and Literature, Hubei University, lecture in Academy of Arts, Urumqi Vocational University. Special interests：art making, aesthetics and art theory. Email：867535215@ qq. com.

《楚辞》植物的民俗文化透视*

胡　蝶**

摘　要： 屈原深厚的"植物情结"是原始民族社会的自然崇拜及其长期演变形成的楚地民间风俗在屈原作品中的自然折射与传承，因此，《楚辞》好比是古代楚地文化的一面镜子，其中所描绘的繁茂的植物世界为我们更好地了解和探究楚民俗文化打开了另一扇门。本文以《楚辞》中的植物作为研究对象，探寻《楚辞》植物与巫术仪式、民间信仰、衣食住行、婚恋习俗与岁时节令等方面的文化关系，探究其民俗活动中植物的生物习性和文化内涵及其文化生成的原因，揭示其在民俗文化学上的价值与意义。

关键词：《楚辞》　巫术　民俗文化　自然崇拜

"楚辞"是战国时代屈原创作的一种新诗体，具有浓郁的地方文化色彩，这与丰富的楚地民俗密切相关。作品《楚辞》中保存了大量描写楚人生产、生活等方面的内容，其中书中描写的植物意象鲜明、种类丰富，在我国古代文学作品中堪称一绝。由于诗人惯用比兴手法，这些植物作为抒情写志的载体，承载了丰富的文化信息，拥有了厚重的文化内

---

* 基金项目：长江大学楚文化研究院开放式基金项目（CWH201808）。

** 胡蝶（1985— ），博士，长江大学园艺园林学院讲师，主要从事植物资源和植物分类研究。电子邮箱：hudie. 16@ 163. com。

涵。即使春秋战国时代的楚国已经远去，我们还可以通过《楚辞》这部诞生于楚地的文学作品中种类繁多的植物，了解和探寻当时楚地的民俗文化。

　　屈原深厚的"植物情结"是原始氏族社会的自然崇拜及其长期演变而形成的楚地民间风俗在屈原作品中的自然折射与传承，因此，《楚辞》好比是古代楚地文化的一面镜子，其中所描绘的丰富的植物世界为我们更好地了解和探究楚民俗文化打开了一扇大门。透视《楚辞》中植物与民俗文化之间的关系，对我们更好地解读楚辞、研究楚文化都具有重要的意义与价值。

一　《楚辞》植物与民俗文化

　　《楚辞》中的植物是建立在对植物的内涵、本质的认识基础之上的，屈原以"其志洁，故其称物芳"，开创了"香草美人"的比兴传统，从而他的政治心迹、政治命运通过"香草美人"的比兴象征手法委婉显露出来。

　　据宋人吴仁杰《离骚草木疏·跋》称"荪、芙蓉以下凡四十又四种"。① 这是仅以《离骚》为例，说明其中香草种类之多。当代植物学家潘富俊在《楚辞植物图鉴》中统计，《楚辞》提及的植物以华中特别是长江中游地区的植物为主。全书共计 101 种。除经济植物外，其他植物大部分是当地常见或具有特殊用途者。植物种类出现次数较多的有兰（8 篇）、蕙（九层塔，8 篇）、荷花（6 篇）、肉桂（6 篇）、椒（5 篇）、杜若（5 篇）、荪（菖蒲，5 篇）、白芷（4 篇）等，提及植物种类最多的篇章为《离骚》。《楚辞》不仅开"香草美人"之传统，更影响了后世无数的文人墨客借"香草美人"以抒情写意，其营造的象征比喻系统，也是以植物的特色和当地的民俗作为基础。以"荃"为例，《楚辞辩证》中就明确地说：

---

① 吴仁杰：《离骚草木疏·跋》，《丛书集成初编》（第 1352 册），中华书局，1983，第 1 页。

荃以喻君，疑当时之俗，或以香草更相称谓之词，非君臣之君也。此又借以寄意于君，非直以小草喻至尊也。①

再如以"荪"这种香草来比喻君，姜亮夫先生认为其是楚地的一种习俗，故云：荪何以喻君上，"则吴楚风习，固以善用喻借双关手法，以表情愫，则文学创作之一方法，此亦楚习之一也"。② 从实证的角度来看，长沙马王堆一号汉墓出土的香囊、香枕中的佩兰，就证明《楚辞·九歌·东皇太一》中"蕙肴蒸兮兰籍"之以兰为籍（垫子），即为楚地风俗。研究人员明确说：把佩兰装进香囊、香枕中，"是战国时期楚地习俗，汉墓中的发现乃楚俗相传"。③ 同时兰与菊也是楚地祭祀风俗必用的两种香草，故《九歌·礼魂》说："春兰兮秋菊，长无绝兮终古。"朱熹说："春祠以兰，秋祠以菊，即所传之葩也。"王夫之说："祀典不废，长得事神。"④

众所周知，民俗是人类社会独特的社会文化现象，是人类的一种生存方式，即生活相；民俗也是一种文化模式，概括了某种日常生活的规范；从哲学层面说，民俗是一个族群思想文化的源头。民俗包含物质民俗、精神民俗、语言民俗、社会民俗等。《楚辞》是先秦楚地文学，诗人屈原受成长环境和经历的影响，在《楚辞》中记载了大量的楚地民俗，体现了整个社会的风貌，"香草美人"意象的呈现功不可没。其中，描写的植物是自然存在的，渗透于巫术仪式、民间信仰、衣食住行、婚恋习俗、岁时节令等方面。

二　《楚辞》植物的民俗文化归类

1. 巫术仪式与《楚辞》植物

巫术是企图借助超自然的神秘力量，对某些人或事物施加影响以达到

---

① 朱熹：《楚辞集注》，上海古籍出版社，1979，第176页。
② 转引自熊良智《楚辞的艺术形态及其传播研究》，商务印书馆，2016，第121页。熊良智先生在大著第四章第二节"香草美人传统中的原始意象"中，对"荃""荪"何以体现当时之俗有很详细的论述。
③ 湖南农学院等编《长沙马王堆一号汉墓出土动植物标本研究》，文物出版社，1978，第42页。
④ 马茂元主编《楚辞注释》，湖北人民出版社，1999，第157页。

某种目的之手段。巫术有招魂术、驱疫术、放蛊术等。楚民族巫风极盛，长期有念祖、信巫的民族传统。楚文化在形成过程中受到中原之商周文化和其他文化的影响，在博采众长的基础上依旧独树一帜，最具代表性的即为楚文化呈现出的巫祭色彩。楚人的神灵信仰并非单纯的万物有灵，而是认为山林川泽、风雨雷电，飞禽走兽、芳华香草，都是极具神性的事物。

香草在巫术仪式中的用意和运用：巫师们用祝词咒语，用作心灵安慰和心理治疗，还用植物药物迎神驱邪、治病疗伤。举行巫术仪式过程中，巫师们用兰、蕙、芷等香草洁身；祈祷上天时要熏烧香草香木，以示虔诚；用"椒酒""桂花""精米"等以迎神、悦神。有问卜者，采茅草为其卜之；有求安康者，巫以桃木为杖为其除凶降邪，以菖蒲作剑为其祛毒消疫。众神之器具无不以香花、香草点缀制成。同时，巫舞时，也往往通过花草指代各种事物，如《九歌·山鬼》歌颂山鬼的芳洁："山中人兮芳杜若，饮石泉兮荫松柏。"植物被赋予了某些超自然的神力或神异性而成为神灵的必备品，营造了具有原始的山野气息与欢乐浪漫的氛围。香草植物还用于占卜，《离骚》云："索藑茅以筵篿兮，命灵氛为余占之。"找茅草来占卜，请灵氛为我卜算。藑茅即美玉一般的茅草，这是一种灵草，沟通人与神。

香草被用于巫术的原因有三点。一是楚地花草种类繁多，遍地可得，以之食用，可以产生一种神奇的效果。如《荆楚岁时记》记载："九月九日宴会……佩茱萸，食饵，饮菊花酒，云令人长寿。"[1] 又如《山海经·中山经》所言："牛首之山，有草焉，名曰鬼草，其叶如葵而赤茎，其秀如禾，服之不忧。"[2] 楚地巫术也正表现出这种食花草使人产生一种"趋圣"的神奇力量。二是很多香草具有药用价值，不仅可以养生还可以治病，如泽兰能活血化瘀，木兰能明耳目，薜荔能祛风除湿。三是香草常用于日常生活中装饰，具有特别的观赏价值，用于巫术仪式中，也具有美化价值。

---

① 宗懔：《荆楚岁时记》，谭麟译注，湖北人民出版社，1999，第 107 页。

② 《山海经》，袁珂译注，贵州人民出版社，1991，第 116 页。

2. 民间信仰与《楚辞》植物

根据《楚辞》的内容，楚人的信仰包括了神灵崇拜和灵魂崇拜两方面，祭祀礼俗是神灵崇拜的外在表现形式，而招魂行为则是对相信灵魂存在并崇拜灵魂的反映。祭祀、招魂礼俗最为直接地展现了楚人的精神信仰。

祭祀是向神灵祈福消灾的传统礼俗仪式，它是人们神灵信仰的直接表现。香草香木用于祭神的宗教性典礼活动，使其与神结缘而在人们心中神化。在祭祀之前，女巫们必须沐浴更衣，《九歌·云中君》："浴兰汤兮沐芳，华采衣兮若英。灵连蜷兮既留，烂昭昭兮未央。"王逸注云："言己将修飨祭以事云神，乃使灵巫先浴兰汤，沐香芷，衣五采，华衣饰以杜若之英，以自洁清也。"[①] 兰汤浴除去不祥之后，香草的神圣转移到身上，使自己神化，以便与神灵沟通。神灵附体后，女巫和神灵不分彼此，看起来像神君坐云端，神采灿然。由此女巫可以代表神灵说话，称自己"謇将憺兮寿宫，与日月兮齐光"，仿佛置身于寿宫，可与日月争光辉。女巫也就完成凡俗世界与神圣世界的沟通，由悦神变成降神。

楚人还以香草的香气娱神。《九歌·少司命》即祭祀少司命神的歌舞辞中，有云："秋兰兮麋芜，罗生兮堂下。"醉人的秋兰，纯洁的麋芜，在堂下的庭院之中肆意盛开。在庄严的祭堂之上，处处洋溢着植物的芳香，吸引天上的神灵降临。

香草也用来描写女神的信物和祭祀的场景，如《九歌·湘夫人》中"沅有芷兮澧有兰，思公子兮未敢言"，以及《九歌·少司命》中的"秋兰兮麋芜，罗生兮堂下。绿叶兮素枝，芳菲菲兮袭予"等。诗中描述在祭坛中活动的巫身上也满是香草，如《九歌·东皇太一》中"瑶席兮玉瑱，盍将把兮琼芳""灵偃蹇兮姣服，芳菲菲兮满堂"。香草可做祭坛的布置，或巫或神灵的修饰，或持赠、享神的祭品。"蕙肴蒸兮兰藉，奠桂酒兮椒浆"，蕙、兰、桂、椒，是屈原诗歌中常用的香草，祭祀用的肉要用"蕙草"肴蒸，并用"兰草"垫底，用最好的祭品来敬奉天神，具有高洁的象征意义。

---

① 洪兴祖：《楚辞补注》，中华书局，2000，第58页。

《九歌》中有为祭祀战死的亡魂而作的《国殇》，诗中云："身既死兮神以灵，魂魄毅兮为鬼雄"，将士虽死，可为鬼雄，享祀于后人。后人祈祷祖先在另一个和平世界享受安宁，同时也留给这个世界安宁。《九歌·礼魂》云："春兰兮秋菊，长无绝兮终古。"春天的祭祀为"祈"，秋天的祭祀为"报"，春祈时用芳香的兰草，秋报时用芳香的菊花。从春到秋，年复一年，祭祀不断，芬芳永驻，永不衰竭。所以，王逸注曰："言春祠以兰，秋祠以菊，为芬芳长相继承，无绝于终古之道也。"①

3. 衣食住行之民俗与《楚辞》植物

楚人的衣、食、住、行无不仰仗大自然的恩赐，《楚辞》中植物的选取和应用体现出坚实的楚国生活基础，折射出丰富的文化内涵，也为楚国文学的发展奠定了深厚的物质基础。

穿戴花草服饰，本是原始社会风俗，进入文明社会逐渐消失，只用于祭祀等特殊场合。以花草作为配饰却是楚人服饰的一个鲜明的地区特色。《九歌·少司命》云："荷衣兮蕙带"，《九歌·山鬼》云："被薛荔兮带女萝""被石兰兮带杜衡"，《离骚》云："扈江离与辟芷兮，纫秋兰以为佩。"身穿荷叶、薛荔或石兰做的衣裳，肩披江离与辟芷，腰系秋兰、蕙草和女萝制成的佩带，香草裁成的华服，摇曳生姿，飘逸芬芳。《楚辞》中以香草为衣饰或配饰，除了植物的芳香和美丽，另外反映了香草被楚先民用来娱神求子的社会生活。

饮食上，屈赋中描写的近 38 种植物具有典型的食用功能，其中有稻谷、小米、麦子、黄粱等主食，即《招魂》中"稻粢穱麦，挐黄粱些"是也。还配以植物酿成的桂酒、椒浆、菊花酒等，以及菱、莲、薛荔、芭蕉、棘、橘等果实与椒、桂、芍药、葛等调味品。在食用的方法上，《离骚》云："朝饮木兰之坠露兮，夕餐秋菊之落英。"早上饮木兰花上的清露，晚上用秋菊的花瓣充当食物。《九歌·东皇太一》云："蕙肴蒸兮兰藉，奠桂酒兮椒浆。"或饮露餐英，或用兰草铺垫，加蕙草蒸肉以祭祀，芳香四溢。《九章·惜诵》云："捣木兰以矫蕙兮，凿申椒以为

---

① 洪兴祖：《楚辞补注》，中华书局，2000，第 84 页。

粮。播江离与滋菊兮，愿春日以为糗芳。"或把兰蕙、椒捣碎糅合做成
食物；用香花美草做成食物，其有高洁神圣的象征意义。

　　居住所用的建筑材料，多为古时的经济树种，如松树、柏树、辛夷、
桑树、楸树等，木质坚韧，不易翘，不易开裂，常制成家具、舟车、乐
器，也是工艺雕刻的好材料。如《九歌·湘夫人》云：

　　　　筑室兮水中，葺之兮荷盖。荪壁兮紫坛，播芳椒兮成堂。桂栋兮兰
　　　橑，辛夷楣兮药房。罔薜荔兮为帷，擗蕙櫋兮既张。白玉兮为镇，疏石
　　　兰兮为芳。芷葺兮荷屋，缭之兮杜衡。合百草兮实庭，建芳馨兮庑门。

　　"湘夫人"出行与"湘君"约会时，在湖水中建屋，用荷盖做成屋
顶。用荪草粉壁、紫贝砌地，把芳椒和在泥墙之中。桂树制栋兰为橼，
辛夷为楣，白芷装房。编薜荔做帷，隔开蕙草做屏。白玉为坐席之镇，
摆列石兰播送芬芳。白芷为顶荷花盖屋，洞房周围缭绕着杜衡。集中了
百种香草布置庭堂，充满的芳香溢出了廊门。《九歌·山鬼》云："辛夷
车兮结桂旗"，用辛夷来做车，用桂枝制成旌旗。同时，植物也用来装
饰船舱、船桨等，如《九歌·湘君》云："薜荔柏兮蕙绸，荪桡兮兰
旌"，薜荔饰船舱，蕙草饰幕帐，兰草饰旌旗，荪草饰船桨，这都表现
出楚人与植物相关联的独特行为方式。

4. 婚恋习俗与《楚辞》植物

　　著名《楚辞》研究学者林河先生曾指出：

　　　　沅湘多奇卉异草，民间也有许多怪异传说……宜男草可以使女
　　　子生男，迷魂草可以迷人魂魄，和合草可以使夫妻合好……人多以
　　　施展巫术，或佩或枕，或藏或服，便可达到人所祈求的目的。①

　　保留至今的沅湘间的这种风俗，正是《楚辞》所表现的婚恋习俗的
遗存。如《九歌》中的《湘君》"采芳洲兮杜若，将以遗兮下女"，《湘

---

　　① 林河：《〈九歌〉与沅湘民俗》，上海三联书店，1992，第183页。

夫人》"搴汀洲兮杜若，将以遗兮远者"，《山鬼》"折芳馨兮遗所思"，
都是以采折的芳草来表达爱情与相思的。而《九歌·大司命》篇所谓
"结桂枝兮延伫，羌愈思兮愁人"，则是将香草结环，以图挽回所相思的
情人。所以林河先生指出："在楚国，男子拿着芳草结的同心结，却可
以随意赠给他所选择的情人。"① 《九章·思美人》说："媒绝路阻兮，
言不可结而诒……令薜荔以为理兮，惮举趾而缘木；因芙蓉而为媒兮，
惮褰裳而濡足。"以薜荔为提婚人，以芙蓉为媒，这些香草该有多强大
的情感表达力！从上述这些例子中，不难明了《楚辞》中的这些香草，
确实在楚地的婚恋习俗中扮演着重要的角色。香草的芳香可以刺激男
女之间的情感，使之彼此相悦相恋。所以《九歌·少司命》说："秋
兰兮青青，绿叶兮紫茎。满堂兮美人，忽独与余兮目成。"这里不仅仅
是因为秋兰的绿叶紫茎的美能吸引心上人，更因为"绿叶兮素华，芳
菲菲兮袭予"的芬芳所产生的情感刺激作用，《楚辞》中的香草就是
如此激起男女之间的爱情的，这正传达出楚人好"采芳逐翠"的原因。
可以说，以植物展示婚恋习俗最典型的就是《九歌》，《九歌》本为祭
祀神灵之歌，这哪里是祭祀，分明是男女相会的节日或祭典，借满堂
芳菲的香草，既展示巫术的魅力，也展示楚人的婚恋习俗。

5. 岁时节令与《楚辞》植物

在古代楚国民俗的岁时节令中，很多重要的节日与植物有关。如五
月五日之浴兰节，有相赠兰草之俗。故《九歌·云中君》有云："浴兰
汤兮沐芳。"楚人祭神前，在温水中加入兰花沐浴，表达对神的敬意。
沐浴可被除不祥，此处兰花即菊科植物佩兰，有香气，可煎水沐浴，后
来一般用蒲、艾叶等香草洗澡。《荆楚岁时记》云：

> 五月五日，四民并踏百草，又有斗百草之戏。采艾以为人，悬
> 门户上，以禳毒气。②

---

① 林河：《〈九歌〉与沅湘民俗》，上海三联书店，1992，第 83 页。
② 宗懔：《荆楚岁时记》，谭麟译注，湖北人民出版社，1999，第 80 页。

时至今日，民间端午节悬艾、插蒲剑之旧俗仍未改，可见风俗之源远流长。

楚地民间，植物走进许多传统风俗节日，相关植物有：松、柏、杨、柳、荠菜、艾、蒲等。《东湖县志》记载荆楚岁时民俗，正月元日，"祈年，洁屋宇，燃灯烛，焚松柏枝"，正月初一，打扫房间，焚香放爆竹，烧松柏枝"煨岁"。这实际上源于《荆楚岁时记》的记载："正月一日，是三元之日也……长幼悉正衣冠，依次拜贺，进椒柏酒，饮桃汤。"①"正月十五日，作豆糜，加油膏其上，以祠门户，先以杨枝插门，随杨枝所指，仍以酒脯饮食及豆粥插箸而祭之。"②清明"戴杨柳于首，并插柳枝于户"，三月插柳戴柳是一项重要的民俗活动，把杨柳枝做成圈戴于头上，插在门口，谓能辟邪。"上巳，悬荠菜于门"，上巳节即阴历三月初三这天，家家户户都会悬荠菜在门口，士女结伴郊游，谓之踏青。五月"五日，采百草，悬艾蒲于门"，五月初五端午节，家家户户都会采艾草、菖蒲悬于门上，认为它们可以驱虫辟邪；戴香包也是端午节的重要风俗，用五色丝线或用碎布缝成香包，内装白芷、川芎等伞形科、姜科香草，佩在胸前，防病健身。粽子是应节食品，包粽子的叶片多为箬竹，另外还有苎麻叶、荷叶。楚人也喜欢装饰花草在房屋上，十二月"除夕，打桃符，更春贴，燃爆竹于庭，以松柏枝插户相"，除夕夜，更春帖、贴门神，春联要取干支嵌入上联，地支嵌入下联，还要有春的含义和美好的愿望。贴门神是为了驱鬼避邪，其后是燃爆竹于庭，以松柏枝插户楣，设食聚饮，是谓"团年"。

三　《楚辞》植物的文化内涵及相关民俗活动

《楚辞》中出现的植物，凭借自身的生物学特征，在屈原的诗歌中，超越了其物种的概念意义，获得了更丰富的文化内涵，并与楚地的民俗

① 宗懔：《荆楚岁时记》，谭麟译注，湖北人民出版社，1999 年，第 15～18 页。
② 宗懔：《荆楚岁时记》，谭麟译注，湖北人民出版社，1999，第 40 页。

活动关系密切。它们不仅具有审美价值，更用于传递丰富的文化信息，具有象征意义。表 1 列举了具有代表性楚辞植物的物种特征，将植物的生物学习性和文化内涵结合来探究相关民俗活动的意义。

表 1 《楚辞》植物的文化内涵及民俗活动

植物名	物种及特征	文化内涵	相关民俗活动
兰	佩兰，菊科草本。全株及花揉之有香味，似薰衣草。	古代著名的香草，屈子芳菲，身佩兰草，特立独行于楚天之下，也只有他的美德能配此殊卉。	装饰服饰，表示志趣高洁。叶子有香味，可煎油制成香料；古人用于杀虫避邪；也取植株烧水沐浴，或藏在衣服中去除臭味。
蕙	罗勒，唇形科草本。叶对生，小枝四棱，茎、叶、花都有馥郁的香气。	总状花序如层层高塔，所以罗勒又叫九层塔。古时妇女以九层塔浸油润发，谓其"香无以加"。时至今日，罗勒叶仍然是制作香水时重要的原料。	古人常用它熏衣，或当香包佩在身上。
荷（芙蓉）	荷花，睡莲科水生花卉植物。地下茎长而肥厚，有长节，叶盾圆形。花期为 6～9 月。中国十大名花之一。	古时：未开放时称荷，半开称菡萏，全开称芙蓉。荷谐音"和"或"合"，象征夫妻和睦，百年好合。荷花承载了人民对生活的美好愿望。荷花象征高洁品质的君子，同时，薜荔不在水中，芙蓉不在木梢，便是屈原的求而不得，荷花也暗喻忧郁哀怨的恋情。	楚先民用荷花表达情思和对神的渴望；巫师招魂时用荷花装饰庭院，请神，吸引灵魂的归来。
桂	肉桂，樟科常绿乔木；树皮灰褐色，可制成桂皮，老树皮厚。	肉桂芳香浓郁，以示人之高尚贞烈。肉桂树形美观、常年浓荫、花果气味芳香，是一种优良的绿化树种。	肉桂材质优良，结构细致，不易开裂，可供制造家具。树皮常被用作香料、烹饪材料及药材。
椒	花椒，芸香科落叶灌木，全株具香气，高 3～7m，茎干通常有增大的皮刺；果球形，红色或紫红色，密生疣状凸起的油点。	花椒为芸香科植物，这一科的植物全部天赋异禀，含有挥发油，是非常优良的香水原料。花椒由于果实累累，子多且香，又容易繁殖，古人多用以比喻子孙满堂。以椒喻己，足显珍贵。	珍贵之物，是人与神沟通的祭品，亦是王公贵族专属的顶级香料，更有定情信物之使命。

植物名	物种及特征	文化内涵	相关民俗活动
荪	菖蒲，天南星科多年生草本，江南地区比较常见的一种水生湿地植物，有高大剑形叶片。	菖蒲的叶子两面叶脉凸鼓，状若宝剑，因此又有"蒲剑草"或"水剑草"之称，能驱鬼辟邪。菖蒲古称荪或荃，植株散发着一种香气。菖蒲耐苦寒、安淡泊，居"四雅"之首，在尧舜时期已受到人们尊崇，故而荪与荃在诗中皆指代君主。	端午节时，人们采摘菖蒲和艾蒿悬挂于门楣之上，祛毒消疫，抵御邪魔的入侵；用于祭祀，辟邪；蒲草叶用于日常生活。
芷（茝）	白芷，伞形科多年生高大草本。根长尺余，白色，因此得名。一般生于林下、林缘、溪旁、灌丛和山谷草地。	蕙兰和白芷在尧、舜、禹时将窜纫成一对称为"蕙芷"，代表着中华炎黄子孙上下五千年的文明历史。在中国传统意识中被视为中华民族秀丽山河与繁荣昌盛、领土完整和民族团结的象征和标志。"蕙芷"是中国文华的精华，是中国和人民本身的象征。	植物体含挥发油及多种香豆精衍生物，整株都有香味，常用于沐浴。古人也常常佩戴白芷于身上。
柳	柳树，杨柳科落叶乔木。小枝细长，枝条非常柔软，细枝下垂，叶狭长。	观音以柳枝沾水洒天下，普度众生，柳枝有辟邪、免疫的功用。清明节也是鬼节，柳树可以让鬼害怕，故称为"鬼怖木"。	三月插柳戴柳，或插于房檐，或插于轿乘，或儿童的衣襟，或妇女的头上，能避邪。
荠	荠菜，十字花科草本植物。花多数，白色，总状花序；短角果呈倒三角形。花期为3~5月。	荠菜被古人誉为"灵丹草"，是"天然之珍"，不仅营养丰富，还为野菜中味最鲜美者。同时具有很高的药用价值，具有和脾、利水、止血、明目的功效。	阴历三月初三插荠菜花、吃荠菜花煮的鸡蛋可防治头昏以及在灶台放置干燥荠菜花可除蚊蝇。
艾	艾草，菊科草本植物。植株有浓烈香气。	艾草具有的特殊香味具有驱蚊虫的功效，所以古人常在门前挂艾草，一来用于避邪，二来用于赶走蚊虫。	端午节，人们总是将艾置于家中以"避邪"，干枯后的株体泡水熏蒸以消毒止痒，产妇多用艾水洗澡或熏蒸。
川芎（江离、蘼芜）	川芎，伞形科草本植物。复伞形花序顶生，花白色。	川芎在古时是一种香草，常具有比较特殊的香气。	它簇生的伞状花序花多且繁，所以有妇女佩戴希望多子的意味。

四 《楚辞》植物民俗文化产生的根源

　　《楚辞》是古代楚国植物美学的集大成者。早在 2000 多年前，楚人对自然草木就有了丰富的了解，并怀着深深的敬畏之心。日常生活与草木为伴，民俗的产生也与人们当时的物质水平、生活方式、社会心理相适应。正如黑格尔所说的："事实上一切民族都要求艺术中使他们喜悦的东西能够表现出他们自己，因为他们愿在艺术里感觉到一切都是亲近的，生动的，属于目前生活的。"① 《楚辞》中的植物的确反映出了楚民族巫术仪式、民间信仰、衣食住行、婚恋习俗、岁时节令等方面的生活，如果探究《楚辞》植物民俗文化产生的根源，大致有如下几个方面。

　　一是楚民族地处江汉平原，气候温暖湿润，烟波浩渺的江河湖泊和气象万千的山川孕育了植物类群的丰富多样性，而这些种类繁多的植物也影响了楚地民俗的形成。故应劭的《风俗通义·序》指出："风者，天气有寒暖，地形有险易，水泉有美恶，草木有刚柔也。俗者，含血之类，像之而生。"② 在长期的社会生活实践中，人们逐渐发现自然植物的色香、形姿、习性、功能与人的物质、精神所需求的对应性，于是产生了楚地植物与民间习俗的特殊关系。

　　二是楚国悠久历史中关于植物文化的积淀。以《楚辞·九歌》为例，其中大量的植物描写，实际上就是楚地植物文化与巫觋文化相融合的历史积淀。王逸的《楚辞章句》解释说："昔楚国南郢之邑，沅、湘之间，其俗信鬼而好祠。其祠，必作歌乐鼓舞以乐诸神。屈原放逐，窜伏其域，怀忧苦毒，愁思沸郁。出见俗人祭祀之礼，歌舞之乐，其词鄙陋。因为作《九歌》之曲，上陈事神之敬，下见己之冤结，托之以风谏。"③ 所以《九歌》中的大量植物描写，早在原"楚国南郢之邑，沅、

---

① 〔德〕黑格尔：《美学》（第 1 卷），朱光潜译，商务印书馆，1979，第 348 页。
② 应劭：《风俗通义》，王利器校注，中华书局，2013，第 8 页。
③ 洪兴祖：《楚辞补注》，中华书局，2000，第 55 页。

湘之间"的巫觋文化中就已出现，是屈原根据审美理想和情感的需要，运用丰富的形象思维，去除鄙陋之词，然后依据植物形态、生长特性、花叶之美、季相之美对植物的再塑造和大胆组合，在楚地巫觋民俗的基础上，升华了楚国的植物文化。

三是屈原审美理想追求的艺术表现形式。王逸《离骚》序云："《离骚》之文，依《诗》取兴，引类譬谕，故善鸟、香草以配忠贞。"① 屈原作品中的大量植物意象，主要用于塑造诗人的理想人格，表达诗人强烈的生命激情。它们是诗人观念化了的思想情感的符号。《楚辞》中的"香草美人""是一个内涵极为丰富的意象系统，但它的意义指向是明确的，始终与诗人的道德情操、价值观念、政治理想紧密联系着"。② 当然，巫术思维中万物有灵的观念也影响了屈原的审美追求，他用泛审美的眼光来观照天地间的一草一木，不仅是人和物，在其他领域也有诸多美的事物，如美的先王、美的国家、美的理想、美的政治。具体而言，屈原采用了大量的植物意象，营造出一个鲜艳美丽的世界，体现了屈原审美理想的价值意义追求。

总而言之，《楚辞》中的香草植物除了象征屈原巨大的个人魅力和圣洁的人格品质外，还让我们看到了这些植物所代表的民俗文化内涵，通过分析这些植物的生物学特征，我们也找到了屈原选择它们的原因。屈原本人并不是一位植物学家，但在他的作品中出现种类繁多的植物应当不是偶然的，这其中必有深刻的历史文化缘由。屈原虽已逝，但《楚辞》中传达的文化精神仍然影响着后人，香草花木中所蓄藏的深远丰厚的历史、民族、文化内涵，将同《楚辞》中的香草植物一样生生不息、根深叶茂。

---

① 洪兴祖：《楚辞补注》，中华书局，2000，第2页。
② 孟修祥：《楚辞影响史论》，湖北人民出版社，2003，第132页。

A Perspective of Folk Culture on Plants in *Chuci*

Hu Die

Abstract: The deep "plant complex" is the natural reflection and inheritance of the nature worship in primitive clan society and its folk customs which is formed by long-term evolution in Quyuan's opus. Therefore, *Chuci* is a mirror of ancient Chu culture, in which the flourishing plant world opens another door for us to better understand and explore Chu folk culture. Taking the plants in *Chuci* as the research object, this paper explores the cultural relations between the plants in *Chuci* and witchcraft folklore, folk beliefs, clothing, food, shelter, marriage, love and season. The purpose is to explore the biological habits and cultural connotations of plants in their folklore activities and the reasons for their cultural formation. Consequently, we can reveals their value and significance in folklore culture.

Keywords: *Chuci*; Witchcraft; Folk Culture; Nature Worship

About the Author: Hu Die (1985 –), Ph. D. , lecturer at School of Horticulture and Gardening, Yangtze University. Research interests and specialties: resources and classification on plant. Email: hudie. 16@ 163. com.

中华文化的行动力

——《中华文化可以向世界贡献什么?》评介

肖　磊*

摘　要：《中华文化可以向世界贡献什么?》是一本详细阐释中华文化对世界贡献的书。它应时代发展而生，从中华文化的经典阐释入手，结合当代世界上出现的诸多问题，提出源自中华文化的解决之道，能够让读者对中华文化的力量有一个更加丰富、具体、深入的体认。本文在详细阅读的基础上，对该书的特点进行了梳理，主要从文化构成的丰富性、面对问题的现实感、经典观念的新阐发几个角度对本书进行了分析，期待读者能够通过本文，更加详细、深入地了解本书，并对中华文化的概念、发展以及中华文化如何解决人类面临的诸多问题，中华文化将以怎样的力量改变人类面对世界与生活的方式，进行思考。

关键词：中华文化　流变视角　文化价值

梁启超先生在《什么是文化》一文中提出，"文化者，人类心能所开积出来之有价值的共业也"。① 文化的定义有多种说法，这种说法最令笔者信服，甚至有些感动。究其缘由，梁启超先生有一个宏大的全人类

---

*　肖磊（1983— ），硕士，河北传媒学院讲师，主要从事中国文学、文化研究。电子邮箱：153918311@qq.com。

① 转引自夏晓红《梁启超学术文化随笔》，中国青年出版社，1996，第266页。

视野，文化是时间的累积，是人类作为世间独特物种面向统一价值努力的印记。在当时，中国内忧外患，而梁先生尚有如此眼光与境界，实在让人佩服，时至今日，中国已经发生了翻天覆地的变化。"一带一路"倡议逐步落实，让中国成为经济全球化的驱动力。在整个西方世界日趋走向保守、右翼势力开始抬头的大环境之下，打造"人类命运共同体"更成为全球化视野中振奋人心的宣言，这让全世界看到了中国作为一个新兴大国的能量、责任与担当。回顾历史，人们看待事物总要走一个由外而内的过程，鸦片战争之后，国人学习西方，先器物再制度，而后是更深层次的文化。如今审视自己，也是如此。但稍显遗憾的是，在经济、政治、科技耀眼的成绩面前，中国文化为当今的世界贡献着什么，似乎并不那么清晰。社会中，充满了好莱坞精致影像里携带的价值观念，西方历史演变过程中总结出来的体制模式、预制陷阱，以及技术理性、一神教信仰培养出来的人性范本。那么，中国文化在当今世界中的位置在哪里，作用是什么，贡献又有哪些呢？是什么力量维护着我们的内心，让我们有正确的方向，无畏前行？

适逢其时，广西人民出版社出版了孙伟平老师主编的《中华文化可以向世界贡献什么？》。这本书，站在时代当口，面向诸多现实问题，立足于中华文化的本体意识，通过经典溯源、横向对比、现实参照，为读者构建出一副清晰的文化图谱。

一　以流变的视角看待文化传统

什么是中华文化？这个问题一直有争论，有人主张纯净性，回溯到先秦，那是没有佛教影响的中华文化。有人主张传统，摒弃现代性，那是没有西方文化影响的中华文化。该书中有一个鲜明的态度，在序言中，引用梁漱溟先生的说法："中国底文明，好像一个平静的大湖。"这一说法，形象地说明了中华文化的特点，平静、宏大、聚汇。

平静者，必有强大的根本，不易被外物影响，不易动摇。这保证了中华文化经历千载风雨、历史变迁而不失本色。王夫之的"体"—伦理、"气"—精神、"理"—思想三方面，都得到了继承。宏大者，能包容，有胸怀。如该书引用费孝通先生的说法，中华文化是"各美其美，美人之美，美美与共，天下大同"。这一点，在一神教的文化体系下，是难以想象的。聚汇，则说明中华文化的形成过程是一个流变的过程，有自身的根基，有外来的汇入，有同化、沉淀，最后共同构造一种澄澈境界，面向世界，变得更豁达。该书看待中华文化用的即是这种流变的眼光，不让中华文化割裂于一时，不让中华文化轻失于一种。

在该书中，作者首先溯源根本。儒道并称、共融、互补，构成了中华文化的基本样态，有很强的经典意识，让所有的立论有一个根本。儒家的忠恕之道塑造的强大社会道德意识与道家的天人合一涵养结合而成的淡然的自然态度，是中华文化面对世界、面对他者的基本出发点。这有别于宗教体系下人的卑微感与非此即彼的区别概念，也有别于实用工具理性之下，人与自然之间尖锐物质化对立倾向。这也是该书论述问题的基础、理论的源头。但该书对中华文化的界定，并未止于此，而是把视野做了更广阔的延伸。主要有两个方面，一是与优秀革命传统的融合，二是与中国特色的社会主义文化融合。

这种融合在该书中体现非常普遍，如第五章"中华文化如何克服穷奢极欲的消费主义"中，作者从孔子思想"奢则不逊，俭则固；与其不逊也，宁固"开始论述，总结出中华文化中有很强的节俭基因，而这一基因在中华历史流变中一直延续，并融入优良的革命传统当中："从毛泽东谈'进京赶考'到刘少奇《论共产党员的修养》，从朱德的扁担到周总理的睡衣，这些革命先辈用理论和实际行动向我们展示俭朴的美德。"第八章"中华文化如何缓解贫富两极分化"中，作者从老子"天之道，损有余而补不足"的思想以及孔子"不患寡而患不均"的思想出发，一直延伸到有中国特色的"效率优先，兼顾公平"的分配原则，邓小平同志提出的"贫穷不是社会主义"的著名论断，以及中国从 20 世纪 80 年代实施的举世瞩目的扶贫策略。直至世界银行 2018 年发布的《中国系统性国别诊断报告》称："中国在快速经济增长和减少贫困方面取得了'史无前例的成就'。"成就"史无前例"，思想却有迹可察。这正是中华文化从根源中显示出来的力量。

该书就是如此，以流变的眼光看待中华文化，分析特点，细查变迁，结合现实，把中华文化当作根系发达的生命之树，朝历史的天空无限伸展，触结生机，给中华子孙更为广阔的心灵荫蔽。

二　从现实问题出发审视文化价值

该书的第二大特点是总结现实困境，结合当代时局，从具体的人类、人生、人性困境出发考察中华文化，言具体的解决之道，寻索中华文化对世界的切实贡献，不做玄奥空谈，具体而切实。

无论东西，人作为宇宙中的一个坐标，总要面对几大问题。横向来看，是人与自然、人与他人（他人的有机组织即为家庭、集体、社会），这要解决生存问题；纵向来看，是人与历史、人与未来，这要解决传承问题；还有一个纵深的维度，即人与自身，包括宗教、社会思想、伦理意识等，这要解决精神问题。这些共同构成了人的外在、内在生活。14 世纪以来，整个人类被纳入以西方文明为主导的现代生活当中，经过几次显著的思想变革，以欲望、理性、自由意志为基点，人的概念被不断扩张。这在人的发现与解放中当然有无可替代的价值。但是，在这条路径上，异化、单向度、空心人、非人、文明冲突、霸权主义、娱乐至死等观念也开始从理论话语成为实体标签。焦虑、虚无、孤独等现代性疾病，越来越困扰着人类。西方文明塑造的人，就像一个单一食物摄入者一样，患上了越来越显著的营养不良病症。他需要从整体上做调整、补充，以便能够更健康地生活下去。该书所面对的，就是这一病症，据表现而配良方。如第十三章"中华文化可以贡献什么生命观念"所论：

"世界卫生组织 2016 年曾发布过一份全球抑郁症的统计报告。报告显示，从 2005 年至 2015 年十年期间，全球受抑郁症影响的人数增加了18%，年患病率为 11%……据世界卫生组织统计，全球每年约有 80 万人死于自杀，每年自杀人数超过战争和自然灾害致死人数的总和。"

　　由此可以得出结论，生命意义、价值问题，已经成了困扰人类的主要问题。作者认为，林林总总的生命困惑"看似不相干，在某种意义上却是同一问题，那就是人们对自己的生命状态和生存意义产生了疑惑，对于生命的信仰不再坚定"。生命对每个人都是一样的，但是生命意识在不同的文化中却有不同的概念。"西方的宗教和哲学，对待生死的观念，主要采取一种二分的方法……最完满的存在者不存在于具体的人身上，不存在于世俗间，但必然存在，于是就出现了此岸世界与彼岸世界的对立。"正是这种"对立"造成了很多生命的困局，而中华文化则可以换一个角度看待这个问题。

　　孔子讲"未知生，焉知死"，从根本上取消了对死亡的神秘感与恐惧的疑虑，而把生命视野聚焦在更坚实的现实生活中。庄子讲"忘我""同生死"，以一种豁然的智慧超脱死亡的焦虑。中华文化的集大成者王夫之则讲传承，"体之传""气之传""理之传"，把个人的生命价值，赋予更广阔的的人伦、历史与思想，让渺沧海之一粟的人，有一个大如沧海的肌体可以依托。而在中国革命的传统价值上："三年以来，在人民解放战争和人民革命中牺牲的人民英雄永垂不朽！三十年以来……由此上溯到一千八百四十年……在历次斗争中牺牲的人民英雄们永垂不朽！"人的意义与价值和人民的解放、利益、福祉结合起来，这些有机地结合在一起，能够给人更为明朗、超然、宏大而深远的生命价值体验。这些，也能让人的生命在未知的惶惑、物质的迷乱与自我的焦虑中找到一个坚实的栖息之地，让生命找到价值，更有价值。

　　凡此立论，该书共分十九章，从人与自然的矛盾，到消费主义、家庭问题、恐怖主义，至未来思考，通过19个具体问题多侧面、多维度考察中华文化对世界的贡献。19个问题，直面当世症候，可以说，对目前人类所遇到的问题本书编者、作者均表现出高度敏锐性，如按梁漱溟先生所言，此敏锐的直觉，就是孔子所谓仁，那么，作者必是带着一颗仁心去考察世界，考察中华文化对世界的贡献。

三 破除固有观念阐释中华文化

当今时代，生活节奏快，娱乐化引导着非智潮流，把很多需要细致分析的内容淹没在标签化当中。为了便于记忆，或者说，为了更加引人瞩目，技术归类，人设横行。中华文化也难免在人们的臆度中遭遇此种困境，具体表现为东西对立。西方有的东方必没有；东方有的西方必缺失。而该书中，作者对中华文化做了更为详细的阐释，廓清了观念，让读者对很多固有观念有了新的认识。

如该书第二章所论的"人本主义"观念，"在很多人的观念中，现代的人本主义是西方的舶来品，而不知道它原来是中华文化的土特产。近代西方文化所倡导的人本主义思想，与中国传统文化中的人本主义有着极大的相似性"。作者并非妄论，而是找到了极为具体的理论支撑。《尚书·泰誓》篇记"惟天地万物父母，惟人万物之灵"；荀子提出"人最为天下贵"；《列子·杨朱》篇记"人肖天地之类，怀五常之性，有生之最灵者也"；《礼记·礼运》篇又有"故人者，天地之心也"之论，凡此论述，不胜枚举。因此，读者可以知道，在中华文化的体系之中，人一直处在一个重要的位置，而不是重礼法，轻视人本身。这一理解给读者很大启发，对读者理解今天的社会制度有很大的意义。例如，2003 年时任国家主席胡锦涛同志提出"以人为本"的科学发展观，2018 年科学发展观被写进宪法成为中国共产党的执政理念。我们可以理解为，这不仅是面对现实，也是面对传统，是中华文化对人的关注、肯定、重视的又一延伸。

又如，现在流行的一些观点，认为中国古代的女性地位很低，女性在婚姻生活中是被动的甚至一直被欺凌、被压迫。这一点不能否认。但是，这也并非中国婚姻的全部。如该书《中华文化能为解决现代家庭问题贡献什么》一篇中，就引用《左传》"夫和而义，妻柔而正"的说法。作者认为："在某种程度上，丈夫的宽和、仁义，直接决定了妻子的柔顺、品正。只有在相敬如宾的琴瑟合鸣之中，才能有这和谐美满，地久天长的婚姻与夫妻关系。"从这一点论开去，可以说在中华文化体系内，家庭的关系从来都是互相影响的，夫和才能妻正，父慈才能子孝，而并不像我们理解的那样，一者压迫另一者，为一种不对等只对立的关系。再如，论述个人的独特性，论述文明冲突等，都能够对中华文化追本溯源，让读者从源头取水，洗去个人臆度的随意性与历史构建的污名化，让中华文化能够更加清晰地出现在读者面前。

综上所述，这是一本及时的书，它在中国崛起的今天向世人阐明中华文化对全人类可以做出的贡献；这又是一本严谨且热情的书，立论严谨，但面对问题，面对现实，面对中华文化，可以看出作者对人类深沉的关注，对中华文化发自内心的热爱。限于篇幅，该书中更多内容不做累举。评论只是著作之影，再长也只能帮读者想象作品之形，而其内在翔实、热烈、细腻的肌理，还有待众读者亲自体察。当然，如此著作，读罢掩卷，难免引起笔者一些人性思考，书中对文化的渊源、流变，宏大的社会、政治问题，做出了详细而有力的阐发。但是，我们今天作为个人，面对的更多是纤细如发、似有实无的问题，驱不得去，如时尚、饮食、语言、习惯。孔子中庭有训"不学诗，无以言，不学礼，无以立"。中华文化曾经影响、规范了每个人由内而外的"言""立"之道，今天是否也能对个人的"言"与"立"做出更具体的影响，还望诸读者由此生发，望诸作者再做思量，进而解惑。

The Action Force of Chinese Culture
——A Review on *What Can Chinese Culture Contribute to the World*?
Xiao Lei

Abstract：*What Can Chinese Culture Contribute to the World*? is a book that elaborates on the contribution of Chinese culture to the world. It is written in response to the development of the times. Starting from the interpretation of the classic Chinese culture and combining it with many problems in today's world, the book puts forward its own solutions from the perspective of Chinese culture. It provides readers with a richer, specific, in – depth understanding of the power of Chinese culture. Base on the detailed study of the book, the paper sorts out the characteristics of the book, mainly from the richness of cultural composition, the realistic sense of facing problems, and the new interpretation of classic concepts. The author hopes that readers could have a more detailed and in-depth understanding of the book, reflect on the concepts and developments of Chinese culture, how it can solve many problems faced by human beings, and how it changes the world and human life.

Keywords: Chinese Culture; Transformation Perspection; Cultural Value

About the Author: Xiao Lei (1983 –), master, Lecturer of Hebei Institute of Communications. Research field: chinese literature and culture studies. Email: 153918311@ qq. com.

学人心语

人生如何开境界

魏敦友 *

　　摘　　要：钱穆先生是民国时期的学术大家，堪称近现代中国学术史中的一个传奇性人物，他从极偏僻的乡村中学进入中国主流学术界，撰写了大量极具影响力的关于中国历史与文化方面的著作，成为一座重要的学术丰碑。钱穆晚年所撰写的《师友杂忆》既反映了他的学术思想形成的过程，同时也向我们展示了他所处时代的巨大变迁。更重要的是，从最初令他焦虑的中西文化之得失的思考，到后来他提出我们如何做一个中国人的问题意识，对于我们今天认识中国的文化转型及打开我们的思想境界无不具有重要的意义。

　　关键词：钱穆　《师友杂忆》　读书　交友

　　在这些年里，我常常有一种十分悲怆的生命体验，一种说不出的悲悯与苍凉常常在心中滋生、盘旋，挥之不去。但我要感谢这种近乎悲剧性的人生体验，因为正是在这种悲剧性的人生体验之中，我获得了对人生的解悟。从读书的角度讲，我重要的收获是读钱穆先生。我接触钱穆先生的作品实际上很早，在研究法学、中国社会历史演进、法治中国等

　　* 魏敦友（1965— ），哲学博士，湖北大学哲学学院教授，湖北大学法哲学研究中心主任，主要从事法哲学、西方哲学、中西文化比较研究。代表性著作有《回返理性之源》《当代中国法哲学的使命》《当代中国法哲学的反思与建构》《当代中国法哲学的基本问题》等。电子邮箱：weidunyou@ 163. com。

问题的时候，我突然发现我跟钱先生的观点非常一致，或者说钱先生的著作引起了我非常大的兴趣，特别是我今天要给大家说的《师友杂忆》，这本书可以说已透入我的骨髓，是在我读书的人生经历中感觉最深的一本书。我甚至认为近代学人之中，除了梁启超先生之外，我最佩服的人就是钱穆先生了，我认为 200 年来的中华士林中钱穆先生是第一智者。钱穆先生为人为学非常朴实，紧紧依附于中华大地，依附于中国文化之根，在整个中国文化气息里面得到涵养，得到提高，最后得到升华。他对文化的理解，对人生的理解，对社会的理解，对宇宙万物的理解也是最深的。有一次我好像在微信群里也说过，希望大家多读钱穆先生，同时也要多读冯友兰先生，当然也要旁及其他一些人物。我们通过这样一些人物的文字来把握我们的历史，把握我们人文的进展，把握我们当下学术的命脉，然后我们进入其中，再开启我们人生的一个新境界。我觉得钱先生是我们进入中国文化、进入世界文化、进入人类学术思想的一个入口，而且是一个非常平实的入口。我觉得我们都可以由此而进入，只要我们静下心来，只要我们对钱先生表示着一番敬意，就都有能力进入这样一个学术大师的巍峨的学术大厦的入口。

我们每个人都生活在具体的历史时空里面，如何使我们的生活变得丰富多彩，变得有光彩，即"人生如何开境界"。"人生如何开境界"这样一个话题，它的重点不在"境界"，而在于"如何开"。开境界的六大法门，我概括为"六多"：多读书，多观察，多思考，多远游，多交友，多著述。

一　读书

读书其实在中国读书史上是一个曾经引起激烈争论的话题，今天我们似乎感觉不到了。关于要不要读书这个问题，在我们中国历史上有很多争论，比如南宋时代的两位著名思想家朱熹和陆九渊。朱熹是理学家，他强调要多读书，而另外一个叫陆九渊的人是个心学家，他却认为读书是不必要的。陆九渊说过一句非常有名的话："圣贤读何书?"意思是尧舜这些圣人没读过什么书,因为那时候根本就没有书可读,但是圣贤没有读书,并不影响他们做圣人。因此,在陆九渊看来做人和读书之间是没有关系的,或者至少没有必然关系,因此堂堂正正做一个人,根本不用读书。但是在朱熹看来,两者之间是有内在的关系的。不读书怎么能够获得智慧呢?只有通过读书,只有通过对天下万事万物的观察,我们才能够观察到内在的道理,才能够按照道理来规范我们的行为。

我们发现后来有一个人更有趣,就是六祖慧能。现在的文献显示,六祖慧能是不认识字的,但他到底识不识字,我很怀疑,甚至认为"慧能不识字"是一个文化或思想的隐喻,其中所蕴含的意思是,当一种外来文明,比如说佛教文明传入中国,被我们所涵摄、融化和吸收了,是不需要通过语言表达出来的。就像儒家的文化,今天一个普通人长期在这种文化的氤氲中,也能按照儒家的要求去做,可他其实并不知道这种文化的脉络,只是自觉不自觉地按照这种要求去做了,当达到这种境界时,很有可能一个新的文明就真正诞生了。我曾经跟在上海戏剧学院工作的师弟倪胜博士有一个半带调侃半严肃的对话,说出来大家可能会感兴趣。前不久倪胜博士在微信朋友圈里发了这样一条消息,他说:"我有一个梦想——有一座山,有一个湖,有一栋别墅,有大量的藏书,有朋友们经常来讨论人生、社会、历史和宇宙等方方面面的问题"。我看到后给他留言说,如果书很少,或者甚至没有书呢?他回答说,书少或没有书的话,会待不久的。我就说,那是因为他还没有真正长大!瞧瞧人家六祖慧能,即使有很多书,许许多多的佛教典籍摆在面前,也假装不认得。我说了这话后,他就笑了。这话是什么意思呢?这是我们之间互相打机锋,禅宗的机锋,意思是一个人真正领悟到一种人生的境界和历史的境界时,他就再无须用文字来表达了。据记载,在曹溪有人拿佛经来请教慧能。慧能回答说,我不认得字,但可以谈论问题。人们发现,不识字的慧能竟然能通透地探讨问题。

这也让我经常考虑,到底要不要读书,读还是不读,这真是一个问题。在这个意义上来讲,陆九渊所述实在有道理,"我不读书,并不妨碍我堂堂正正做一个人"。我们知道，中国思想中有所谓渐教和顿教之分，"渐"就是逐步地通过学习慢慢达到一种境界，其是一种突破性的境界，或者可以说转识成智。今天我们说到了"识"，在中国佛教文化里"知"有两种：识知和智知。一本书、一张桌子、一支笔摆在我面前，我认得它，这叫识知。智知则不同，唯识论里面讲，人有八识，如何从识转为智，是佛教所讲，这种思想后被中国文化所吸收。读书不读书，各有理据，一种认为我们要通过观察生活中的一草一木，对生活一点一点地思考，然后达到一种境界，这叫作转识成智；另一种认为，我们可以直接认识心性，体悟良知，没有必要经过一点点积累的发展过程。基于此，中国形成了两种思路，一种是"顿"，就是顿悟；一种是"渐"，即逐步地领悟。那我们应该怎么认识这两种思想的冲突呢？我觉得对于此，王阳明有一句话讲得很好，他说我们每个人生于世间，都有自己的本性心性，有的人很有智慧，那他就没有必要逐字逐句，而是直接可以达到良知之境。如梁漱溟先生曾说，别人把他看作一个国学家，而他不是什么国学家，他是问题中人而非学问中人。古籍中很多字其实梁先生都不认得。梁先生这么讲话，我感到很惊讶，因为在我们很多人心目中梁先生是国学大师，怎么可能跟我们一样很多字都不认识。后来我慢慢领悟到，梁漱溟先生也可以看作是陆九渊、王阳明一派的学者，属于直达心性这一类人。这一类人的境界是非常高的，从康德意义上来说可能拥有智的直觉。牟宗三先生也认为，我们中国人拥有智的直觉，我们可以领悟到事物的本体，而西方人，特别是康德之后，他们认为人只有感性直观，没有智性直观，不能达到智性直观的境界。我们中国传统的儒家、佛家、道家所追求的一种境界，就是智性直观的一种概念。但是普通人，都还是需要读书的。读圣贤书，悟其中理，积以时日，我们的境界就会慢慢地打开。从这个意义上来讲，我是主张读书的，钱先生也是主张读书的，而且我认为钱先生是中国近百年来读书读得最好的人物，他是我们读书人的表率、读书人的楷模。我们通过读钱先生的著作，追溯他人生的历程，这样来开境界，我认为是比较朴实可取的一条道路。

读书，还是不读书，这是一个问题。我现在的回答是，因为我们的根性不高，不能直达本体，所以要通过对万事万物（包括人文的各种现象）的研究，来达到对事物本体的认识。以此来讲，我属于"渐派"，有一个逐步深入的过程。所以，我们要以读书作为前提条件，逐步地下学上达，这是关于要不要读书的回答。我认为我们的根性不高，属于中性，所以我们要通过读书逐步上达到事物的本体，在这里取的是朱熹、程颐的立场，即程朱路线，而非陆王路线，牟宗三先生认为程朱理学不是儒学正宗，但我在这里还是取程朱路线，正宗不正宗并不重要，重要的是，是否在知识上面增加了新的质素。

　　下面，我具体说一下钱先生读书时的情形，主要看看他如何通过读书打开人生的境界。钱先生为何能成为一个那么好的读书人是我经常感到困惑的问题，天底下有没有人，如钱穆先生的父亲形容钱先生的那样，"前世就是个读书人？"如今天我们汇聚一堂，有没有一种内在的，我们看不见的缘分，让我们突然来到这个地方，这种缘分是不可解的。例如，我在读俄罗斯著名作家康·帕乌斯托夫斯基的《金蔷薇》这本书时，书里有句话让我印象深刻，"人们在千百条道路的十字路口偶然相逢，却不知道他们以往的全部生活正是为这次相逢做准备"。这句话读起来，一方面让人很高兴，我们以前的所有生活正是为了这次的汇聚，有点符合黑格尔的观点，黑格尔说过，"世界的哲学向我这里汇聚"，但同时又显得神秘，正如钱先生，他真的就像他父亲所说"此儿好像前世读过书来的"类似佛教转世之言。钱先生为学，从他 1895 年出生到 1990 年去世，在这 96 年的人生中几乎无一日不读书，无一日不思考，无一日不著述。钱先生著述如此丰硕，让现今人们叹为观止，这其实是有内在的力量在推动他。

　　钱先生与书结缘，有很多因素起作用。父母的期许在其中起到了非常重要的作用。在《八十忆双亲》这本小书里，他多次提到双亲早年对自己的教育。钱父是一个非常慈善的父亲，他对孩子们从无责怪之语，从不以批评来反面教育，都是作正面引导之语。例如，钱先生七八岁时就能从头到尾背诵《三国演义》《水浒传》。当时，钱父每晚要去鸦片馆抽鸦片，小钱穆有一次也跟着去了。鸦片馆里有人就说："钱穆，听说你能讲《三国演义》，是吗？"钱穆回说："是，我可以讲《三国演义》。""那你讲吧，我们来出题，你就讲'舌战群儒'那一段。"于是，七八岁的小钱穆就开始讲，这里是张昭，这里是周瑜，一一介绍东吴谋士，然后自己当诸葛亮，一一驳斥诸人，讲的跟《三国演义》毫无出入。讲完后，大家对他都非常欣赏，但钱父此时并无作声。第二天，他又去了，大家不要他讲"舌战群儒"了，要听"骂死王朗"那一段。这时，小钱穆却扭捏起来，不讲了。为什么呢？原来在来的路上，小钱穆与钱父经过一座桥，钱父就问他，他认识"桥"字吗？钱穆答：识。钱父又问，"桥字何旁？""木旁。""用马易木，是什么字？""骄。""你昨晚在烟馆里是否有'骄'字之意？"小钱穆立马明白了父亲的意思，昨晚在长辈们面前得意忘形了，有点骄傲之意，所以今晚就不再讲了。由此我们可以看出钱父对钱穆的教育，不是直接作批评之语，而是委婉地正面引导，让钱穆自己慢慢成长。

在读书方面，钱父的教育有几处也让我印象颇深。第一件事情是这样的。钱穆七八岁的时候，他需要早早睡觉，但他哥哥——也就是钱伟长先生的父亲——比他大四五岁，钱父每晚十点多钟回来时仍要督促哥哥读书。在督导过程中，有提到过"此处应如何读"之语。有一晚，父亲对哥哥说，"读一句要知道作者有三句没有写出来"，就是说，读到一句话要举一反三，以一知十，要知道一句话的背后有更多未尽之意，作者没有写出来。父亲这样教哥哥的时候，小钱穆就躲在被窝里听，后来他描述自己是"喜之不尽"。我一直认为，人读什么书、做什么事，一定要有种感觉，钱穆就很有感觉。第二件事情是什么呢？钱穆在《八十忆双亲》里面讲到其跟着哥哥他们几个人在上私塾，有一天钱穆的爸爸到私塾里面去，当时钱穆正好读朱熹的《四书章句集注》，读到了"孟子注"，当时老师还没有开始讲这部分，钱穆的爸爸就跟他说："这个'孟子没'的'没'字，是什么意思？"钱穆就说："这个'没'字可能就是掉到水里面去了这个意思。"钱父又问："那你怎么知道这个'没'字是掉到水里面去了呢，老师还没有教你啊？"钱穆先生说："我看到了三点水，我心里想肯定是掉到水里头去了，在水里面那个颠三倒四的。"后来钱父对他那个私塾先生说了一句话，说小钱穆"前世曾读过书来"。这两件事都说明钱穆先生小时即有读书的慧根。我要讲的第三件事情，也是我印象特别深刻的。钱先生的父亲在临终前跟钱穆交代时，只说了一句话，"汝当好好读书"。我想，这也许给少年钱穆的内心深处埋下了读书的这样一颗种子。因为父亲叮嘱他要好好读书，所以这就是后来钱先生一辈子几乎无日不看书、手不释卷的一个重要原因。

还有一件事，涉及他母亲。钱先生父亲去世之后，周边的人们才知道原来钱穆的家里面这么穷苦，有人就为钱穆的哥哥介绍工作，说你们家里面这么贫困潦倒，应该去工作，比如说到那个小布行里面当一个小伙计什么的。钱先生母亲说："这样不可以，我要为钱氏家族留几颗读书的种子。"后来钱穆很快就考到常州府中学堂去了，他哥哥也去读了师范班，一年之后就回家了。"读书的种子"，这是我念到的非常感动的一段。我经常想，我们广西也应该要培养许多读书的种子才对，如果没有读书人不断精进的话，那我们学术的文化薪火怎么传承呢？钱先生之所以一生读书不止，跟他父母有内在的关系，父母的期许在他的身上一直关照着他，推动着他，激励着他，勉励着他。这是我想讲的有关读书问题的一个方面。

另外，我想讲讲怎么去读书，读书的正道又何在等问题。我觉得，如果我们将读书正道的理念涵育在心，我们来读钱先生《师友杂忆》一书中所展现的钱先生的读书历程的话，是可以从中获得很多启示的。钱先生在他很小的时候，就把《三国演义》《水浒传》这样一些古典小说的文字读得熟透，这就涉及我们讲到朱熹的读书的三个境界中的第一个：熟读。一个文本你要熟透，那一定是要反反复复地读。所以我在钱先生的著作里面经常看到，钱先生反反复复读，如他读《孟子》，读《孟子》六篇，反复地读，读过七八遍，直到使那些句子涵化在自己的心里头，自己能够背诵了他才放手。所以从这个意义上讲，反复地读，来来回回地读，是钱先生读书的一个非常重要的方面。除了反复地读之外，还要一字不漏地读。这一点，钱先生在很多地方也讲到了。比如说，他在果育学校的时候，学校里有一个老师叫顾子重，从无锡城里面到他们的荡口小镇来当老师，这个老师跟学生关系很好，学生就在跟老师的闲谈之中说到，有一个学生钱穆，他很会读《水浒传》，是不是要把他叫过来与老师见个面，老师说可以。钱穆来了，顾老师问了《水浒传》中的一些情节，钱穆应对无碍。我们可以看《师友杂忆》里面有这样一段话："顾师问，汝能读水浒否？余答能。顾师随问水浒中数事，余皆应答无滞。"① 但随后，老师说了这么一句话："汝读水浒只看大字，不看小字，故所知仅如此。"后来钱穆说："余闻言大惊！何以先生能知余之隐私。"就是说听到老师的话，钱穆心中大惊，"你老师怎么知道我只读了大字没有读小字？"至此，"返而重读，自首迄尾一字不敢遗，乃知小字皆金圣叹批语，细读不忍释手，一遍又一遍，全书反覆几六七过，竟体烂熟"。这个话对我的启示很大，我们今天实际上很难做得到这一点，但有一些书要读多遍，才能竟体烂熟，否则根本就达不到作者所要传达的境界。当然，有些书就要泛读了，对那些没有价值的东西，翻一翻几秒钟就过去了。

读书正道讲究读书时一定要一心一意，心无旁骛。《师友杂忆》里有一个情景是这样的，有个叫李埏的，当年是北师大历史系的学生，追随钱先生读书问学，到了西南联大之后，钱先生在一边教书时也一边到各地去游玩，李埏就经常陪老师去游山。他们之间有一个对话："一日，李埏语余，初在北平听师课，惊其渊博。诸同学皆谓，先生必长日埋头书斋，不然乌得有此。及在昆明，赴宜良山中，益信向所想象果不虚。及今在此，先生乃长日出游。回想往年在学校读书，常恨不能勤学，诸同学皆如是。不意先生之好游，乃更为我辈所不及。今日始知先生生活之又一面。余告之曰，读书当一意在书，游山水当一意在山水。乘兴所至，心无旁及。故《论语》首云'学而时习之，不亦乐乎'。读书游山，用功皆在一心。能知读书之亦如游山，则读书自有大乐趣，亦自有大进

---

① 钱穆：《八十忆双亲 师友杂忆》，九州出版社，2017，第 38 页。

步。否则认读书是吃苦，游山是享乐，则两失之矣。"① 读完这段话，我特别有感觉，觉得我们读书是一个苦差事，所以我们要努力去读书，然而这里不是说要讲什么努力不努力的事，我们要觉得读书是一件快乐的事情，读完这本书可以突然领悟到很多事情，读完另外一本书又可以领悟到很多事情。做一件事情，就专心致志去做，读书就是读书，心中自有乐趣，一心只在书上，那么现在游山水也在山水上面。所以，读书亦如游山，当一心一意。

　　读书也是一个人生境界不断展开的过程。钱先生的读书生涯是随着他的人生境界逐步展开的，小时候他读《水浒传》《三国演义》，后来钱先生以不满十七岁之龄，到秦家水渠三兼小学去教书，见到了一个兄长式的人物，叫作秦仲立，这是个非常有趣的人物，他把严复的著作都买回来了，但是他觉得有些地方读不透，所以想找一个能读书的人跟他一起共学，一起来学习，一起来理解。正好钱先生是个非常好的读书人，秦仲立就把严复译的很多著作包括《穆勒名学》（原名为《逻辑学体系》）等很多书一本一本地跟钱先生说，"我读的很多地方不够透，你读了之后就教我，这样的话使我能够领悟书中的意思"。在这种背景之下钱先生读遍了严复的翻译著作。钱先生是真有体会，因为他都是一字一句地读，特别是秦仲立有时假装在某个地方做个记号，其实秦仲立已经知道它的意思，只不过在考钱穆是不是有能耐，后来，钱先生才领悟到秦仲立的用意。那时候严复翻译了《逻辑学体系》，还有孟德斯鸠的《法意》、约翰·穆勒的《群己权界论》（原书名为《论自由》），当然还有一些进化论领域的著作，这些著作应该说在当时是非常领先的。钱先生除了读严译之外，他还读其他的，所以他的人生的历程跟读书的历程是逐步展开的。除秦仲立外，钱穆此后又认识了一个朋友，叫朱怀天，由于朱怀天，钱穆开始读有关佛教的著作。钱穆后来又到厦门图书馆读了《船山全书》，后来又在华西大学读了朱熹的整个著作，就这样，钱穆读书不断地展开，人生也不断地展开，所以钱先生当时说，读了一本

① 钱穆：《八十忆双亲　师友杂忆》，九州出版社，2017，第182页。

书之后就有了一个新境界。还有些地方讲得特别令人感动，也很有趣。例如，他说："犹忆第一次上船，余坐船头上，读《史记·李斯列传》。上下千古，恍如目前。余之读书，又获深入新境，当自读此篇始。"我们可以直观地看到，钱先生每读一篇东西，读一本书，或者读一个人的全集，他总是感觉到人生又有一个新的境界被打开了。我在这里不讲境界，讲的是他感觉到有个新的境界被打开了。我讲读书是伴随着人生境界被打开的，所以我在书上特别批注："钱先生每读一书必开一学境，真可谓是善为读书者也。"这真的是一个会读书的人，每读一本书都有一个新的境界被打开，都会有新的领悟。

　　我在这里讲读书的正道就讲这几个方面：一是讲要反复地读；二是讲要从头到尾一字不漏地读；三是讲要一心一意地读；最后是讲每读一书要开一新境，有新的领悟。这是我从钱先生的读书历程中所领悟到的。我们作为一个读书人，一辈子都要讨论怎么去读书，但不要再讨论要不要读书了，我们只有读了很多书之后，才可以不读书了，才可以说书是没有用的了，因为那些书的精魂，那些魂魄都融化在我们的心智之中了。今天的我们，要永远把自己看成一个中性的人格结构、中性的心智结构的人，我们在读书的过程中不断前行，不断去努力，这是我们读书的一个内在的要求。冯友兰先生在《中国哲学简史》中讲过一句话，他说："只有讲过很多话之后，然后才能沉默。"① 我们要读过很多书之后，才能把书扔到一边去。我们不能一上来就学陆九渊，学王阳明，我们为学首先要学朱熹，要学钱先生。

　　读书是一个无尽的话题，我们在人生的过程之中，碰到好书之后，要知道这是一本好书。你读了这本好书之后，要不断地打开人生新境界，不断地想到新的事情，领悟到新的人生道理，领悟到一种人生新的轨辙或者规则，这样新的人生境界被打开了。我想这是非常重要的，这就是通过读书来理解人生、理解社会、理解历史、理解宇宙，我想我们要做

---

① 参见冯友兰《中国哲学简史》（修订译本），赵复三译，天津社会科学出版社，2005，第300 页。

一个读书人，让书成为打开我们人生境界的第一个入口。

二　交友

　　我讲的第二个话题是交友。这里的友泛指师友。刚才回顾钱先生的人生经历，我们会发现书是怎么呈现在他面前的，这里面就有师友。没有师友，哪里来书？所以书的背后是师友。这里的师友，应该作为广义来理解，包括老师和朋友，甚至包括师友之外的自然界中的事物，如以松、鹤为友。另外还有一点很重要，虽然名义上是师生关系，但实质上更多的是朋友关系。我写过一篇文章叫《老师、学生与真理》，我个人认为这篇文章是我来南宁写得最好的一篇文章。这里边就讲师生关系不是一个对立的关系，不像亚里士多德说的"我爱我师，但我更爱真理"，师生之间应该是朋友关系，就像教练和运动员的关系，我们的共同目标是追求真理，我们结伴而行就是为了追求真理。所以，交友其实也是一个非常重要的事情，交友对于人生境界的开启甚至更重要，不是有人说过，与君一席谈，胜读十年书吗？因为书是死的，而师友是活的。

　　下边我结合钱先生《师友杂忆》里面的故事，来说明钱先生如何通过交友开辟了人生境界。在这里，我主要想讲《师友杂忆》的第一章，这一章讲的是钱先生十岁时上新式学校，即名果育学校（果育一名或来自《易经》），他在这里虽然只有短短的三年时间，却引发了他一辈子关注的问题，且不同的老师通过不同的知识侧面启发了他未来的学思方向，故而我在这一章批注道："问题开启，学植多端，何其幸运！"钱先生在其学思的起步阶段，良师如云。如果你读了这一章之后，再回顾一下我们自己那个阶段所受的教育，可能就会很汗颜了。果育学校可以说是钱穆先生为学为人的一个起点，是他打开学问的境界、展示思想的境界、人生的境界和文化的境界的起点。我每读关于果育学校的这一章时，都感慨万端，如果像钱先生在十岁的时候遇到这么多的好老师的话，那我今天的境界肯定会很高。可惜我们从小受的教育不如钱先生，我们读的书也不是人类文化中的精粹之作。因此，当我把当时所受到的教育和碰到的这些师友，放到钱先生这个平台上比的话，就觉得心里头非常难过，感到生命黯淡无光，甚至有人生白过了之感。所以讲钱先生是怎么交友的，主要是想让大家从这里领悟什么叫作良师益友，而不要交狐朋狗友。这个交友好像是主动性的，其实不是，师友也是不期而遇地呈现在你面前的，师友跟书一样，是不知不觉的，突然就有一个好师友在你面前，让你的世界添光彩，让你的人生上境界。果育学校的这一章总共有六节，钱穆讲了大概五个老师。十岁前他受的是私塾教育，读的是四书五经和《三国演义》《水浒传》等明清小说，但他十岁到了新式小学之后，我们中国文化要开新境了。在这个时期，在这个小学里，或在荡口镇这个小小的地方，集聚了很多新旧硕儒，集聚了一大批了不起的师长，所以钱先生深深地受益于他们。

下面要说的第一个，就是钱伯圭先生。钱穆有一段话写钱伯圭先生，我在很多场合下也常讲："体操先生为余之同族钱伯圭先生，乃鸿声里人，游学于上海。后始闻其乃当时之革命党人。一日，揽余手，问余：闻汝能读三国演义，然否。余答然。伯圭师谓：此等书可勿再读。此书一开首即云天下合久必分，分久必合，一治一乱，此乃中国历史走上了错路，故有此态。若如今欧洲英法诸国，合了便不再分，治了便不再乱。我们此后正该学他们。余此后读书，伯圭师此数言常在心中。东西文化孰得孰失，孰优孰劣，此一问题围困近一百年来之中国人，余之一生亦被困在此一问题内。而年方十龄，伯圭师即耳提面命，揭示此一问题，如巨雷轰顶，使余全心震撼。从此七十四年来，脑中所疑，心中所计，全属此一问题，余之用心，亦全在此一问题上。余之毕生从事学问，实皆伯圭师此一番话有以启之。"[1] 钱伯圭先生这个话，只是说了一件事实，他说英法诸国走对了路，我们中国走错了，所以我们中国要学欧美，要学英法诸国，他没有提出问题，给的是一个答案。笔者觉得这里可以看出一个人有无思想的慧根，多半人无慧根，所以跟着伯圭先生的指示走，去按照英法诸国的样子改造中国，这是晚清以来新文化运动的模式，

---

① 钱穆：《八十忆双亲　师友杂忆》，九州出版社，2017，第 35～36 页。

从哲学上看，这就是独断论。但是笔者发现在钱先生的心里头，他好像悄悄地完成了一个转换，他把伯圭先生的一个明确的答案转换成了一个存疑的问题。对于钱穆先生所完成的这个思想转换，我认真做过分析，并写了一篇文章叫《认知路途上的震撼性时刻》。我多次专门研读了这一段，特别是那八个字"巨雷轰顶，全心震撼"，如果说一个人的话让你产生这么大的身心震荡，这应该是一个认知路途上震撼性的时刻来临了。后来我想，很多伟大的学人，他们之所以伟大，必然有他独特的震撼性的认知，有其认知路途上震撼性的时刻。这个地方，钱先生把钱伯圭先生的一个平平淡淡的叙述转化成了一个令人忧思难忘的问题：中西文化孰得孰失，孰优孰劣。照伯圭先生看来，中国文化失、劣，西方文化得、优，中国文化要学西方文化，这都是明确的答案，但是十岁的小钱穆把它转化成了一个问题。我说钱穆先生从伯圭先生一席话而得问题开启，但从根本上看，开启问题最终还是得靠自己的主体性慧根，同样的一句话，为什么不同的人体会不一样，这是一个非常奇特的现象。我们要向钱穆先生学习，要把握自己认知路途上的震撼性时刻，要有问题意识，因为我发现问题意识或认识路途上的震撼性时刻往往是不期而遇的，带有很强的神秘色彩。比如说，我人生途中遇到的邓正来老师，在他自序里面讲他12岁的时候当了童工。在邓正来12岁幼小的心灵里面，他突然之间有了一个恍惚，有了一个疑惑：童工不是旧社会才有的事情吗？怎么在新社会自己也当了童工呢？童工是万恶的旧社会的一种糟糕表象和社会现象呀，怎么自己在新社会也当了童工呢？此一问题之朗现，在童年的邓正来心中顿感不适，认知路途上的震撼性时刻不期降临到童年的邓正来心灵上。这个疑问一出来之后，马上带出来的是一个渐次普遍化的问题：是什么人让自己当童工的？童工是一种什么样的社会秩序的外在表现？自己是怎么被安排到了这样一个社会秩序里面？进一步问，什么样的社会秩序才是好的？所以这个疑惑，使得邓正来老师一辈子都在追问社会秩序正当性问题。邓正来老师从个人的经历里面引申出来一个抽象的问题，在这样一个背景之下，他的整个学术格局就展开了。钱穆先生在这个地方也是一样的，所以我在读到钱先生说如巨雷轰顶，全心震撼的时候，也为之感到震撼。钱先生他年方十岁，就从钱伯圭先生的话语里面领悟到了一个深刻的问题，领悟到了中西文化内在冲突的问题，并一直引导着钱穆后来对中西文化比较问题展开深入研究。我经常想到，一个伟大的人物，一定有他认知路途上的震撼性时刻，如果没有这样的震撼性时刻，没有一个问题意识作为引领，那么就很难打开思想的境界，就无法打开人生的境界。

问题意识确实非常重要。海德格尔说每一个人，每一个哲学家，其实都有一个问题，他所有的著述不管多少，都是围绕着这个问题来展开的，一个问题就是一个内在的灵魂。我们研究学问，开启人生的思考，都要由问题来引领我们，没有问题的话，我们就像断了线的风筝一样，总会掉下来。所以说，我们正是在回答我们所领悟到的问题的过程中，来拓展自己的人生和展开自己的境界的。钱穆先生在十岁的时候，因为钱伯圭先生的这一段话，他领悟到了中西文化孰得孰失、孰优孰劣的问题，进而展开了他对中西文化的一个理解。当然这里面有一个背景，因为钱先生自小受到中国文化的哺育，虽然说他们整个钱氏家族到了他父辈这代已经破败了，但是"仁义礼智信"这样一些中国文化对人性的展示，在钱穆先生心里是具有亲和性的。现在西方文化冲击了我们中国文化，是不是我们要完全地否弃掉我们中国自己的文化，不再要我们中国的文化，完全做一个西方人而不做中国人呢？在钱穆十岁的幼小的心中，这些问题逐步地展开了，在这些问题的激励之下，他开始了自己的学思历程。所以说，钱伯圭先生在钱穆交友历程上是非常重要的一个人物。当然，认知路途上的震撼性时刻何时来临，我觉得这是很偶然的。我在那篇《认知路途上的震撼性时刻》里面，除了讲到钱穆之外，也讲到了邓正来，还讲到了唐君毅先生和李泽厚先生，我认为这些了不起的学人，其实他们在早年都有震撼性时刻，突然为一个问题所苦，做出一些反常的举动来，这个大家要去理解它。这是我讲的交友话题中的第一个师友钱伯圭先生。

另外还有华氏两兄弟，我觉得也是值得大书特书的，一个是华倩朔先生，一个是华山先生，这两个人对钱穆先生培植学问的根底起到了相当重要的作用。华倩朔先生也是荡口人，因为很偶然的原因做了钱先生的老师，这是他第二个老师，钱先生是这么描述华倩朔先生的，他说："倩朔师曾游学于日本，美风姿，和易近人，喜诙谐，每以东方朔曼倩自拟故改号倩朔。"华倩朔先生虽然是一个小镇上的老师，但实际上他当时在全国是知名的，"曾编唱歌教科书，由上海商务印书馆出版，其书畅销全国，历一二十年不衰。书中歌词，皆由师自撰。尤有名者，为其西湖十景歌，全国传诵"。① 小钱穆非常喜欢老师写的歌，跟老师走得非常亲近。钱穆回忆说，当时老师经常出题让同学们每人写一篇文章。有一天他又出了一个题，叫"鹬蚌相争"，钱穆写的那篇文章马上就被贴在墙上当作范文，同学都来看。钱穆在这篇文章的结语处说道："若鹬不啄蚌，蚌亦不钳鹬。故罪在鹬，而不在蚌。"华倩朔先生对钱穆的文章评论很高，说他文章的结语"尤如老吏断狱"。因为这样一篇文章，钱穆先生就升了一级，华倩朔老师还奖励了他一部书，叫《太平天国野史》，有两册，由当时春冰室主人所撰。这本书对钱穆先生的读书生涯非常重要，因为据钱穆先生说，"余生平爱读史书，竟体自首至尾通读者，此书其首也"。我们在前面讲读书要自首至尾地读，现在我们可以看到，钱穆自首至尾读的第一本书是华倩朔老师赠给他的，这时他不过十一二岁。可以这么认为，钱穆先生对历史的兴趣，最起初就是由华倩朔老师培植的。升了一级之后，钱穆先生的国文老师改为华山先生。华山先生对小钱穆也有非常重大的影响，起因还是小钱穆写了一篇文章，他后来忘记是写什么主题了，这篇文章让小钱穆又升了一级，还获得了华山老师赠送的一本叫《修学篇》的书。这本书是上海广智书局出版的，作者是蒋方震，字百里，他翻译的这本书是日本人写的，书中网罗了英、法等各国不经过学校学习，凭自修苦学而成为名学者的数十人，并一一记述了这些人苦学的具体情况。当时西欧，尤其英国和法国，那些没有读大学而成才的人，我们也知道很多，比如卢梭没读大学，好像初中都没读，就靠自己勤苦读书，慢慢地成为一代名人。这本华山老师

---

① 钱穆：《八十忆双亲　师友杂忆》，九州出版社，2017，第36页。

赠的书，对钱先生影响极大，钱先生是这么说的，"余自中学毕业后，未入大学，而有志苦学不倦，则受此书之影响为大"。后面他还说了一句话："余知慕蒋百里其人，亦始此。"① 也就是说，小钱穆因为这本书是蒋百里翻译的，所以对蒋百里这个人也非常亲近、仰慕。蒋百里翻译的《修学篇》是钱穆先生立志苦学的一个基础，后来钱先生在西南联大时还遇到过蒋百里，这些当然是拜华山先生所赐，可见师友是很重要的。华山先生赠了书，受书启发，所以他立志苦学，所以说榜样的力量是无穷的，如果我们没有榜样的话，要么就自己成为榜样，要么就沉沦下去。广西为文化僻地，我们前面没有榜样，但是我们也要立志苦学，要成为别人的榜样。我们每个人都是一颗明珠，每个人都是一束光，每个人都是一盏灯，你要把你的光亮，充分展示出来，让人家看见你的流光溢彩。这是讲的第二个和第三个老师，华氏两兄弟华倩朔和华山先生。

　　还有个叫顾子重的先生。顾子重先生是小钱穆连升两级之后的一个老师，钱穆先生在荡口镇读书，这个顾子重老师是从无锡县城里面被聘过来的，他对钱穆先生的影响也非常大。顾老师主要是讲史地，就是历史和地理，当时叫作"历史舆地之学"。钱先生后来成为一代历史大家，我想他的开端就是顾子重先生。顾子重先生在课堂上讲历史和地理，舆地之学深刻地影响着钱穆。所以在晚年的时候，钱先生讲道："余中年后，治学喜史地，盖由顾师导其源。"顾老师在课堂上讲历史地理讲得非常好，学生们甚至说顾老师的课，比当时上海的地理学大师童世亨讲得还要好。在一个小镇上有这样一代学术大师在那里讲学，真的是了不起。像我们现在的广西大学，未见一个学术大师，所以我一眼望过去，广西大学在思想上学术上文化上非常暗淡无光。这里还有一段话特别重要，"一日，某同学问，钱某近作一文，开首即用呜呼二字，而师倍加称赏，何也。顾师言：汝何善忘，欧阳修《新五代史》诸序论，不皆以呜呼二字开始乎。诸同学因向余揶揄言，汝作文乃能学欧阳修。顾师庄语曰：汝等莫轻作戏谑，此生他日有进，当能学韩愈。余骤闻震撼，自

---

① 钱穆：《八十忆双亲　师友杂忆》，九州出版社，2017，第 37 页。

此遂心存韩愈其人。入中学后，一意诵韩集。余之正式知有学问，自顾师此一语始"。① 我读到这段话也特别感动。大家注意这里又出现了"震撼"一词，钱穆先生在《师友杂忆》一书中经常用到这个词，凡是用到"震撼"一词，必然显示出钱先生思想之进境，不可小视。在顾老师心中，韩愈是比欧阳修更伟大的，所以当时钱穆"骤闻此言"是深受震撼的，自此知道韩愈，故中学后他将韩愈的文集拿来专心诵读。所以说顾老师对钱穆的影响很大，这是第四个人。

还有一个人很重要，叫华紫翔，他是华氏兄弟中的第三位，他原本不在果育学校任教，而是在苏州某中学教英文，他对钱穆的影响也是非常深远的。在一个暑期，华紫翔先生回荡口镇，召集了一帮同学办了一个暑期班，选历史上各个时期的古文，从《尚书》开始，一直选到晚清曾国藩的作品，经史子集，无所不包，用这些来教包括钱穆在内的荡口镇的许多学生。钱先生幼时读的都是文学，而因此次暑期班读了从古至今的大量理学文献，使得钱先生领悟到文学和理学之间并无隔阂，钱先生通过这个暑期班从文学转到理学并没有遇到障碍。在这个暑期班上的选文中，一篇是朱熹的《大学章句·序》，另一篇是王阳明的《拔本塞源之论》，钱先生领悟到《拔本塞源之论》是从《大学章句·序》衍化而来的。我读到这里时还特地在书上写道："紫翔先生暑期班之开设对钱先生影响实大，此次返仙桃与岳父熊镜川先生提及如果我从大学返乡的话能不能也开个暑期班呢？会不会有那样的人来学习呢？而如今时代变迁，即使我回去讲，大概也不会有人来听了。"所以我感慨时代变迁，当今的文化传承到哪里去寻找传承者。这里的朱、王二人所论，都是人类历史关于理想社会建构的一般性原理，这也正是我们当下社会需要展开的。王阳明的《拔本塞源之论》是从朱熹的《大学章句·序》中化生出来的，到了今天要建立法哲学，要建立政治哲学，我们依然要提及王阳明关于社会理想的论述。关于华紫翔先生对钱先生的影响，钱先生在最后说道，"此后余每治一项学问，每喜从其历史演变上着眼，而寻究

---

① 钱穆：《八十忆双亲　师友杂忆》，九州出版社，2017，第38页。

其渊源宗旨所在，则亦从紫翔师此一暑期讲习班上所获入也"。① 钱先生从华紫翔先生这里领悟到的，就是任何事物和思想的发展都是这样有源有流地展开的。

以上先后讲到了五个人物，分别是钱穆先生十四岁前遇到的五个老师。这五个老师，每个人都从各自的侧面给少年钱穆带来了强烈的影响，当然这其中自然有钱穆先生自身的主体性作用。此后钱穆在常州府中学堂读书时遇到的吕思勉先生，也对钱穆产生了深远影响。关于吕思勉怎么影响钱穆，有一件趣事：一次考试，吕思勉老师出了 4 个题目，共计 100 分，每题各 25 分，但钱先生对其中一个题目非常感兴趣，竟忘情地不断写，到考试时间结束，结果只答完一个题目，原本以为最多只能得 25 分。同学们在吕思勉先生改卷时悄悄去看，没想到吕老师拿铅笔在他的卷子上不断批改，一连写了好几页，最后竟给了 75 分。吕老师和钱穆的关系非常亲近，之后一直也有联系，一直有通信，可以说吕老师是为钱穆打开中国史学的恩师。吕老师还告诉钱穆说自己可比王阳明，将钱穆比作朱熹，并提出中国的学术本应有顿、渐两途，如果你心性高的话就取陆王的路线，如果你中性的话就取程朱的路线，但我们要相互包容，做到顿、渐相互为用。

在交友话题上，这里我还要讲到另外两个人物，我认为他们对钱先生的影响也是十分重要的，一个是秦仲立，另外一个是朱怀天。秦仲立是钱先生第一个工作的雇主，是他创办了钱穆先生第一次工作所在的那所小学三兼小学，就是因为这位秦先生，钱穆先生得以遍读严译，他的学问打开了，深化了对逻辑的理解、对人文秩序的理解、对中西文化的理解，他也因此厚植了学问的基础。后来秦仲立先生得结核病死去，硬是不让钱穆先生见最后一面，怕病传染给他。朱怀天是从上海师范学校毕业后到荡口小镇，跟钱先生一起教书，比钱先生小一点。朱怀天见到钱先生后非常喜欢，对钱穆非常的佩服和景仰，就认钱穆为兄长，总是跟他在一起相互辩论。钱先生说，他跟朱怀天的关系，应该说兄弟情深。

① 钱穆：《八十忆双亲 师友杂忆》，九州出版社，2017，第 40 页。

朱怀天打开了钱先生什么样的境界呢？首先，钱先生知有佛教就是从朱怀天开始的，因为朱怀天拿老师的佛学著作让钱先生看，钱先生才知道有佛学，有《小止观》，这又开了他学问的一个境界。后来钱先生对佛学就很有研究，而且钱先生学静坐很有感觉，这都是朱怀天的功劳，或者人世的机缘。后来朱怀天在练功的过程中可能不得当，得了病，也没得到及时的治疗，就去世了。钱先生非常伤感，因为他们相互之间有唱和，就专门编了一本关于朱先生的集子叫《朱怀天先生纪念集》，把他们之间相互交往、相互唱和的故事编进集子，以此来纪念这个弱弟。秦仲立和朱怀天对钱先生的影响都非常大，钱先生写的这段话我经常读，他写道："回念余自民元出任乡村教师，得交秦仲立，乃如余之严兄。又得友朱怀天，乃如余之弱弟。惟交此两人，获益甚深甚大。至今追思，百感交集，不能已。"这是钱先生80岁写的文章，回想自己60多年前认识的这两个人，一个严兄秦仲立，一个弱弟朱怀天。他说从这两个人身上获得的对于人生的境界、学问的境界的理解甚深、甚大，至今思之都情不能自已。可能我们平时很多事情都忘了，但是有一些影响极深的令我们刻骨铭心的人和事是不能忘的。所以，我认为这两个人在钱先生交友的路程上是非常重要的。

此外，还有一个人，是他的同班同学，名叫须沛若，这也是一个神奇的人物。须沛若胡子拉碴的，不能看得出他的年龄，但是他好像永远是这样，年轻的时候是这样，年老了也还是这样，不显年轻也不显老，仿佛是个化石。须沛若具体怎么影响了钱先生呢？钱先生从须沛若身上所领悟到的主要是读书一定要切己，读书宜从自身出发，不应将书中内容与自身实际作两橛看。须沛若有一年过年的时候到钱穆家里拜祖宗，按照我们的规矩传统，你来我家我要答礼，所以钱先生到须沛若家还礼。去还礼的时候，须沛若突然把门关上了，不让钱先生走，说钱先生既然来了，就在他家里吃饭吧，而且须沛若要拜钱先生为师父。这个就像当年刘琦请诸葛亮过来，把他引到楼上，然后把梯子撤了，让他走不了。他说，他们虽然是同学，但钱先生的学问比须沛若高出许多，从此以后要建立师生关系。钱穆不同意，须沛若央求过三，钱穆先生最终同意私下称师生，但是公开场合称同学，后来他俩就以这样的方式来交友。须沛若在钱先生的生命历程中影响也很大，表现在两个方面。一是他们在交往时，须沛若经常给钱先生执弟子礼。有一天，须沛若跟钱先生说《论语》里有句话，"子之所慎，斋、战、疾"，然后就告诉他说："今先生患伤风，虽不发烧，亦小疾，可弗慌张，然亦不当大意，宜依《论语》守此小心谨慎一'慎'字，使疾不加深，则数日自愈。"须沛若读书把书上的话跟自己的生命贴近起来。钱先生马上说了一句话："余从此读《论语》，知当逐字逐句反己从日常生活上求体会，自沛若此番话发之。"钱先生以前读书的时候可能就只是注意书上所言，但是须沛若每读一段文字都要从自己身上来加以印证，这一点对钱先生有很大启示。我们读书做学问，不只是学问，要与我们的生活有关系，也就是说要从切己的角度去理解。二是须沛若也促进了钱先生学问的研究。钱先生有一天跟须沛若在一起，须沛若说，他这个人非常的拘谨，不如钱先生那么豁达，想趁着暑期的时候让钱先生给他讲《庄子》？而且他想邀请镇上的其他一些朋友一起来听，大家受益，让钱先生的思想多有一点润泽的对象。《师友杂忆》中专门有一段写他讲庄子，钱先生讲庄子，先讲内篇，总共七篇，从头到尾讲一遍，每句都加以疏解，钱先生后来专门有关于《庄子》的著述，就是从这里来的。所以钱先生后来成为一代学术大家，这其中有关《庄子》的著述就直接跟须沛若这个益友或称之为良友连在一起。钱先生当时对须沛若说，他也要从须沛若身上学，拘谨看上去是个不好的特点，但拘谨有严谨的一方面，钱先生很豁达，但豁达也有大大咧咧这样散漫的一方面，所以须沛若要向钱先生学豁达，钱先生要向须沛若学严谨，相互为友。因此，我们看一个人，要看人家优点，不要看人家缺点，他的优点你就好好学。我觉得我们中国文化，这是很好的一个方面，它是为己之学。什么叫为己之学？就是提高自己，见到高山那么昂然挺立，作为一个人也要昂然挺立，要向高山学。这是钱先生在小学中学遇到并交往的一些人物，还有其他一些人物，由于时间关系就不多讲了。

后来钱穆先生从中学到大学，认识了更多的一些人物，比如给他印象最深的或者说我认为是他学术贵人的顾颉刚先生，还有汤用彤先生。

特别是顾颉刚，是因为看到了钱先生的《先秦诸子系年》之后，他认为钱先生不应该在中学里教国文，应该在大学里教历史。因为顾颉刚，钱先生展开了新的学术境界或者叫人生境界，后来他到燕京大学、北京大学、北京师范大学、清华大学任教，又辗转西南联大、齐鲁大学、华西大学，又到江南大学，等等，这些都跟顾颉刚先生把他引领到一个完全新的学术境界中来有莫大关系。这个过程中也碰到其他一些人物，比如像胡适、冯友兰等这样一些人物。总而言之，在钱先生的交友路途中有很多光彩照人的人，这些人也激励了钱先生在人生路途中不断前行，所以大家有空可以好好读一读《师友杂忆》，从中领悟交友的奥妙之所在。一晃在南宁快二十年了，我深深感到，独学无友是不好的，我们要通过交友来展示自己人生的境界。

因为今天的讲话比较敞开，也有点儿散漫，有时候会讲着讲着便想多了，也便讲多了。交友之道其实从钱先生的人生境界之展开来讲，该部分也是非常值得探究的一个话题。我们中国人讲"进朱者赤，近墨者黑"，所以交什么样的朋友是值得考虑的。当然，有时候朋友并不是说你想交就能交的，我们的人生境界的展开也有很多偶然的因素和必然的因素在里面。就我而言，在读小学、读中学、读大学期间也见到了许多的师友，在这一路之上也有一些体会。比如原来在北师大的杨寿堪老师，还有我的两个师兄严春友、甘绍平对我也是影响很深的。后来我到潮白河边工作，遇到了一位好兄长，当时北京医学专科学校的党办主任王生，多好的一个人，却天不与寿，不幸早逝，我写过一篇文章《潮白河之魂》来纪念他。后来到了武汉，来到湖北大学和武汉大学，见到了邓晓芒老师、杨祖陶先生，还有江畅兄长，戴茂堂兄长，以及很多其他一些朋友。后来到广西，一眨眼就二十多年了，有时候觉得，在这一路之上，读书，思考，交友，自己的人生境界也在不断地打开。所以，为什么钱先生的《师友杂忆》和《八十忆双亲》这两部著作引起了我很大的兴趣，很显然是由于自己内心的一个期许和这两本书有应和之处。一本引起你兴趣的书，说明它与你之间有内在的契合之处，我们通过这样一个理智的反思，我们的境界会逐步地打开。交友之道实际上也是我们在人生的过程之中一个很重要的部分。这就是我要讲的第二个部分。

三　云游

第三个部分我想讲云游，或者说是远游。这个关于云游或远游的话题，也是非常有趣的。其实我们前面也讲到钱先生和学生李埏在云南山中云游的时候，李埏问他，"老师你为什么好像旅游起来劲头也够大的"。中国人游山玩水，这也是开拓境界的一个方面。钱先生在《师友杂忆》里面，有一段他讲到这么一个云游，是他云游的开端。他的这次远游大概是从 1922 年开始的，因为一个偶然的原因要到厦门的中学，主要是集美学校去任教。他这次远游的历程，有的地方写得很感动，比如到集美的一路上，先是到上海，然后再坐船，他写道"余初次渡海远游，长风万里，水天一色，时登船尾，晚观日落，晓观日出，尽日观赏"，① 写得非常好。这一段文字的意境，有一次我也感受过。那次去香港大学开会，跟中科院刘作翔老师和于兴中老师告别之后，和一位研究法理学的刘老师同行，他到澳门，我到珠海，我们分手之后我坐轮渡。在渡轮上，我感觉到整个大海长风浩荡，水天一色，而且想到长风浩荡、无边无涯的意境，地球上的我们只是一个小小的点，但呈现在面前的依然是水天一色，宇宙茫茫，那个航船劈波斩浪，破浪而行，很有意境。这样的游历是非常重要的，我们要通过游历来提高人的境界，一整天关在一个小屋子里面，你凭自己的想象是怎么也想象不出这个世界的壮美的，想象不出这世界的深邃来的。所以人与自然，人跟山川的、跟历史的一个交流和共鸣，是很重要的，当然，它也要有一些机缘在里面。关于云游或远游这样一个主题思想，我先前已经说过，它来源是很早的，我们从《诗经》《楚辞》之中都可得知人类在早期就有一些远游的观念，特别是屈原的远游，他的远游实际上是对现实的不满，对楚国破败的不满，所以干脆离开故国，远走他乡。但是从我们读书的角度来说，我们

---

① 钱穆：《八十忆双亲　师友杂忆》，九州出版社，2017，第 94 页。

游历的话，当然要注重自然风景这方面，同时也要注重人文这方面，其实自然与人文这两者是合一的。

　　钱先生先是到集美，干了很短的时间，转身又回到苏州任教，在苏州又见到了很多人物，见到了钱基博还有他儿子钱锺书。在远游中，钱先生碰到了很多人物，所以远游也是人生境界的一个展开过程，可以说，他一旦离开了那个小小的荡口镇之后，一个很辽阔的世界一下子就展现在了他的面前。大家可以去看一看，有一些人物在这历史之中也特别有趣，其中钱先生在人生之中有一个转折点也是发生在游历的过程之中，因为他碰到了顾颉刚，顾颉刚这个人特别爱才，邀请他到大学教历史。其实从我们今天的角度来说，钱穆先生没有学历，他自己只有思想和著作，但顾颉刚先生认为钱先生《先秦诸子系年》这样的作品放到乾嘉著作里面也毫不逊色。所以，钱先生的《先秦诸子系年》，我们一方面可以看成乾嘉学派里面近代的一个回声，另一方面也可看成是一个总结性的著作。顾颉刚先生说钱先生不宜再到中学教国文，宜到大学教历史，就这样，钱穆先生进到了大学，原来准备到中山大学，后来到了燕京大学。之后，钱先生又见到了胡适等许多人，也见到了冯友兰这些人物，这些都是很有趣的，也算是远游的一个部分。由于顾颉刚，钱穆先生到了燕京大学。其实当时钱先生在燕京大学只待了一年多，是在 1930 ~ 1931 年。到了大学之后，钱先生就小学、中学与大学做了一个比较，他说他当年到小学的时候，师生之间的关系非常亲密，但到了大学的时候那关系就很散了，在小学里面，师生好像就是一家人，但是到了大学就好像个人到了大的环境里面就无足轻重了。他有这个感觉，也只有通过远游才能体会到、领悟到。我觉得这个感觉蛮好的，如果不是到了小学，从小学到大学就没有这种感觉了。钱穆先生这段文字挺有趣，他说："回忆在小学时，如在三兼，有秦仲立。在鸿模，有须沛若。在梅村，有朱怀天。学校同事，情如家人兄弟。即为余书所未详述者，亦复皆然。每校学生亦都在一百人上下，师生相聚，俨如一家。及在后宅，更觉师生亲切，寝于斯，食于斯，团体即如家庭，职业即是人生。假期归家固属不同。然进学校如在课堂，归家如返卧室。不得谓卧室始是家，客堂即不是家。故在小学中任教，总觉此心之安。"① 后来到了集美中学，学校规模大，学校复杂了，"及去集美，学校规模之大，组织复杂，始觉余之与此团体有主客之分。余属一客，显与主体有别。然其实大部分同事多来自北方，极少携家眷。三餐同室，唯江浙豫鲁口味不同，则各自分桌。日必见面，情意易相通。及转锡师、苏中，全校只四班，每班五十人，则全校仅两百人，同事亦仅二三十人。住校同事，寝室骈连，亦多朝夕接触。学校事无大小，皆所预闻。团体小，投其中，不觉是一客，仍如一大家庭。不得谓居家始有生活，在此只是一职业，只是求生活一手段"。到了大学后怎么样，"但一进大学，则感觉迥异"。就是说，从小学到中学再到大学，给人的感觉很不一样。只有钱先生才会有这种感觉，因为我们很多人感受不到，对我们而言到大学就到大学，到小学就到小学，因为我们今天很少流动了。只有一个人从小学到中学再到大学，这种感觉才是很亲切有味的，尤其对钱先生来讲。我是一个农家弟子，我们都知道有一句话叫作"朝为田舍郎，暮登天子堂"，这个我有感觉，一个农家的孩子，可能早上还在田里干活，到了晚上就去大会堂开会了。钱先生讲从小学到大学的感觉，我觉得这个和云游有关，是一种境界的直接呈现，在这样一个呈现的过程中他领悟到一种生活逻辑，一种生活规则的转变。另外，远游也是很有趣的。钱先生从厦门到苏州再到北京，收获很多。根据《师友杂忆》的记载，当时燕京大学的校园中有一个湖，"景色绝胜，竞相提名，皆不适"，他说他提了个名——未名湖，今天北京大学的未名湖，就是钱先生当年提名并被大家所接受了的那个湖。所以时代的变迁，今天的我们，当下一个确定性的场景，可能它实际上是从漫长的历史过程中逐渐衍化而成的。文化也是这样，需要一个长久的衍化过程。钱先生远游了很多地方，一路上有很多感慨。钱先生有一段话，我觉得他讲得特别好，他说，我们中国人，跟西方人不一样，西方人可能会把山川看成是山川，人文看成是人文，但是我们中国人并不这么看，他说山川如无人文的色彩，那只是纯粹的自然，有味的山川必

---

① 钱穆：《八十忆双亲 师友杂忆》，九州出版社，2017，第 114 页。

然是经过诗人的吟咏。所以我们所到青山之处，比如说有庙宇，有诗人的题咏，那人文已在山川之中，山川已在人文之中。所以远游，游者不仅是亲近自然，它实际上还展现了人文的境界。

当然后来钱先生还有很多远游的经历。1949 年之后，他到了香港创办新亚书院，后来工作了 16 年辞职，辞职之后到了日本，到了美国，到了梵蒂冈，他的远游包含这样的整个过程。伴随远游，他的境界一个一个地展开，在这一路之上，他见到了很多人，想到了很多事情，当然最终是接触到事理。前几天，我在李恒同学的微信上面留了一段话，讲了一个事情：1985 年我到内乡去看我哥，车行路途之中，突然在我们前面发生了车祸，后面那些车一路上连绵堵了好几公里之长。什么时候能开大家都不知道，所以当时很多人就抱怨，有人说："怎么还不开，我还要到襄樊有事。"我是要到襄樊转车再到内乡，到内乡飞机场的气象室去看望哥哥。当我也正准备抱怨的时候，车上有个师傅突然说了一句话，他说："你们不要抱怨，现在是非常时刻，跟平常不一样，非常时刻有非常时刻的规则，平常时刻有平常时刻的规则。"骤听此言，我当时心中就很有感觉。这次远游使我明白了人生之中有两种时刻和两种规则，平常时刻和非常时刻，平常时刻的规则与非常时刻的规则是不一样的，这是我此行最大的收获。所以联系到钱先生远游的故事，我想到有机会就要去远游，在远游过程中去思想，去展开自己的思想境界。

前面我也讲到了自己写的一些东西，很多都是在路上有感了就写。一些亲切可感的思想，都在人不经意之间流露出来，思想要有内在的东西，也要有外在的触发，这样才能形成，所以远游是一个非常重要的途径。我希望大家要有远游的念想，将自己的精神境界在远游中不断展现出来，见到山川和名胜古迹时把自己的想法写出来，然后把自己的想法跟山川、名胜古迹融合在一起。其实广西很多地方山川秀丽，不亚于五岳，但是你看，五岳之上有多少人在那里吟咏，而我们很多山峰都寂寞不闻。有一次我应时任玉林师范学院院长谢尚果的邀请到那里做了一个讲座，第二天他们把我送到容县，我很惊讶地发现有个贵妃园——杨贵妃是我们广西人（有此说法）。当时我在贵妃园旁边看到有个真武阁，这个真武阁面对的是绣江，景致优美，却没有名气。大观楼和黄鹤楼为什么有名？滕王阁和鹳雀楼为什么这么有名？还有岳阳楼为什么这么有名？而真武阁为什么寂静无名？我后来猛然意识到"楼以文显，文以楼存"，文与楼之间要相互呼应，没有名句附在其上或出自其中的话，真武阁怎么能著名起来。所以，我就觉得真武阁真是寂寞花开，应该写一篇雄文，让它充分显露出来，后来却说"因无纸笔而作罢，就这么寂寞花开也挺好"。

中国人的文化是自然和人文融合在一体的，西方人是把自然和人文对立的，比如霍布斯在讲人的自然的欲望时，人和人才能一样斗争，后来人慢慢受到契约约束才转化为了人文。钱穆先生不这么论述，钱先生在他《晚学盲言》中讲到，自然跟人文是一个十分顺畅的过渡，山川崩裂、人文混乱，它必然有一个追求，有一个追求道、追求理的过程。从具体的人文来讲，比如说你是一个小孩，你来到世界上首先饥识食，渴识饮，然后寒识衣，这是人的欲望，这三个欲望谁满足你，是你父母亲、亲人，所以慢慢你散发出对他们的热爱，所以守孝悌。跟兄弟们在一起，因为欲的满足而产生出喜、怒、哀、惧、爱、恶、欲，钱先生就讲到欲是第一位的，人首先是要活下去，在这过程之中才会有喜怒哀乐爱恶。在欲望满足的过程中，不满足就会愤怒，满足了就会慢慢高兴，人生就这样慢慢展开。从自然到人文是一个转进的过程，我们中文喜欢讲转型，转型很有可能是 A 型转成 B 型，其实钱先生的意思并不是 A 到 B 的过程，而是 A 到 A＋的过程，我还是我，只是我发生了变化。我们的文化也是这样，所以从自然到人文是一个连续的不间断的过程，这是钱先生讲的人文转进论的过程。我一直思考人文转进论如何做一个哲学系统，我写过一篇文章叫《历史转进、人性生成与知识类型》，其实我是在钱先生转进论的启发之下所写的。所以我们通过远游，在很多自然现象、人文现象、精神现象中慢慢体会，慢慢领会到内在的机缘，开拓我们的世界，扩展我们的心胸，然后建构我们的学术。我们作为读书人，最终还是要建筑我们的思想系统，这是最高的境界了。当然我们不一定做得到，但是我们要孜孜努力去做。远游也好，云游也好，见多识广，这也是展示我们人生的重要方面。以上是我读钱先生的书所想到的与云游有关的话题。

四　观察、思考、著述

接下来，我想讲的第四个方面就是观察、思考和著述。钱先生的《师友杂忆》和《八十忆双亲》，写的是他在 80 岁的时候回顾自己八十年的人生想到的一些人和事。钱先生说过一句话，他说："经过历史的沧桑之后还留存于吾心者，那才是真的东西。"就是说历史沧桑过后还在我心中存留着的，那才是真的。所以钱先生在晚年 80 岁写这两本小书的时候体会到人生的真和假、虚和幻这些事情，读的时候特别有感触。

什么叫真？什么叫假？这些问题在钱先生笔下得到了反复的思考。他所遭逢的是历史的巨变，在这个巨变的过程之中，他留下了大量的著作，那么为什么会有这么多的著作，这也是一个值得思考的话题。前几天温州的朱祖飞大律师买了一整套《钱穆先生全集》，我看他拍的照片大概有四十多本，他发感慨说："哇！一个人写这么多的书啊！佩服佩服，太了不起了！"我在下面留了言，说："心中有痛，笔下才有文，著书如此之多，说明心中痛多矣！"我说的那句"心中有痛，笔下才有文"，这应该是 2006 年我应西南政法大学付子堂校长邀请在西政所做的一个讲座中领悟到的。心中没有痛，怎么能写出好文章来？我们中国人讲忧患意识，中国那些智者的笔下都是对这个社会深深的忧思，如果没有忧思，那笔下怎么可能文思澎湃、文采飞扬？所以，心中有痛，笔下才有文，钱先生写了那么多的著作——1700 多万字——一定是内心有极大的痛的。我们把它抄一遍的话都望而生畏，可是钱先生是一个字一个字写出来的，钱先生不是用电脑写出来的，是用毛笔写出来的，是什么样的内在的力量触动他写出这么多的著作来？

钱先生的著作用的是我们历史大转圜时期的一种特殊文体，是从古代的文言文向现代的白话文转化过程中的一种独特的文体，所以大家要静下心来悉心地倾听、品味、欣赏。我们读梁启超先生的文字的话，如读《少年中国说》，会觉得汹涌澎湃，笔下生花，但是转到了钱先生这个地方，你会感受到他笔下流淌的都是我们醇厚的文化血脉。这跟我们今天读教科书上的那些语句已经很不一样了，我们今天很多教科书上的语句都是苍白的、无力的、没有血色的、没有生命的。所以，钱先生的这些句子我们要慢慢地悉心地去读。最早我读钱先生的文章也觉得有点格格不入，但是后来慢慢地去倾听这种古文化最后的回音，或者说我们中国三四千年文明最后的回声，仔细去倾听，从他的文本慢慢进入到他的内容，然后进入他的思想，你能看到他在历史大转圜之前深深的忧思，当然这种忧思跟他的观察是紧密联系在一起的。实际上我们每个人都在社会之中，我们每天都要看到世界万象，但是我们谁又有过思考，或者有过像钱先生那样的深入思考？所以说观察跟思考之间要融在一起，我们要用理论作为指导，借以观察我们的生活，观察生活中的万事万象，同时也要把生活中的万事万象从理论上来审视。

我想观察、思考和著述这三者是三位一体的。比如就观察而言，钱先生有一段话我印象特别深，这是他为《师友杂忆》和《八十忆双亲》出版前写的一个简介里面的一段话，他说："余之一生，老而无成。常念自幼在家，经父母之培养；出门在外，得师友之扶翼；迄今已八十八年。余之为余，则胥父母、师友之赐。孟子曰：'知人论世'，余之为人不足知，然此八十八年来，正值吾国家民族多难多乱之世。家庭变，学校变，社会一切无不相与变。学术思想，人物风气，无不变。"最后写道："追忆往昔，虽屡经巨变，而终不能忘者，此记余一生生命之所在也。"在钱先生这八十多年来的人生中，社会真的发生了大巨变，从我们做学术来讲，原来我们做经学，现在变成了哲学这些分科之学。我们今天的学问变成了这个样子，那我们的魂魄呢？难道也完全碎片化了？这是钱先生考虑到的。钱先生在观察社会巨变的同时，他也在思考，他在思考内变的逻辑，思考这逻辑到底怎么展开。所以，钱先生的书大家要好好读。

我在读这本书的时候也感慨良多，举个例子大家来看一下为什么我觉得钱先生在我们近世两百多年至少百多年来，是近代史上最聪明的人，包括他为什么离开内地，我觉得这是他深思熟虑的一个结果。钱先生辗转很多个大学，他的最后一站是在江南大学，后来从无锡离开内地到了香港，办了新亚书院。新亚书院可以说是钱先生人生路程之中非常精彩的一笔，所以我到香港去的时候，在新亚书院待了很久。我在香港大学开了三天的会议，每天早上就跑去那里待上一阵。钱先生为什么离开内地？这一点也可以跟大家讲一讲。钱先生当时收到荣氏集团荣德生的邀请，让他到那里去教书，因为私立江南大学是荣德生创办的。后来跟钱先生关系挺好的汤用彤先生，不想在北大当老师了，也想到江南大学，想到江南大学跟钱先生在一起。钱先生虽然在江南大学受了很高的礼遇，但到了 1949 年，国共之争基本上已经看出了迹象，国军颓败之势已成，解放军南下势不可当，这种时候，学人何去何从这个问题都摆在那一代学人的面前。昨天晚上我翻了一下《南渡北归》，里面写到我们老一代学人他们是怎么度过自己一生的，钱先生作为当年的一个学人，他是如何做出决定的。这里我们只谈具体的学人和学术，不讨论政治的问题。

　　讲钱先生做决定的事情之前，还想介绍一下其他学人的情况。台湾地区作家龙应台写到过那一代学人，讲到了他们在一个历史的巨变面前所采取的一种态度，记得龙应台在书中说，一滴水珠不可能知道洪流的去向，所以无数的水珠在大江大海的面前，在洪流的面前是无足轻重的，所以我们只能哀叹这样一个伟大的时代，这样一个变乱的时代。确实像龙应台说的那样，那个时代那么多学人，也许他们的名字都光照千古，但是他们现实的命运是可悲可叹的，比如像汤用彤、陈寅恪，也包括冯友兰，很多很多。但是，我也不赞同龙应台的观点，她说一滴水不可能知道洪流的去向，那是因为龙应台女士不知道钱穆先生。我认为钱穆先生作为一滴水滴，他是知道洪流的去向的，而且他同时也劝过其他很多水滴，比如冯友兰、熊十力，劝他们南下香港去创办学院，在港台那边来为儒家思想寻找安魂之处。所以后来钱先生泰然地从江南大学离开，到广州，再南下香港，后来就有了新亚书院之创立。我认为钱先生是一个很了不起的人，作为一个学人来讲，在那个历史时刻留还是不留，是很痛苦的抉择，如果离开的话，那很有可能就再也回不来了。历史上，中国的学人都是有历史感的。我们现在再回头来看当年钱先生为什么做出这样的决定，同时还劝了劝熊十力和陈寅恪他们离开，可见钱穆先生这滴水他是知道流向的。后来我很惊讶，牟宗三先生他也是在 1949 年离开大陆的，有人说，牟先生也知道中国的社会大变局会引发若干的变动，因此，除了钱穆先生这滴水，牟宗三先生这滴水也是知道大江大海的去向的。他们在港台都继续了自己的学术生命。《南渡北归》，可以说是中国学人的现代悲歌，读了一些之后，你可能会难过得不能读下去，在那个动荡不安的历史时刻，人格的尊严，根本就没办法得到保持。我们古代讲"三军可夺帅也，匹夫不可夺志也"，作为一个知识人来讲，他们非常强调自己的尊严。后来留在大陆（内地）的那一批学人中，有的没有保持自己的人格，这是一件非常痛苦的事情。我读到这些，就会经常想到钱穆先生。钱先生是很善于觉察形势变化的，也善于从一种话语或者文字里面去看写文字的人的心思和心性，钱穆先生真的了不起。我们中国讲知人论事，有人才会有事，人是主导的方面，事是被动的方面，事是客观的，人是主观的，所以这个世界，是由人这样一个主体及其心向、意念所构造出来的。《论语》中有"不知命，无以为君子也，不知礼，无以立也，不知言，无以知人也"的说法，孟子讲知人论事，通过言，我们就知道你有什么样的心性，会做出什么样的举动。如果钱先生留下来的话，那新亚书院就不可能有了。讲到观察、思考的话题，值得一提的是，钱先生在《师友杂忆》里面也多次描述过他跟蒋介石的关系，比如说当时他们在昆明编历史教科书的时候，蒋介石过来看望编委会成员，问大家有什么困难，吃得怎么样，还专门把锅盖揭开闻了一下，说了句"尚好尚好"，又盖起来。还有一次，国民党败退台湾后，钱先生兴办新亚书院遇到资金困难，同人建议钱先生去台湾找蒋介石，他后来就去了。但他看到蒋介石也是粗茶淡饭，知道政府非常艰难，便不忍心再提办学艰难的事。蒋介石却主动问他新亚书院办得怎么样，钱先生说还好，不忍心说实话。钱穆先生说，从这些细节上，可看出蒋介石非常关心文化建设。讲这些，只是想说钱先生他一边观察社会，同时也有很深刻的思考，在这个思考的基础之上，对未来社会的可能形势做出了判断，他离开内地，到了香港，然后到了台湾，一路上也深入观察和思考所遇到的人和事，开放出新境界。

作为一个文化人，作为一个学术人，作为一个思想人，作为一个读书人，我们怎么来规范我们的行动？这一点也是值得我们考虑的。我们要观察时势的变迁，同时也要思考它内在的逻辑，同时我们要找到一个比较符合我们自己生存的一个环境。张岱年先生曾对陈来说："哦，他们倒是不错，学问都做出来了。"他们指的是谁啊？指的是牟宗三、唐君毅、徐复观他们，这些人跟张岱年先生是一代人。张岱年先生感慨，到了港台的那些人继续从事中国文化的思考和写作，积以时日，一眨眼，几十年就过去了，这些人的思想就出来了。今日我们看，港台这些新儒家在思想上影响是很大的，其中对我们影响最大的应该是牟宗三先生。而留在大陆的学者，就像龙应台先生所说的，我们每个人都是一滴水，但不知道洪流的方向，所以在历史的大变局中茫然失措了。很多人是带着一种美好的期许留下来的，从这个意义上来看这些人的做法是无可指责的，包括陈寅恪先生。在《师友杂忆》有地方专门写到钱先生劝陈寅恪离开内地到香港办学，但陈寅恪不愿意去，后来陈寅恪先生的夫人唐筼女士也劝陈寅恪离开内地到香港。陈寅恪先生，从西方的角度来讲的话，当时他是汉学的第一人，很多国外的大学，比如哈佛、牛津、剑桥等都虚位以待，但陈先生就是不肯去。听说唐筼先生劝陈寅恪先生劝不过，准备自己到香港，但是在九龙车站候车的时候被人劝回来了，后来就跟陈先生度过了最后一段艰难的时光。如果大家游庐山的话，庐山上有陈寅恪和唐筼两先生的墓，那坟墓在很小的一个地方。我看过陈寅恪先生写的一首诗，大概就是说谁知道今天这样。我有一个朋友，复旦大学博士毕业后在戏剧学院做博士后，他有一天把陈寅恪先生那四句诗发在微信里，我做了一个点评，说陈先生做这首诗的时候肯定想到了唐筼只身一人在九龙车站被人劝回的场景，他对这个事情应该是挺后悔的。钱先生、牟宗三他们当时毅然离开内地，虽然都有自己的原因，但是作为一个学人，他们在观察和思考社会变迁方面是有过人之处的。总而言之，我们作为一个学人，要致力于建立一个良好的社会，这是我们的期望之所在。作为一个学人，我们期望的是什么，期望的东西是不是好的，我们需要去论证，一个社会怎么样才算是好的，一个社会什么东西是不好的，我们需要用我们的生命、我们的智慧去观察、思考。这就是我讲到的观察和思考。

下面呢，我简单讲一下钱先生的著述。其实我刚才已经讲到了，因为他心中的痛很多，忧思难忘，文采飞扬，所以钱先生写下了 1700 多万字的著作。这里面肯定有一种内在的精神去推动他写出这么多极富内容的著作。我们一般怎么来形容钱先生呢？我们说钱先生学兼四部，真可谓无所不包含，"学兼四部，无所不包"，这句话是郭齐勇老师说的。从我的角度讲，钱先生真的是一个纯粹的读书人。我们这些人，应该怎么样来做一个读书人，钱先生就是我们的榜样。前些天，我跟学校的领导和学院的领导谈话的时候，就跟他们说到，在我们广西大学就是要培养做学问的种子，培养读书的种子，如果你过于强调名和利，那么我们的内在精神是展现不出来的。前天我还特地让我们学校的组织部部长带三句话给学校的书记和校长，就是"读书不是为了写文章，写文章不是为了发表，发表不是为了求名利"，前面两句是邓正来老师说的，后面一句是我自己说的。邓正来老师说的前面这两句，大家要特别记住，我也准备写一篇文章，题目就叫《做一个纯粹的读书人》，来阐述上面的这三句话。有人说，你读书不是为了写文章那你干吗读书？写文章不是为了发表你干吗写？发表不是为了名利那你干吗发表？我觉得逻辑应该是这样的，我们是一个纯粹的读书人，我们读的书多了，心中有感，把这样一种感受写出来，写出来之后发表了，那不是为了求名利，那名利会跟着来。今天我们把发表、名利放在前边，当成一个目的了，这样就颠倒了。我们应该像钱先生这样读书，有感觉，发现书中的错误或者自己有新的思想，那么就写出来，这样思想就慢慢地展开了。你没有前边的思想，硬去写，是写不出来的。当然我不是说读书就不写文章，这和读书不是为了写文章，是两回事情。不然，那你成了一个懒汉了，你以此为借口不写文章，那也不行。读书不是为了写文章，但是读书必然会有文章出来，当我们书读到深处的时候，我们的思想就会涌现出来，这时我们赶快把它写下来，所以思想的涌出和文章的写作是一个自然的过程，否则，就像女人的肚子里没有孩子，你硬要抓出一个孩子来，那是不行的。写文章也不是为了发表，如果我们看到杂志上发表什么文章，就按它的这个规矩来写，那我们的文章也不是好文章。最后，所谓的名和利，我们强调实至名归，是自然而然会来的东西，不用刻意去求取。所以，我们要把顺序搞清楚，不应该是为了名利去写文章，为了写文章去读书，那读书成了一个最没用的事情了。顺序错了，就出现了现在的很多学术不端现象，这样的话那我们这个民族的文化生命怎么展开？当看到钱先生这么多著作摆在我面前的时候，就追问这些著作是怎么来的，再不断往前追问，就会逐步发现里面蕴含的道理。钱先生今天被称作学术大师，这是毫无疑问的，但是这个学术大师并不是说是名不副实的，他是名实相符的，他有那么多精粹的著作，是真正的学术大师。那我们再往前追寻，就会发现他是一个纯粹的读书人。我们缘点学园的各位朋友，也要把读书放到首位，名利不要刻意去追求，自然会来的。我们北师大有个周桂钿老师，那个时候我们年纪轻，总是觉得生活难以为继，没钱，没房，但周老师经常教导我们说："那些东西他自然会来的。"当时我们还不理解，但是后来年纪渐长了才知道周老师说得很对。当然，我们也要有另外一种态度，我们在生活之中也可能有清贫的一面，可能跟一些富足的人没法比，这也没有关系，我们既然在做学术的事业，那更应该给自己开境界，我们读书，要更加纯粹，那样才是最好的。

讲到著述问题，更内在的是我们人生的境界不断地拓展。所以，在讲人生如何开境界的话题时，著述放在最后讲。我们今天来研究钱先生整个著作的话，这本《师友杂忆》可以看作像冯友兰先生的《三松堂自序》那样的著作，或者像司马迁写的自序。《三松堂自序》是回首人生的一个总结性的著作，当然《师友杂忆》和《八十忆双亲》并不是钱先生最后的著作，后面他还写了 70 万言的《晚学盲言》。《晚学盲言》我认为是要比冯友兰的《中国哲学史新编》境界要高的一部著作，《中国哲学史新编》应该是用所谓的苏联的历史唯物主义这样的指导思想来编的。总而言之，我们通过对钱先生这个人、他的那个时代、他的著作来理解人生的问题，从中会得到很多启示。我们可以通过读书，通过交友，通过云游，通过观察、思考和著述来不断开拓人生境界，这样我们的人生会融入这个时代，融入这个历史，融入这个社会，融入我们生活于其中的这个宇宙中去，那么我们的人生就会从小我汇入时代、汇入历史、汇入社会，最终汇入宇宙之中，上达一个又一个新的境界。

结　语

　　人生是一个不断成长的过程，从这个意义上讲人生的境界是一个不断打开的过程。有一次我跟女儿玄子聊天聊到人生的艰难处，她说我们人生怎么这么难，干脆我们死了算了。我当时说了这样一句话："死不是一件着急的事情，它迟早会要来的，主要的事情是如何生活下去。"所以，我们来到这个世界上，主要是怎么去生活，而不是怎么去死。当然很多哲学家包括加缪，都认为哲学就是研究怎么毁灭、怎么灭亡的学科，但我们中国人从孔子开始都认为"未知生，焉知死？"我们主要是讲生命的哲学，而不是讲死亡的哲学，所以我们讲人生如何开境界。我们中国的思想主要是生命的学问、境界的学问，是研究我们的生命之花如何打开的问题。《师友杂忆》中有一段记叙须沛若与钱先生讨论《论语》时的话，说"一日，在沛若的宅室中，沛若问论语，孔子五十而知天命。先生今年已过五十，敢问先生知天命之意？"钱先生回答道："此乃大圣之境界，吾才何敢妄加揣测。余只敢在三十而立，四十而不惑上用心。同忆自果育学校、常州府中学堂以来，改朝换代，天翻地覆，社会一切皆已大变。而吾两人今日在此言笑座谈岂不依然是往日情况。此可谓是吾两人之能立能不惑，但只可谓是一种具体而微之能立能不惑。又只可谓是微之又微、微不足道。正如一万贯钱与一文钱。一文钱太少，太无价值，但也同是钱，孟子谓人皆可以为尧舜。罗近溪谓端茶童子亦如圣人皆此意，吾能立能不惑才能继续下去，亦可算的上是吾才知天命矣。孔子言人之天生禀赋有高下。德亦有大小。大德敦化，小德川流。纵使沟渠之水只川流不息亦皆朝宗于海。"① 钱先生说天命是大圣的境

---

　　① 钱穆：《八十忆双亲　师友杂忆》，九州出版社，2017，第 80 页。

界，我们作为一个普通人怎么能知道，我们应该做的事情是在能立和能不惑上面用心，总的来讲就是我们要努力去工作，努力去思考，努力去读书，努力去进行文化的创作，至于天命，这件事情我们怎么能知道。钱先生说一贯钱很少，一万贯钱很多，这是量上的区别，但质上面有什么区别？你的一万两黄金，我的一两黄金，纯度都是百分之百，都是黄金，就算我是沟渠之水，它是大江大河，但我也是水，我也要朝宗于海，你这大江大河要奔流入海，我这沟渠之水也要奔流入海。我们抗战，有的人拿着大炮，有的人拿着剑或猎人的武器也起来抗战，性质是一样的，不屈不挠的精神是一样的。由此我想到，无论在何方，就算在偏远的文化之地，我们也是中国文化的建构者，要做出自己的努力，所以，从这个意义上讲，我觉得钱先生讲得非常好，我们无论处于什么样的地位，都要努力地前行。天命不天命，我们可能不知道，那是圣人的境界，那我们就做一个普通人，普通人就要努力地生活，努力地读书，努力地著述，努力地把我们的现实生活和精神家园建设好、打理好，使我们的人生获得不断的完善，这就是我们要做的工作。总而言之，就是要不断地去把人生境界打开。

　　但境界到底是什么呢？这也是未知的。所以人生如何开境界，最后要有一个落脚点。人生如何开境界，就在于不断地去打开它。所以你问我什么是境界，我只能说我们只有不断地去开启才能知道境界是什么。境界在一个不断开拓的过程之中，在一个不断开掘的过程之中，在一个不断开启的过程之中。只要我们生命不息，我们的境界也是不止的。钱先生也讲到整个天地、万物、人事都是一个道，作为整体的道分到我们每一个人身上，所以作为部分而存在的我们也是道的一部分。从这个意义上讲，个人之道也暗合了天地之道，但这种个人之道暗合天地之道要有一个主动的作为，如果我们躺在地上，像一块石头一样，我们当然也开启不了我们的境界，所以，要开启我们的人生境界，我们就要不断地去行动，就要不断去聚识、辟新、弘道和化人。

How to Open Horizons in Life

Wei Dunyou

Abstract：As one of the most famous writers in Minguo age, Mr. Qian Mu is a legendary figure in the history of modern China. Starting from a very low junior high school education, he worked tirelessly, and finally entered the mainstream Chinese academia from a remote rural middle school. He wrote a large number of highly influential books on Chinese history and culture, which became an important academic monument. *Some Memories about My Teachers and Friends* written by him in his later years not only reflects the formation of his academic thoughts, but also shows us the great changes of his time. The most important thing is that, from the pros and cons of Chinese and Western cultures that made him anxious at the beginning, to his later questioning of how we are Chinese, it is of great significance for us to understand China's cultural transformation and open up our ideological realm today.

Keywords：Qian Mu; *Some Memories about My Teachers and Friends*; Read; Make friends

About the Author：Wei Dunyou (1965 –), Ph. D., professor at School of Philosophy, and dean of the Centre of Philosophy of Law in Hubei university. Research interests and specialties：philosophy of Law, western philosophy. Magnum opuses：*Return to The Origin of Reason*, *Reflection and Construction of Philosophy of Law of Contemporary China*, *The Missions of Philosophy of Law of Contemporary China*, etc. Email：weidunyou@ 163. com.

文献资料

东亚同文书院文献资料的收藏、整理与编纂

聂运伟[*]

摘　要：1990 年代以来，有关东亚同文书院的研究在中日两国学术界，已引起诸多学科的极大关注。在此背景下，如何推进东亚同文书院文献资料的收藏、整理与编纂的工作，尤为重要。东亚同文书院存世的文献资料种类繁复，分藏多地，隶属各异，乏于统一的收集、整理和展示，窥其全貌实属不易。这种状况与东亚同文书院研究热潮相比，显然极不相称。笔者在研习东亚同文书院历史的过程中，对东亚同文书院文献资料的收藏、整理与编纂的状况非常关注，多有辑录。鉴于汉语学界对此问题暂缺全面的梳理和介绍，笔者不揣谫陋，多方检索相关文献资料，连缀成文，以求于大方之家。

关键词：东亚同文书院　文献资料　日本爱知大学

东亚同文书院存世的文献资料种类繁复，分藏多地，隶属各异，乏于统一的收集、整理和展示，窥其全貌实属不易。加之种种历史原因，直到 20 世纪 80 年代末期，文献资料主要收藏地中国和日本对东亚同文

---

* 聂运伟（1955— ），湖北大学文学院教授，湖北大学高等人文研究院研究员，主要从事美学、文化学、思想史研究，著有《爱因斯坦传》《思想的力量》《思想的面相》等。电子邮箱：nieyw_55@126.com。

书院的研究才逐渐纳入中日学者的视野，进而成为多学科关注的研究对象。随着研究的深入，全面摸清东亚同文书院文献资料的存世状貌，当为题中之义。笔者在多年研习中，对东亚同文书院文献资料的收藏状况在兹念兹，多有辑录。今连缀成文，盼能抛砖引玉，为后续研究者提供便利。

一 中国大陆对东亚同文书院文献资料的收藏、整理与出版

1994 年和 1996 年，武汉大学的冯天瑜先生两度访问爱知大学后，撰文介绍了爱知大学与东亚同文书院的承继关系，并在文中概述了东亚同文书院中国调查的历程及系列成果。① 由此，冯天瑜先生开始高度关注、实际参与收藏于中国国家图书馆的东亚同文书院文献资料的整理和出版工作。② "我和刘柏林先生于 1999 年 9 月曾到中国国家图书馆阅览这批'大旅行记'和'大旅行报告书'，这些原始文献书写在标有'东亚同文书院调查报告用纸'或'东亚同文书院学生大旅行指导室'字样的专用纸上，其内容多为商事调查。"③ 1998～2001 年，冯天瑜先生在日本的爱知大学担任专任教授，后访学在京都的国际日本文化研究中心，得以浏览包括东亚同文书院中国调查在内的诸相关文献，又与爱知大学刘柏林教授采访多位在世的同文书院老校友，获得口述史学材料，逐步知晓日本明治、大正、昭和间中国调查实态，渐次了解上述文献的学术价值。在此期间，冯天瑜先生陆续编纂出版几种调查材料选译本，如《上海东亚同文书院上海大旅行记录》（商务印书馆，2002）、《东亚同文书院中国调查资料选译》（三卷）（社会科学文献出版社，2012）。至 21 世纪初，国家图书馆大力发掘、整理东亚同文书院中国调查文献，冯先生参与是役。其中，主编国家图书馆出版社 2015 年出版的东亚同文书院编

---

① 冯天瑜：《日本"中国学"的启示——访问爱知大学有感》，《江汉论坛》1996 年第 10 期。
② 冯天瑜：《解说》，《东亚同文书院中国调查手稿丛刊》（一），国家图书馆出版社，2016。
③ "中文版前言"（冯天瑜），〔日〕沪友会编《上海东亚同文书院大旅行记录》，杨华等译，商务印书馆，2000，第 9～10 页。

纂的《中国省别全志》及《新修中国省别全志》，共 50 册（原书名《支那省别全志》），2016 年出版的《东亚同文书院中国调查手稿丛刊》200 册，2018 年出版的《东亚同文书院中国调查手稿丛刊续编》250 册。至此，中国大陆境内所藏东亚同文书院中国调查文献，大体得以刊行展现，为东亚同文书院中国调查之研究提供了便利的资料条件。于此，冯天瑜先生功莫大焉。

　　《东亚同文书院中国调查手稿丛刊》200 册根据国图所藏东亚同文书院大旅行调查和日志编纂而成。东亚同文书院的调查资料，包括旅行日志和调查报告两部分，目前主要收藏于中国国家图书馆、日本爱知大学图书馆，其中国图所藏为昭和 2 年（1927）第二十四期生至昭和 18 年（1943）第四十期生的部分，爱大所藏为大正 5 年（1916）第十三期生至昭和 10 年（1935）第三十二期生的部分，两者略有交叉。"国图所藏东亚同文书院大旅行调查和日志是独立存放、集中保存的，绝大多数都有统一装订，只有 1943 年的调查旅行成果未做装订。这些调查档案都是书院学生的稿本或者复写本，其中 1943 年以稿本为主，其他旅行年份也间或有稿本，余者多为复写本。撰写所用纸张都有统一格式，因而容易区分。"① 《东亚同文书院中国调查手稿丛刊》的编者在"出版说明"里对这批文献整理、出版的情况亦有详细介绍："这些调查资料分手稿单行本和誊抄合订本，其中国图所藏为学生们提交的手稿原件或复写本，每个调查班提交一份或数份调查日志和报告，总计约两千本，字迹工整，页面清晰，手稿上添加了卷次信息，修改了标题。爱大所藏系根据上述修改重新抄写的誊抄本，每年合订为数册，大部分卷次将日志、报告合并在一起，也有相当一部分只有报告而未收日志，字迹潦草，较难辨认。国图另收藏有昭和二年（一九二七）至昭和四年（一九二九）的誊抄合订本，经与爱大所藏部分进行比对，两者完全一致，由此可见誊抄的时候复写不止一份。本次出版，我们以国图所藏部分为底本进行整理。如前所述，国图所藏不仅字迹清晰，容易辨认，且为学生们提交的原件，

---

　　① 郭传芹：《东亚同文书院 1927—1943 中国调查资料概述》，《文献》2017 年第 4 期。

未经删减，避免了誊抄中产生的错误。最为重要的是，全面抗战爆发后的部分为国图所独藏，此前未集中对外披露过，对研究东亚同文书院抗战时期的活动至关重要。此次整理出版，日志部分编排为七十六册，报告部分编排为一百二十四册，合计成书二百册，总目、索引单册另行。"① 《东亚同文书院中国调查手稿丛刊续编》250 册，"系以爱大所藏的誊抄合订本底本进行影印出版，内容为大正五年（一九一六）第十期调查报告书至大正十五年（一九二六）第二十期调查报告书，调查者为第十三期生至第二十三期生"。②

中国国家图书馆东亚同文书院大旅行调查资料的收藏历史，经历了由南至北的迁徙过程。

1945 年抗战胜利，民国政府委派蒋复璁任教育部京沪区特派员，主持江南地区文教单位接收事宜。但直到 1946 年 4 月，"国立中央图书馆"和江苏省立国学图书馆回迁南京后，藏有东亚同文书院调查资料的东亚同文书院图书馆才被接受。内战结束后，"约在 1954 年 5 月，南京图书馆所藏东亚同文书院全部原始档案，包括书院学生的调查报告和日志（均钤盖'国立南京图书馆藏'蓝色章）移送北京图书馆，现藏国家图书馆古籍馆（北海柏林寺）。这批档案计有书院学生作为毕业论文所纂的旅行日记、报告稿本及校务资料稿本、油印本、刊本及日本寄往该校的信件共 1000 多种。其中，旅行稿本有 1936—1944 年的（1935 年以前的现藏日本爱知大学）；有关院务的资料，有《东亚同文书院大学一览》《东亚同文书院学生调查旅行线及预算表》《东亚同文书院事业报告》《东亚同文书院大学学则、职制》《东亚同文书院大学东亚研究部内规、部则、细则、规定》等"。③ 莫晓霞在自己的研究里引用相关档案材料证实了这批文献北上的细节：

---

① 冯天瑜主编《东亚同文书院中国调查手稿丛刊》，"出版说明"，国家图书馆出版社，2016。
② 冯天瑜主编《东亚同文书院中国调查手稿丛刊续编》，"出版说明"，国家图书馆出版社，2017。
③ 苏维：《东亚同文书院藏书考述》，《科技情报开发与经济》2011 年第 27 期。

中科院图书馆在 1954 年曾派访书工作组赴江浙一带搜集图书，在记录中提及："北京图书馆派了七八人至（南京）成贤街、长江路、铜井巷各库工作了两个多月，提取中外文书约九百箱，以同文书院日文书、伪政府各机关中文书为主，都是社会科学方面的，凡有参考价值的，基本上大体已被北京图书馆提取了。看到业已选定尚未装箱的书籍中，有同文书院历届毕业生在中国各省进行特务活动的日记、报告等手稿、印本数千册，这是最有价值的一部分。另发现有参考价值而又不在北图选定之列者，不过寥寥数本，已建议北图一并选运。北图打算把上举日记报告等和我们指定的书另行装箱，以便到京后可以早日利用"[严中平，汪敬虞：《了解南京上海两地主要图书馆藏书情况的报告和建议》，中国科学院档案馆（A007 - 491）]。[1]

较早涉猎东亚同文书院研究的房建昌亦有亲历书院原始档案的笔述：

1982 年，笔者在北京图书馆柏林寺分馆发现了书院的全部原始档案，学生的调查报告和日志均盖有"国立南京图书馆藏"字样的蓝色章。据北图的馆史资料，这批日文档案是随其他被中国政府接收的日本侵华机构的档案，由胡适安排送往北图的。十余年来笔者陆续查阅了这批档案，发现了千余种日占时期该大学学生作为毕业论文所纂的旅行日记、报告稿本（并对照了少量的报告刊本，有的刊本比稿本节略）及校务资料稿本、油印本、刊本及信件（均为日本寄往该校，上面还有邮票，在邮票史上亦有珍贵的价值）。[2]

该文第二部分"关于 1936～43 年东亚同文书院（大学）的旅行日

---

[1] 莫晓霞：《访书旧事——兼谈近代三个侵华文化机构藏书的流散》，《国家图书馆学刊》2017 年第 3 期。

[2] 房建昌：《上海东亚同文书院（大学）档案的发现及价值》，《档案与史学》1998 年第 5 期。

志、调查报告及书院资料"，作者就文献的出处、命名、类型以及眷写的纸张笔墨均予以考察，并举例加以说明。房建昌与原始文献亲密接触的经历和绍介文献细节的文笔很快获得日本学界的关注。《上海东亚同文书院（大学）档案的发现及价值》很快就被译为日文，① 日文译者为武井义和。时隔一年，《同文书院纪念报》（此刊一年一期——笔者注）以 40 多页的篇幅再次刊发房建昌文。②

日文译者阮毅、武井义和、前田克彦，均为爱知大学在读或已毕业博士。该文不仅详细介绍了 1936～1943 年东亚同文书院（大学）旅行日志、调查报告的目录学内容，而且根据日文文献对许多日志、调查报告撰写者的生平进行了考订，并对调查报告中的某些内容做出了研究性的鉴别。日本学界高度关注房文的原因，主要在于国图所藏东亚同文书院资料里，有相当一部分"为国图所独藏，此前未集中对外披露过"。1994 年夏天，爱知大学曾派员来北京"调查了东亚同文书院有关资料在北京市图书馆的收藏状况"，事后有专文记载。③ 该文介绍，日本人此行在京去了三个图书资料中心："朝阳区建国门外中国社会科学院历史研究所图书室、东城区王府井大街中国社会科学院文献情报中心、海淀区白石桥路北京市图书馆（即中国国家图书馆——笔者注）。"但所得极其有限，在中国社会科学院历史研究所图书室，查到 3 条相关目录，东亚同文书院（支那研究部）1 条［『資料目録』（東亜同文書院支那研究部、1940）］，东亚同文会 2 条［是同一本书，即『对华回顧録』（東亜同文会编、1959）］，并被告知，只有目录，书库没有藏本。在中国社会科学院文献情报中心，从目录中查到东亚同文书院（支那研究部）1 条，东亚同文会 21 条，并且见到东亚同文书院支那研究部编的"『現代支那講座』の第一ら第六講"（《现代支那讲座》的第一至第六讲）的藏本，

① 房建昌：《上海东亚同文书院（大学）档案的发现及价值》，《同文书院纪念报》2000 年第 7 卷。
② 房建昌：《北京图书馆所藏东亚同文书院（1938—1943 年）书院生夏季旅行调查报告书及日志目录》，《同文书院纪念报》2001 年第 8 卷。
③ 藤森猛：《北京市图书馆"东亚同文书院"资料》，《同文书院纪念报》1995 年第 2 卷。

实际收藏的是第二~五讲。这本书盖着"北京近代科学图书馆"日本图书馆藏印（「北京近代科学図書舘」という日本の図書館書蔵印）——"北京近代科学图书馆"系日人 1936 年 9 月在北平建立的。在国图，日本访者一方面感受到国家图书馆建筑数量和藏书数量都是市内最大的，非常干净整洁（この図書館は建物、藏書数ともに市内最大級であり、たいへん清潔な国帯館であった），一方面也非常失望。目录检索的结果是"东亚同文书院"0 条，"东亚同文会"7 条，对应书目全是《支那省别全志》。失望的日本人只得抱怨中国图书馆规定繁多，没有"工作证""学生证"的市民不能进入图书馆，即使是大学生也只有三年级以上才能进入，感觉有点像国外的国会图书馆。遗憾的是，当时国图所藏东亚同文书院的资料还在尘封之中，别说外国人，中国学者也无几人知晓。所以，几年后日本人对房文高度重视，便不难理解。

东亚同文书院文献资料的收藏和整理应该是一个规模浩大的系统工程，中国国家图书馆《东亚同文书院中国调查手稿丛刊》《东亚同文书院中国调查手稿丛刊续编》450 册的编辑出版虽有筚路蓝缕之功，但是否就意味着东亚同文书院文献资料的收藏和整理已趋完成呢？20 余年前，学者们的意见大抵认为"国图的收藏 + 爱知大学的收藏"，就是东亚同文书院文献资料的整体风貌。

笔者在北图发现的较完整的 1943 年前的东亚同文书院（大学）的旅行日志、调查报告及其他的书院资料，是日本战败一年后，国民政府移交给南京的，后移送北京。解放后，这批资料藏在柏林寺，一直未公开，1982 年被笔者发现。笔者化（花）了十余年的时间研究这批资料，并在中国的其他可能的地方寻找是否有东亚同文书院（大学）的资料，如寻访过上海、南京等地的各主要图书馆，未发现东亚同文书院（大学）的旅行日志及调查报告的复写本及其他书院档案资料等。看来目前仅在北图有较完整的收藏。①

---

① 房建昌：《上海东亚同文书院（大学）档案的发现及价值》，《档案与史学》1998 年第 5 期。

　　爱知大学丰桥校舍图书馆和中国国家图书馆的相关馆藏，大体反映了东亚同文书院及东亚同文书院大学 1901—1945 年间中国旅行调查原始文献的全貌。[①]

　　随着研究的深入，以及对原始文献的再发现和再认知，就东亚同文书院文献资料的"完整性"而言，有几点值得讨论。第一，爱知大学收藏的书院调查报告时间范围为 1916～1935 年，中国国家图书馆收藏的书院调查报告时间范围为 1927～1943 年。书院 1900 年成立，1907 年正式开始中国旅行调查，1916 年之前的调查资料是否全为《支那经济全书》《支那省别全志》所占有，并无单独结集的调查报告书？而后述台湾史料的调查说明，1916 年之前的调查资料全为《支那经济全书》《支那省别全志》所占有的判断并不准确。第二，东亚同文书院文献资料除调查报告、旅行日志外，还有大量的出版物——专业图书、研究型期刊、教材、译著等，它们原本就是东亚同文书院诸多活动的重要组成部分，东亚同文书院文献资料舍此是难言"完整"的。第三，有必要普查中国各地图书馆、博物馆、方志馆等文史机构零星保存的东亚同文书院文献资料。这些零星资料，除补充主要收藏文献地的缺失之外，更重要的功能是保存着东亚同文书院文献资料迁徙、传播过程中的诸多信息。看似"边角余料"，实为文献资料完整性逐渐呈现出来的有机构成。[②]

　　藤森猛在《北京市图书馆"东亚同文书院"资料》中提到，爱知大学中国研究科的后藤峰晴在自己来北京调查的前一年去上海进行过相关调查，后藤峰晴调查后认为，上海同文书院的资料存在散布到中国各地的可能性。但藤森猛并没有具体展示后藤峰晴的调查结果。笔者后来在『同文書院記念報』第 11 卷（2003 年出版）发现后藤峰晴撰写的《东亚同文书院史料调查记》一文，先于藤森猛来华调查的后藤峰晴的文章

① 〔日〕沪友会编《上海东亚同文书院大旅行记录》，杨华等译，"中文版前言"（冯天瑜），商务印书馆，2000，第 10 页。
② 藤森猛在《北京市图书馆"东亚同文书院"资料》中也认为："从这个意义上来说，今后发掘收藏在中国各地图书馆的东亚同文书院相关资料的工作，也是有意义的。"

为何晚出许多年呢？读完全文，方知事情的原委。① 后藤峰晴 20 世纪 80 年代后期，留学复旦大学，两年后于 1989 年回国。为了从爱知大学研究生院中国研究科进入复旦大学研究生院读博士学位，后藤峰晴 90 年代初常来上海查询瞿秋白的研究资料。《东亚同文书院史料调查记》一文记载了作者 1991 年 12 月在上海、常州等地查找瞿秋白资料的经历，并且专门记述了作者在上海图书馆的龙吴路藏书馆查询东亚同文书院资料一事的来龙去脉。从记述的内容看，为了查询东亚同文书院资料，后藤峰晴提前做了许多功课。1991 年 12 月 28 日下午，后藤在复旦大学了解到，上海图书馆徐家汇分馆可能藏有东亚同文书院资料，地铁施工时因为建筑物倾斜危险，所以把藏书资料转移了。为了弄清情况，后藤通过关系结识了当时上海文化局局长孙滨，12 月 29 日下午拜会孙滨，孙滨电话联系上海图书馆副馆长孙厚朴，得知上海图书馆的日语资料在龙吴路藏书馆。1992 年 1 月 2 日，后藤到龙吴路藏书馆进行查询。通过四角号码检索，先发现满铁资料《东部苏领重要事项志》《东部西伯利亚经济调查资料》《东部内蒙古产业调查》《东部内外蒙古调查报公书》《东三省金融整理委员会报告书》等，后在"东亚同文书院"名目下发现 18 条相关目录卡片。按当时的规定，未公开资料不允许拍照，后藤只好用笔抄录卡片内容。

　　后藤峰晴在龙吴路藏书馆查到的东亚同文书院文献资料的目录如下：

　　一．

　　東亜同文書院大学東亜調査報告

　　昭和十五年度

　　寺田義三郎編輯　一九四一

　　上海　東亜同文書院大学発行

---

① 后藤峰晴：《东亚同文书院史料调查记》，《同文书院纪念报》2003 年第 11 卷。作者署名前的单位是（爱知大学）大学院中国研究科。后藤峰晴后来如愿进入复旦大学研究生院，攻读博士学位，专门研究瞿秋白，遗憾的是，1999 年后藤峰晴在提交博士论文之前，因病去世。

一九六九年轉庫 九三三頁

二．

（東亜同文書院大学）東亜調査報告書（日文）

（昭和十四年度）

寺田義三郎（日）編

日本昭和十五年上海、上海同文書院大学

排印本、一冊 一二七〇頁

一九六九年轉庫

三．

（東亜同文書院大学）東亜調査報告書

編　　者　東亜同文書院大学学生調査大旅行指導室

出　版　処　上海　上海東亜同文書大学

版　　期　一九四二

頁　　数　八七一

裝　　訂　精

收到日期　一九五六・一一・二八

来　　源　工商局経済計画処移交

四．

東亜調査報告書

編　　者　小竹文夫

出　版　処　上海東亜同文書院大学

版　　期　一九四二

冊　　数　一

頁　　数　八七一

叢　書　名　東亜同文書院大学

收到日期　一九五六・八・二四

来　　源　文管會舊存

五．

東亜同文書院大学東亜調査報告書

小竹文夫著　一九四二

上海　上海東亜同文書院大学

八七一頁

六．

東亜同文書院誌（創立二十周年紀念）

上海東亜同文書院編　一九三〇

上海東亜同文書院　一一六頁

一九六九年轉庫

七．

東亜同文書院創立三十周年紀念论文集

一九三〇　上海東亜同文書院支那研究部

六八〇頁　支那研究第二十二号

一九六九年轉庫

八．

（創立四拾年）東亜同文書院大学紀念誌

東亜同文書院大学編

日本昭和十五年

排印一冊　一六一一頁

一九六九年轉庫

九．

東亜同文書院一覧

東亜同文書院編

缺版初頁　二〇四頁　有表図

一〇．

東亜同文書院大学東亜調査報告書（昭和十六年）

小竹文夫編

昭和十六年（一九四一）六月上海東亜同文書院大学

排印初版一冊（九二二二頁）

一九六九年轉庫

一一.

東亜同文書院大学学術研究年報（第一輯）

北野大吉著

日本昭和十九年日本評論社（東京）排印

一冊

一二.

東亜同文書院大学東亜調査報告書

寺田義三郎編輯

出　版　処　　上海　上海東亜同文書院大学

裝　　訂　　精

収到日期　　一九五六・一一・三〇

来　　　源　　華東教育部第一次移贈図書

一三.

東亜同文書院大学学術研究年報

著　　者　　北野大山

出　版　処　　東京日本評論社

版　　期　　一九四四

頁　　数　　四〇八

収到日期　　一九五七・三・一四

来　　　源　　工商局経済計画処移交

一四.

（創立四拾週年）東亜同文書院記念誌

出　版　処　　上海東亜同文書院大学

版　　期　　一九四〇

頁　　数　　一六二

収到日期　　一九五六・一〇・一五

来　　　源　　房移俞琦錫図書

一五.

東亜同文書院大学学術研究年報

著　　者　北野大吉

出　版　处　東京日本評論社

版　　期　一九四四

頁　　数　四〇八

收到日期　一九五七·三·一三

来　　源　上海公私合营银行移贈図書

一六.

東亜同文書院同学録（第三十三期生）

東亜同文書院編

（缺版初頁）有図照

一九六九年轉庫

一七.

東亜同文會事業提要

版　　期　一九三四

頁　　数　七八

收到日期　一九五六·一〇·二三

来　　源　文管會舊存

一九六九年轉庫

一八.

（増補東亜関係）特種条約汇纂

東亜同文會編

明治四十一年一月

丸善株式会社排印三版

一冊（一四五一、精一六）

　　笔者看到此文的时间正是2020年新冠肺炎疫情暴发的期间，无法赴沪——考订后藤的记述，暂且做几点推测。第一，后藤只看到目录卡片，与卡片对应的藏本是否还收藏在上海图书馆龙吴路藏书馆需要实地证实。第二，前文已述档案证明，东亚同文书院的文献资料已于1954年集中北上。但后藤抄录的目录卡片上有明确的文献收藏的日期记载，如卡片三"收到日期"是 1956 年 11 月 28 日，卡片四"收到日期"是 1956 年 8 月 24 日，卡片十二"收到日期"是 1956 年 11 月 30 日，卡片十三"收到日期"是 1957 年 3 月 14 日，卡片十四"收到日期"是 1956 年 10 月 15 日，卡片十五"收到日期"是 1957 年 3 月 13 日，卡片十七"收到日期"是 1956 年 10 月 23 日。此点大概说明，东亚同文书院的文献资料除主体北上外，散佚各地的文献资料不是一个小数目。第三，从卡片上记载文献"来源"一栏可以看到，文献来源有"工商局经济計画处移交""文管會舊存""華東教育部第一次移贈图书""上海公私合营银行移贈图书""房移俞琦錫图书"等，足见东亚同文书院文献资料的散播面之广。第四，许多卡片上有"一九六九年轉庫"的字样，后藤说"一九六九年轉庫"是"朱色的橡胶印"，1969 年龙吴路藏书馆有一次集中的清理吗？待考。第五，后藤比照《爱知大学图书馆藏书目录》，发现资料一、三、四、五、七、八、十二、十四、十六、十七、十八都是爱知大学未收藏的。后藤的比较只是目录上的对比，上海图书馆龙吴路藏书馆果真有这一批文献实物？与中国国图、日本爱知大学的收藏进行实物比勘，或许会有意想不到的发现。

近 20 年来，中国学界关注东亚同文书院的研究日趋增多，但很少有人做史料研究，与日本相比较，这是一个亟待重视的问题。收集、整理、研究散佚各地的东亚同文书院的文献资料，刻不容缓。近年来，国内值得关注的史料研究的文章，除前述几种之外，仅见张小亚的《西安交通大学所藏日本东亚同文书院档案》。该文梳理了西安交通大学所藏日本东亚同文书院档案的历史："1945 年抗战胜利后，辗转迁往重庆办学的交通大学返回上海，东亚同文书院无条件移交了所侵占的交通大学全部校舍财产、学校设施、教学仪器和图书档案资料。1946 年，东亚同文书院大部分图书档案被南京政府接收，后移交给南京中央图书馆和北京图书馆，而少部分图书和档案依旧留存于交通大学。1956 年，交通大学西迁西安。1959 年，西安交通大学成立。东亚同文书院档案亦随校迁往西安，在西安交通大学档案馆保存至今。"其展示出来的"图片档案"和

"文书档案"的内容表明"这批档案无疑对于深入研究东亚同文书院的历史非常重要。照片档案和文书档案，对于书院的缘起、教育教学以及教育特色，直到移交中国等发展脉络等是最系统最权威的真实记录"。①

二　中国台湾诸图书馆所收藏的东亚同文书院文献资料

台湾在甲午战争后被割让给日本，东亚同文书院的中国调查也常常涉及台湾，东亚同文书院的文献资料流入台湾是必然之事。但是，台湾所藏的东亚同文书院文献资料到底是什么样的状况，长期以来，不仅外界不太清楚，就连台湾本地研究东亚同文书院的学者也知之甚少。如黄福庆先生早在1982年出版《近代日本在华文化及社会事业之研究》时，所开列的参考文献中，完全不见台湾藏有东亚同文书院文献资料的踪迹。这点类似于大陆，二战之后，东亚同文书院的文献资料基本淡出人们的视野。

2006年底至2007年初、2008年3月，爱知大学东亚同文书院大学纪念中心/开放研究中心两次组团前往台湾调查台湾收藏的东亚同文书院相关资料。团长是中心负责人藤田佳久教授，成员是两位年轻的研究员武井义和、石田卓生，还有图书馆职员成濑小夜子（成濑さよ子）。他们调查的地点是台湾大学图书馆、台湾图书馆、台湾中研院，调查过程及成果由成濑小夜子撰文《台湾东亚同文书院资料调查》（分两次刊发在藤田佳久编《开放研究中心年报》创刊号及第2期）予以介绍。鉴于大陆不清楚台湾藏有的东亚同文书院文献资料的情况，特将成濑小夜子整理的台湾"中央研究院"、台湾大学图书馆、台湾图书馆藏有的东亚同文书院文献资料之要目罗列如下：

台湾"中央研究院"
东亚同文書院经济调查部：《支那調查報告書》1889

---

① 张小亚：《西安交通大学所藏日本东亚同文书院档案》，《历史档案》2014年第4期。

日清贸易研究所：《清国通商綜覧》（第 1、2 编）1892

岸田吟香：《衛生新編》1893

东亚同文书院：《東亜同文書院紀要》19 –

东亚同文会：《大清律》1904

东亚同文会：《支那関係特種条約彙纂》1904

东亚同文会：《日俄時局輯録》1904

东亚同文会、成天舆：《清国塩政考》1905

根岸佶：《清国商業綜覧》（全 5 卷）1906 – 1908

东亚同文会：《支那经济全书》（全 12 卷）1907 –

ポズトネェフ原著、东亚同文会编纂局：《蒙古及蒙古人》1908

《東亜同文会支那調査報告書》1910

东亚同文会调查编纂部：《支那年鑑》1912

东亚同文会：《支那関係特種条約彙纂》（4 版）1912

东亚同文书院第 9 期生：《孤帆雙蹄》1912

东亚同文书院第 10 期生：《楽此行》1913

东亚同文书院支那研究部：《学生大旅行調査報告書目録及地方別索引》1914

ポズトネェフ：《東部蒙古》1915

东亚同文会：《排貨事情調査報告》1915

东亚同文会调查编纂部：《支那置要法令集》1915

东亚同文会：《最近支那貿易》1916

东亚同文会编纂：《支那省別全誌》（全 18 卷）1917 –

东亚同文会：《支那之工業》（3 版）1917

东亚同文会编纂部：《特種条約彙纂》1917

亚同文会调查编纂部：《支那関係特種条約彙纂》1917

东亚同文会调查编纂部：《欧米人の支那観》1918

《東亜同文書院一覧》1919

东亚同文会调查编纂部：《支那金融機関》1919

东亚同文会：《支那年鑑》1920

东亚同文会调查编纂部：《改版支那贸易》1920

三枝茂智：《支那之外交、财政》1921

上海东亚同文书院：《根津院長還曆祝賀紀念誌》1921

山田謙吉：《曲阜紀行聖蹟》1922

东亚同文书院图书馆编：《增加東亜同文書院図書目録》（全 2卷）1923

东亚同文会调查编纂部：《支那開港場誌》（全 2 卷）1924

外务省情报部：《現代支那人名鑑》1925

东亚同文会调查编纂部：《新篇支那年鑑》1927

马场锹太郎：《支那経済地理誌》1928

雜誌《支那》（vol. 3 – 34）

东亚同文会调查编纂部：《中華民国国民政府主要法令並条約集》（昭和 4 年版）1929

古川邦彦：《上海共同租界法概観》1929

东亚同文会调查编纂部：《中華民国大地図及満州国図＋索引》1932

天海謙三郎：《中華民国実業名鑑》1934

东亚同文书院第 30 期生：《亜細亜の礎》1934

東亜同文会対支功労者伝記編纂会：《対支回顧録》（全 2 卷）1936

东亚同文会业务部：《新支那現勢要覧》1938 – 40

東亜同文会対支功労者伝記編纂会：《統対支回顧録》1941

上海東亜同文書院大学：《東亜同文書院大学東亜調査報告書》昭和 15 – 16 年度（1941 – 42）

東亜同文会：《续対支回顧録》1942

東亜同文書院大学研究部：《東亜研究（雑誌）no. 64 – 67》1942

東亜同文会調査編纂部《支那開港場誌》1943

台湾大学图书馆

东亚同文会：《支那经济全书》（全 12 卷）1907 –

ポズトネェフ原著、东亚同文会编纂局：《蒙古及蒙古人》1908

东亚同文会编纂：《支那省别全誌》（全 18 卷）1917 –

东亚同文会：《支那年鑑》1920

上海东亚同文书院研究部：《支那貨幣に就きて》1924

上海东亚同文书院研究部：《廣東語声音字彙》1927

东亚同文会调查编纂部：《新篇支那年鑑》1927

东亚同文会调查编纂部：《中華民国国民政府主要法令並条約集》1929

东亚同文会调查编纂部：《中華民国大地図及満州国図＋索引》

大村欣一：《在支那外人設立学校概観》东亚同文书院研究部 作者为东亚同文书院教授

千原楠藏：《重慶宜昌間の交通》东亚同文书院研究部

后藤贞治：《上海に於ける醤油製造法》东亚同文书院研究部

大津麟平：《理蕃策原议》大正 3 年

御幡雅文：《滬語便商：一名．上海語》

東亜同文書院支那研究部：《現代支那講座（全 6 講）》1939

東亜同文会業務部：《新支那現勢要覧》昭和 13 年度、15 年度、1938 – 40

東亜同文書院物産館：《中国物産ニ関スル資料目録》1936

台湾图书馆

东亚同文书院：《東亜同文書院紀要》19 –

ポズトネェフ原著、东亚同文会编纂局：《蒙古及蒙古人》1908

《东亚同文会支那调查报告书》1910

东亚同文会编纂部：《支那年鑑》1911

东亚同文会调查编纂部：《宣統三年中国年鑑》1912

东亚同文会编纂：《支那省别全誌》（全 18 卷）1917 –

东亚同文会调查编纂部：《支那年鑑》1918

青木喬：《支那時文類編》1918

东亚同文书院支那研究部编：《支那研究》（28 册 1—62 号。大正 9 年—昭和 17 年）

东亚同文会:《支那年鑑》1920

东亚同文会调查编纂部:《改版支那貿易》1920

东亚同文会:《中国各省地图》(是《中国省别全志》全 18 卷末尾地图的总汇) 1920

东亚同文会调查编纂部:《支那関係特種条約彙纂》1922

马场锹太郎:《支那重要商品誌》1926

东亚同文书院第 23 期生:《黄塵行》1927

大谷幸太郎:《台湾に於ける大家族:特にその分散事情》1928 (不是单独的出版物,而是杂志《支那研究》17 号的附录)

东亚同文会调查编纂部:《中華民国国民政府主要法令並条約集》1929

田鍋安之助:《亜富汗斯坦》1930

井上雅二:《支那論》1930

东亚同文书院:《創立三十周年記念東亜同文書院院誌》(《支那研究》22 号) 1930

东亚同文书院沪友同窗会:《山洲根津先生伝》1930

东亚同文会调查编纂部:《支那工業総覧》1931

天海謙三郎:《中華民国実業名鑑》1934

大谷孝太郎:《支那現代人精神構造の研究》1935

马场锹太郎:《支那経済の地理的背景》1936

外务省情报部:《現代中华民国満州帝国人名鑑》1937

坂本一郎:《蘇州方言に就いて》1937

东亚同文书院支那研究部:《現代支那講座(全 6 講)》1939

阿部正直:《日本語の教へ方》1939

東亜同文書院滬友同窓会:《東亜同文書院滬友同窓会会員名簿》1940

中保興作:《最近支那共産党史》1940

根津知好:《日満支の通貨・物価の問題》新支那事情普及丛书(14)、1940

东亚同文会支那省别全志刊行会：《新修支那省别全誌》（1—9）1941

井村薫雄：《欧米の対支经济侵略史》1941

《新支那年鑑》1942

小竹文夫：《東亜調査報告書》1942

有高巖：《概説大東亜史》1943

中国各地调查报告书稿本（原稿）295 册（缩微胶片的存档名称为：支那各地調査報告、複写版，東亜同文会　支那各地調査報告書　第 1 期——第 6 期。295 册。）台湾收藏的这批"调查报告书"，是东亚同文书院学生第一次——第六次，相当于正式开展调查旅行的第五期生——第十期生的调查成果。在各卷《调查报告书》的封页上，盖着台湾总督府外事部以及台北图书馆藏书章的朱印。这批《调查报告书》是中国国家图书馆和日本爱知大学丰桥图书馆的未藏本。据悉，日本爱知大学丰桥图书馆 1999 年用 2306000 日元从台湾购买了这批藏本的缩微胶片。台湾图书馆《支那各地調査報告書》藏本的各卷名目如下：

香港廣東駐在隊調査報告書

粵漢線調査報告書

浙閩粵線調査報告書

京漢線調査報告書

漢口駐在線調査報告書

浙贛湘線調査報告書

天津駐在隊調査報告書

上海駐在班調査報告書

膠済線調査報告書

淮衛河線調査報告書

芝罘駐在班調査報告書

陝西河南線調査報告書

营口驻在班調查報告書

北京駐在隊調查報告書

河南湖廣線調查報告書

遼東沿岸線調查報告書

晋豫線旅行隊調查報告書

晋蒙線調查報告書

口外喇嘛廟熱河線調查報告書

津浦線調查報告書

北京駐在班調查報告書

顎蜀線調查報告書

贛粤線調查報告書

楚粤線調查報告書

沅貴線調查報告書

長江線調查報告書

上海駐在班線調查報告書

汀口廈門線調查報告書

西鄂巴蜀蔔線調查報告書

皖南贛閩線調查報告書

皖北鄂豫線調查報告書

両江線調查報告書

晋燕線調查報告書

秦晋線調查報告書

北京駐在隊調查報告書

北滿駐在線調查報告書

桂黔線調查報告書

関內外蒙古線調查報告書

鎮南百色線調查報告書

海南粤西線調查報告書

三江線調查報告書

雲南四川線調查報告書

甘肅鄂爾多斯旅行隊調查報告書

湘鄂線調查報告書

贛粤線調查報告書

上海駐在線調查報告

山東線調查報告書

海南線調查報告書

燕晉線調查報告書

錦齊線調查報告書

上海駐在隊調查報告書

江蘇山東線調查報告書

天津循環線調查報告書

北京駐在隊調查報告書

滿州大豆調查報告書

湖廣循環線調查報告書

湖南四川線調查報告書

汕頭廣州灣調查報告書

江陰厦門線調查報告書

寧波厦門線調查報告書

鎮江寧波線調查報告書

江宵武昌線調查報告書

清化鎮漢中線調查報告書

江浙班調查報告書

江蘇安徽班調查報告書

通州濟南班調查報告書

上海駐在班調查報告書

南京天津班調查報告書

青島秦皇島班調查報告書

北京駐在班調查報告書

　　九龍北海班調查報告書

　　香港北海班調查報告書

　　厦門香港班調查報告書

　　福建循環班調查報告書

　　寧波厦門班調查報告書

　　杭州九江線調查報告書

　　希望不久的将来，大陆能看到这批珍贵的《调查报告书》，悉心鉴别、比勘后，与国家图书馆出版社出版的《东亚同文书院中国调查手稿丛刊》《东亚同文书院中国调查手稿丛刊续编》合为一体，尽快建成东亚同文书院中国调查原始文献的完整系统。

　　日本学者对台湾东亚同文书院文献资料的调查，有许多颇有价值的信息，特介绍如下。

　　第一，在台湾"中央研究院"，除发现一批与东亚同文会、东亚同文书院相关的出版物外，还发现下列文献：江总督请发南京同文书院日本学生游历护照、东亚同文会在津建筑中学免税申请单、保和会资料东亚同文会则。

　　第二，在中研院近代史研究所，阅览了马场锹太郎的《支那的会审制度》、铃木择郎的《北京大学》、和田平市的《黄河上游的水运》，这些都是东亚同文书院研究部的出版物。目录页上记载大正 11 年 8 月 24日，东亚同文书院研究部捐赠，还有台湾总督府图书馆的藏书印，这些书如何从上海到台湾，待考。

　　第三，在中研院台湾史研究所，获得了岸田吟香手记《卫生新编》（乐善堂、明治 25 年刊）的复印件。

　　第四，中研院傅斯年图书馆重新出版了东亚同文会编辑的《日俄时局辑录》。

　　第五，在中研院傅斯年图书馆发现林出贤次郎的《新疆调查谈记录》（昭和 19 年刊）。林出是东亚同文书院第二届学生，毕业后两次到新疆进行调查旅行，还发现了一些日本大学研究机构没有收藏的珍贵资料，如近卫文麿述《近卫公清谈录》（伊藤武编，千仓书房，昭和 12 年）和同文书院第 2 任院长杉浦重刚的《伦理书》《国体真义》。

第六，中研院郭廷以图书馆因故闭馆，藏有《近卫手记：日本政界二十年》和东亚同文书院教授小竹文夫的《近代支那经济史研究》。

第七，在台湾大学图书馆，看到大村欣一《在支那外国人设立学校概观》、千原楠藏《重庆宜昌间的交通》、后藤贞治《上海酱油制造法》（东亚同文书院研究部，大正 10 年刊）。大村是东亚同文书院的教授，千原和后藤都是书院第 18 期学生。

第八，书院第 4 任院长大津麟平的《理蕃策原议》（大正 3 年），系爱知大学未收藏的文献。

第九，御幡雅文的《沪语便商》，又名《上海语》。其是研究上海语的宝贵资料。因在熊本镇台教过荒尾精中文，御幡参加了日清贸易研究所的创立，后在东亚同文书院初期教授北京话、上海话课程。

第十，在台湾图书馆查阅岸田吟香的《台湾信报》和近卫文麿手记《直到太平洋战争爆发》。

第十一，东亚同文书院支那研究部编的《广东语声音字汇》，这份资料在日本国内各地均未见到，虽然是珍贵的发现，但遗憾的是残本，只有 1～12 页。有"台北帝国大学"图书印，图书编号是 414581。收藏年月日记载为昭和 15 年 3 月 30 日，东亚同文书院支那研究部编，因为扉页和封底的缺失，无法确认出版时间。

三 日本爱知大学关于东亚同文书院文献资料的收藏、整理与出版

日本爱知大学关于东亚同文书院文献资料的收藏、整理与出版，做了许多工作，取得了不菲的成果，其收藏、整理与出版的一些理念和方法对我们颇有启发，值得借鉴。20 世纪 90 年代初，爱知大学筹备建立爱知大学东亚同文书院大学纪念中心（愛知大学東亜同文書院大学記念センター，以下简称"纪念中心"）时，确定了一个宗旨，即爱知大学

与东亚同文书院血肉相连、精神与共（愛知大学の創立経緯をたどるとき、人はみな東亜同文書院大学の存在なくして愛知大学は成立しえなかったことに気付く）。① 在纪念中心设立的"趣意书"中，这一宗旨具体化为：爱知大学东亚同文书院大学纪念中心的设立，在明确东亚同文书院大学教育研究事业方面业绩的同时，为以培养"应该为世界文化和和平做出贡献的具有适合新日本建设的国际视野和教养的人才"（爱知大学设立趣意书）为目标的本校今后的发展做出贡献。［愛知大学東亜同文書院大学記念センターの設立は、東亜同文書院大学の教育研究上の業績をあきらかにするとともに、「世界文化と平和に寄与すべき新日本の建設に適する国際的視野と教養をもっ人材」（愛知大学設立趣意書より）の育成をめざす本学の今後の発展に寄与しようとするものである。］② 纪念中心的建立不仅标示着日本对东亚同文书院研究的一个新的开端，同时也确立了纪念中心收藏、整理研究、展示东亚同文书院文献资料的最初格局。文献资料大体分为三个类型，包括东亚同文书院、爱知大学与东亚同文书院、孙文与山田兄弟及辛亥革命，并设立三个常设展示室陈列相关文献资料。③

　　随着收藏文献资料的急剧增加，爱知大学建立了爱知大学纪念馆。该馆所在的建筑物，建于 1908 年（明治 41 年），原本是作为陆军第 15 师团司令部建造的。第二次世界大战中，曾为陆军预备士官学校本部。1946 年爱知大学诞生以后，为教学、办公场所。1998 年（平成 10 年）由日本文化厅命名为物质文化遗产，专设"爱知大学纪念馆"。爱知大学纪念馆由"爱知大学东亚同文书院大学纪念中心"管辖，1998 年 5 月 9 日开设，辟有"东亚同文书院大学纪念中心展示室"（包括图书室）和"大学史展示室"。2006 年，日本文部科学省批准"爱知大学东亚同文书院大学纪念中心"进行为期 5 年的"开放式研究中心事业"的建设

---

① 今泉润太郎（爱知大学东亚同文书院大学纪念中心运营委员长）：《创刊寄语》，《同文纪念报》1994 年第 1 卷。
② 《爱知大学东亚同文书院大学纪念中心设立宗旨》，《同文书院纪念报》1994 年第 1 卷。
③ 《爱知大学东亚同文书院大学纪念中心章程》，《同文书院纪念报》1994 年第 1 卷。

项目，作为该项目的一环，从 2006 年到 2007 年，爱知大学纪念馆对展馆的硬件和软件进行了全面的改造和提升。纪念馆分为五个展示室。第一展示室（图书室），主要展示社会各界捐赠的与东亚同文书院、爱知大学相关的图书，涵盖东亚同文书院、爱知大学、中日近现代史、近代中日关系史，同时辟有"书院图书资料室"和"资料阅览室"。第二、第三展示室（孙文、山田兄弟关系），以山田兄弟的一生为中心，分为"山田浩藏和良政纯三郎兄弟""孙文和宋庆龄""辛亥革命前后""广东政府期""孙文逝世前后""国民政府期"等专题。第四展示室（东亚同文书院关系），全面介绍东亚同文书院的发展历程，设有"近卫家族书信""根津家族资料""书院历届领导""东亚同文书院（大学）的临时校舍""书院生活""大旅行和《调查报告书》""东亚同文书院（大学）学籍簿、成绩簿等""东亚同文书院（大学）相关的刊物"，还有书院毕业生及其遗属捐赠的大量资料。另外，还设有书院研究室和讲习室，提供有关书院研究和演讲会的场所。第五展示室（爱知大学历史展），设有"爱知大学的创建""爱知大学的重大事件""国际交流的发展和大学的社会扩展""近年来的爱知大学"4 个展区，另有一独立的"本间喜一展示室"。

（一）东亚同文书院大学纪念中心中对所藏图书杂志的整理、展示情况

第一，1991 年 10 月，东亚同文书院毕业生山田顺造氏的家属捐赠了大量历史资料。

第二，2005 年，纪念中心对收藏的图书杂志着手"数据库化"工作，目标是将保存在爱知大学图书馆服务器里的数据，从图书馆系统中分离，预定成为独立的数据库。

第三，截至 2006 年，纪念中心整体的藏书数达到图书 10249 册、杂志 272 册。其中图书 2412 种、杂志 48 种，陈列在爱知大学纪念馆 1 楼的第一展示室，可以阅览。室内的藏书根据内容和语言等分为 10 个类别：①东亚同文会；②霞山会；③东亚同文书院；④山田良政·纯三郎；

⑤中国近现代史（日文）；⑥中国近现代史（西洋·中文）；⑦日本近现代史·日中关系史（和书）；⑧日本近现代史·日中关系史（西洋·中文）；⑨爱知大学；⑩其他。

第四，东亚同文书院入藏资料的标准是：①记述内容与东亚同文书院及有关机构或与其组织有关的人物；②东亚同文书院及相关机关发行的出版物；③编撰者为东亚同文书院及相关机构，或与其组织有关的人物。

第五，纪念中心收藏了从《一日一信》（第 7 期）到《大陆纪行》（第 40 期）作为单行本发行的所有旅行志，根据调查旅行的成果编纂的东亚同文会发行的《支那省别全志》；教材有《华语萃编》《标准支那语教本》；书院内设研究所支那研究部发行的《现代支那讲座》等 60 本；还收藏有《支那研究》《华语月刊》《江南学志》等书院发行的杂志。纪念中心收藏的这些"书院刊物"大多来自书院同窗会组织沪友会的捐赠。

第六，纪念中心收藏的书院相关人员的著作大致分为"教员的著作"和"书院出身者的著作"两大类。前者的具体例子有马场锹太郎的《支那经济地理志》和宫下忠雄的《支那银行制度论》等。关于后者，从著名人士到普通毕业生，藏量很大。另外，纪念中心还收藏了自费出版的书院毕业生的自传、诗集、纪念文集等，其中可以看到很多关于书院时代的记述。

（二）　爱知大学东亚同文会史料藏品简介

东亚同文会（东京）：《东亚时论》第 1 ～ 10 号、第 12 ～ 26 号［1898 年（明治 31 年）12 月～1899 年（明治 32 年）12 月］

【文献解说】1892 年（明治 25 年）4 月，近卫笃麿主持的精神社（后来改名为时论社）的机关杂志《精神》（后来改名为《明治评论》《中外时事论》《时论》）创刊。1898 年（明治 31 年）6 月，近卫组建致力于东亚问题的同文会，《时论》被视其为机关刊物。同年 11 月，同文会与东亚会合并为东亚同文会，同文会机关刊物《时论》改为《东亚时论》，作为东亚同文会机关刊物，每月发行两次。该杂志的主要栏目有："论说"（时事评论）、"通信"（各地会员的现场新闻报道）、"通商贸易"（工商经营、贸易新闻）、"外电日录"（收录亚洲、欧美各国新闻）、"会报"（东亚同文会的活动报道）。

东亚同文会调查编纂部（东京）：《东亚同文会报告》第 5~8 回、第 10~132 回［1900 年（明治 33 年）4 月至 1910 年（明治 43 年）6 月］

东亚同文会（东京）：《东亚同文会机关志》第 122~131 回［《东亚时报》停刊后发行，创刊时间约在 1900 年（明治 33 年）年末至 1901 年（明治 34 年）年初］

【文献解说】《东亚同文会机关志》是替代《东亚时论》作为东亚同文会的机关刊物编纂发行的，每月发行两次，后改为月刊。《东亚同文会机关志》的版面较之《东亚时论》有较大的扩充，增加了"时报"栏（介绍国内外权威新闻杂志有关中国的报道）、"支那半月政治经济志"栏（摘录中国政治经济方面的重要新闻）、"统计"栏（中国贸易的相关数据），还设有"清朝"栏，保存了许多了解晚清中国的珍贵资料。

东亚同文书院学友会（上海）：《会报》第 1~9 号［1904 年（明治 37 年）2 月至 1909 年（明治 42 年）6 月］，东亚同文书院学友会机关刊物。

【文献解说】1902 年（明治 35 年），东亚同文书院同学会成立，主旨为谋求学生间的团结和睦，1903 年（明治 36 年）根据学生志愿制定了学友会会章。该刊每年发行一次，除刊发书院报道和"在清先觉者"的研究资料外，还最先刊发了"大清帝国内地游历各班"——东亚同文书院学生进行中国调查的"大旅行"的纪行文字（1907 年、1908 年）。根据学生调查结果制作的《支那调查报告书》和《大旅行志》，爱知大学霞山文库藏有《支那调查报告书》1916~1919 年、1921~1935 年的大部分原件以及其缩微胶卷版［爱知大学图书馆编《支那调查报告书》（缩微胶卷版），雄松堂书店，1997 年 3 月］，日本外务省外交资料馆、台湾"国立中央图书馆"台湾分馆亦藏有少量《支那调查报告书》（爱知大学《东亚同文书院大旅行志》全 33 卷，雄松堂书店，2006 年）。

东亚同文会中国经济调查部（东京）：《支那经济报告书》第 1～51 号［1908 年（明治 41 年）5 月至 1910 年（明治 43 年）6 月］，是一本研究中国经济的专业杂志，每月发行两次。

【文献解说】1907 年（明治 40 年）11 月，东亚同文会成立了以支援日本企业和实业家进入中国市场为目的的中国经济调查部，该杂志缘此而生。虽然编辑集中在中国的经济动向上，但该杂志在编辑方针上与同时发行的东亚同文会机关刊物《东亚同文会报告》相互应和。1910 年（明治 43 年）6 月，东亚同文会机关刊物《东亚同文会报告》和同文会中国经济调查部发行的《支那经济报告书》一同停刊，同年 7 月，《支那经济报告书》由东亚同文会调查编纂部发行，从 1910 年（明治 43 年）7 月至 1911 年（明治 44 年）12 月，此刊还代为东亚同文会机关刊物。第 1 卷第 1～3 号每月发行 3 次，之后每月发行两次。现存第 1 卷第 1 号至第 2 卷第 24 号、第 3 卷第 1 号至第 36 卷第 1 号。

东亚同文会（东京）：《东亚同文会支那调查报告书》［1912 年（明治 45 年）1 月至 1945 年（昭和 20 年）1 月］

【文献解说】此刊为《支那调查报告书》的后续者，亦是东亚同文会机关刊物。卷号续接《支那调查报告书》，发行到日本战败为止。第 10 卷第 18 号（1919 年 9 月）以前每月发行两次，之后是月刊。另外，第 10 卷第 22～24 号、第 14 卷第 12 号、第 18 卷第 12 号没有发行，第 25 卷第 2 号、第 3 号是合并号。本刊收录了以与中国相关的政治、经济方面为中心的各种各样的论说和报道，与其说是单纯的会刊，不如说是一本研究中国的综合性杂志。根据财团法人东亚同文会《自昭和二年十月至昭和三年三月事业报告》（1928 年）提供的数据，《东亚同文会支那调查报告书》当时的发行数为 1500 部册。

沪江同学会（上海）：《沪友》第 1～13 号、第 15～29 号［1917 年（大正 6 年）6 月至 1926 年（大正 15 年）2 月］

【文献解说】《沪友》是东亚同文书院的同学会会报。东亚同文书院徐家汇虹桥路校舍完成（1917 年）的同时，由校内的沪友同学会本部发行。每年发行 2～4 次，爱知大学霞山文库以及东亚同文书院大学纪念中心仅有第 29 号（1926 年 2 月）之前的藏本，此刊终刊时期不明。

东亚同文书院支那研究部，后东亚同文书院大学东亚研究部（上海）：《中国研究》第 1 卷第 1 号至第 23 卷第 2 号。

东亚同文书院支那研究部（上海）：《支那研究》第 1 卷第 1 号至第 23 卷第 2 号通卷第 62 号［1920 年（大正 9 年）8 月至 1942 年（昭和 17 年）5 月］

【文献解说】1918 年（大正 7 年）10 月，东亚同文书院在校内开设了以中国为对象的研究机关支那研究部，同时筹办发表研究成果的学术杂志《支那研究》，虽然每年发行次数不同，但每年都会发行。这些学术刊物主要发表部员的研究结果，除此之外，也根据需要发行 "小册子"，如《东亚同文书院创立三十周年纪念论文集》［1930 年（昭和 5 年）与《支那研究》第 11 卷第 2 号通卷第 22 号相同］。

东亚同文书院支那研究部华语研究会（上海）：《华语月刊》第 1 ~ 119 号［1928 年（昭和 3 年）7 月至 1943 年（昭和 18 年）11 月］

【文献解说】《华语月刊》是东亚同文书院华语研究会发行的中文专业杂志。华语研究会以东亚同文书院的中文教师为中心成员，隶属东亚同文书院中国研究部的中文专业部。《华语月刊》每月发行一次（学校休假期间的 8、9 月除外），在上海和日本国内均有销售。除刊发关于中文的研究论文外，也刊登东亚同文书院的中文考试题、标准答案，可视为中文学习的参考书。爱知大学图书馆以及东亚同文书院大学纪念中心所藏的是第 11 ~ 119 号。神户大学图书馆藏有第 1 ~ 10 号。

日本国际协会东亚同文书院学生支部（上海）：《国际》第 1 卷第 1 ~ 2 号、第 2 卷第 1 号、第 3 卷第 1 ~ 4 号、第 4 卷第 1 ~ 2 号、第 5 卷第 1 ~ 2 号、第 6 卷第 1 ~ 2 号、第 7 卷第 2 号。

【文献解说】《国际》是日本国际协会东亚同文书院学生支部机关编纂的刊物，始于 1938 年 6 月。1938 年（昭和 13 年），日本自设日本国际协会，东亚同文书院内也成立日本国际协会东亚同文书院学生支部。大内畅三、内山完造等 6 人为顾问，成员有 297 名（含 36 名教师）。《国际》除了社会、经济方面的论文和英语论文的翻译外，还刊登东亚同文书院教师的研究论文。爱知大学霞山文库所藏的只有第 6 卷第 1 号，亚细亚大学图书馆植田文库藏本较全。

东亚同文书院文艺部（上海）：《第二江南学志》第 5 号、第 7 号。

【文献解说】东亚同文书院文艺部是东亚同文书院的学生组织之一。沪友同学会报《沪友》第 21 号 1923 年（大正 12 年）编辑后记上告知文艺部每年发行 3 次杂志，大正末年开始发行机关刊物。1930 年（昭和 5 年），因左翼学生发放反战传单，《第二江南学志》停刊，1931 年（昭和 6 年）复刊。1934 年（昭和 9 年）年 6 月至 1940 年（昭和 15 年）3月更名为《江南学志》（现存第 10 ~ 18 号、第 20 号、第 26 号）。

霞山会馆（东京）：《霞山会馆讲演》第 1 ~ 7 辑、第 9 ~ 30 辑、第 32 ~ 43 辑［? ~ 1937 年（昭和 12 年）2 月］

【文献解说】霞山会馆建于 1928 年（昭和 3 年），即东亚同文会的本部。东亚同文书院的入学仪式在此举行。东亚同文会还经常在此举办演讲会，邀请社会名流就中国问题、国际问题发表演说，《霞山会馆讲演》专门刊发演讲记录整理稿。《霞山会馆讲演》属非卖品，只散发给东亚同文会等相关人员。

东亚同文书院（大学）沪友同学会（上海）：《沪友学报》第 1 ~ 5号、第 7 ~ 16 号［1940 年（昭和 15 年）2 月至 1943 年（昭和 18 年）5月］沪友同窗会报。

【文献解说】1940 年，东亚同文书院升格为大学后。停刊已久的沪友同学会的会报《沪友》更名为《沪友学报》，重新出版，大约每 3 个月发行一次。该刊主要报道东亚同文书院校内信息和沪友同学会相关信息。目前未见 1943 年以后的文本。

东亚同文书院图书馆（上海）：《昆仑》第 1 卷第 1 号、第 2 号、第5 号［1940 年（昭和 15 年）3 月至 1942 年（昭和 17 年）6 月］

【文献解说】《昆仑》是东亚同文书院图书馆的机关刊物，现存的 3份文本，第 1 卷第 1 号和第 2 号是 100 页左右的册子文本，第 5 号是新闻形式的报纸文本。

东亚同文书院大学东亚研究部（上海）：《东亚研究》第 23 卷第 3

号通卷第 63 号至第 25 卷第 3 号通卷第 70 号［1942 年（昭和 17 年）7
月至 1944 年（昭和 19 年）10 月］

【文献解说】东亚同文书院升格为大学后，原有的支那研究部更名
为东亚研究部，原有的《支那研究》亦更名为《东亚研究》，并承继
《支那研究》卷号。

日本评论社（东京）：《东亚同文书院（大学）学术研究年报》第 1
辑［1944 年（昭和 19 年）2 月］

【文献解说】《东亚同文书院（大学）学术研究年报》是东亚同文
书院（大学）发行的学术刊物。时任东亚同文书院（大学）的校长矢田
七太郎在《发刊词》里说道：日本自古以来就致力于东亚的研究，尤其
是对中国的研究。随着形势的发展，东亚同文书院（大学）的研究对象
也在不断拓宽，广泛地研究了东亚的各种问题。这是上一年将"支那研
究"改名为"东亚研究"的原因，也是本刊发行的意图。

（三）爱知大学有关东亚同文书院文献史料的研究论文目录

据笔者所见，爱知大学有关东亚同文书院文献资料的专题研究论文，
主要刊发在《同文书院纪念报》《开放研究中心年报》《爱知大学史研
究》三个刊物上，这些论文全方位勾勒出日本爱知大学收藏、整理、编
纂、展示东亚同文书院文献资料的整体面貌，甚至可以视为东亚同文书
院文献史料的一个有机组成部分，价值不菲。在此，本文分刊物按出版
年份、期数列出论文目录，以方便研究者检索查询。《同文书院纪念报》
是"爱知大学东亚同文书院大学纪念中心"的机关刊物，1993 年筹办，
1994 年正式出版，每年一期。《开放研究中心年报》是"爱知大学东亚
同文书院大学纪念中心"进行为期 5 年的"开放式研究中心事业"建设
项目的产物（2006—2010 年），每年一期，共 5 期。《爱知大学史研究》
也是"开放式研究中心事业"建设项目的产物，共 3 期。

1. 《同文书院纪念报》

（1）第一期（1994 年）

藤田佳久：《中国・辛亥革命から八十年：本学へ孫文関係史資料

寄託される》

（2）第二期（1995 年）

藤森猛：《北京市の図書館と「東亜同文書院」関係資料》

森久男：《東亜同文書院大学の資料の行方》

藤森猛：《同文書院、愛知大学関係書籍所蔵例リスト》

（3）第三期（1996 年）

阿部弘、大野一石、村上武：《孫文・辛亥革命と山田兄弟関係資料受け入れ経緯》

（4）第四期（1997 年）

今泉潤太郎、佃隆一郎、藤森猛：《孫文、山田良政・純三郎関係資料補遺》

（5）第五期（1998 年）

今泉潤太郎、武井義和：《孫文、山田良政・純三郎関係資料補遺（続）》

（6）第七期（2000 年）

房建昌：《上海東亜同文書院（大学）資料の発見及び価値》

（7）第八期（2001 年）

房建昌：《北京国家図書館所蔵東亜同文書院 1938 – 43 年書院生夏期旅行調査報告書及び日誌目録》

（8）第十一期（2003 年）

後藤峰晴：《東亜同文書院関係史料調査記》

（9）第十三期（2005 年）

成瀬小夜子：《研修報告「アメリカにおける東亜同文書院関係の収蔵資料について」》

武井義和：《櫻木俊一氏関係資料について》

（10）第十四期（2006 年）

武井義和：《愛知大学東亜同文書院大学記念センター所蔵資料目録》

（11）第十五期（2007 年）

高瀬恒一：《交通大学・霞山会史実共同研究事業の成果『資料選

集』を読んで》

　　武井義和：《記念センター所蔵根津家資料目録（付、寄贈資料目録①）》

　　（12）第十六期（2008 年）

　　武井義和：《記念センター所蔵寄贈資料目録②》

　　（13）第十七期（2009 年）

　　武井義和：《記念センター所蔵寄贈資料目録③》

　　（14）第十八期（2010 年）

　　武井義和：《記念センター所蔵寄贈資料目録④》

　　（15）第十九期（2011 年）

　　武井義和：《記念センター所蔵寄贈資料目録⑤》

　　（16）第二十期（2012 年）

　　武井義和：《記念センター所蔵寄贈資料目録⑥》

　　（17）第二十一期（2013 年）

　　武井義和：《記念センター所蔵寄贈資料目録⑦》

　　（18）第二十二期（2014 年）

　　武井義和：《記念センター所蔵寄贈資料目録⑧》

　　（19）第二十三期（2015 年）

　　武井義和：《記念センター所蔵寄贈資料目録⑨》

　　石田卓生：《中山優写真資料について》

　　（20）第二十四期（2016 年）

　　武井義和：《孫文支援者・山田純三郎が残した写真資料の紹介――孫文や革命家たちから贈られた写真を中心として――》

　　小林倫幸：《本間喜一の妻・登亀子の家系図について》

　　武井義和：《記念センター所蔵寄贈資料目録⑩》

　　（21）第二十五期（2017 年）

　　武井義和：《記念センター所蔵寄贈資料目録⑪》

　　（22）第二十六期（2018 年）

　　武井義和：《記念センター所蔵寄贈資料目録⑫》

2. 《开放研究中心年报》

（1）創刊号（2006 年）

成瀬小夜子：《台湾における東亜同文書院関係の収蔵資料調査について》

豊田信介：《東亜同文書院大学記念センターにおける所蔵図書・雑誌類の整理状況》

（2）第二号（2007 年）

武井義和：《東亜同文書院に関する発表論文の動向》

武井義和：《蔵居文庫の図書整理状況について》

成瀬小夜子：《東亜同文書院・東亜同文会雑誌記事データベースの作成について》

（3）第三号（2008 年）

武井義和：《愛知大学が所蔵する山田兄弟と孫文関係史資料について》

豊田信介：《記念センター所蔵の東亜同文書院出身者著作物一覧》

石田卓生：《戦後分滬友会々報記事索引（1）》

（4）第四号（2009 年）

武井義和：《第 2 次大戦後の欧米における東亜同文書院研究》

成瀬小夜子：《シカゴ大学における「東亜同文書院・東亜同文会雑誌記事データベース」について》

石田卓生：《戦後分滬友会々報記事索引（2）》

武井義和：《記念センターに蔵居文庫完成》

豊田信介：《蔵居文庫の紹介》

武井義和：《故青木光利氏寄贈資料について》

小林倫幸：《大学史資料の紹介について》

小林倫幸：《歴代最高裁判所事務総長とその後の進路について》

越知専：《本間先生遺族からぞくぞく「お宝物」届く》

越知専：《近衛篤麿書の寄贈について》

（5）第五号（2010 年）

佃隆一郎：《愛知大学記念館について——歴史・史料・これまでの研究——》

小林倫幸：《大学史資料の紹介——実業家の側面を持った本間喜一先生——》

武井義和：《2010 年度に寄贈された資料の紹介》

3.《爱知大学史研究》

（1）2007 年度

〔資料目録〕《本間喜一関係資料》

（2）2008 年度

〔資料目録〕《本間喜一関係資料（続）、小岩井淨・多嘉子関係資料》

〔史料〕《愛知大学文学部文学科設置認可申請書》

（3）2009 年度

〔目録〕《愛知大学刊行の歴代「年史」目次一覧》

《『写真集 愛知大学の歴史 1946 – 1996』使用写真一覧》

（四）"书院出身者的著作"

在爱知大学东亚同文书院大学纪念中心诸多收藏文献里，有一个很有意味的类别，即"书院出身者的著作"。顾名思义，凡毕业于东亚同文书院者所撰写的著作均在收藏之列。表 1 为日本学者所做，表中第一栏中"作者"后的"期数"指作者属于东亚同文书院第几期生。即使仅从统计表中有限的信息看，我们也可以获得如下感知：①作者人数多，几乎每期学生都榜上有名。②著作内容集中体现为东亚同文书院的学习生活及调查旅行、有关中国的专题研究、中日关系等方方面面。③这些著作既有正式出版物，也有不少是作者的私人记述，由后人转赠给东亚同文书院大学纪念中心。④作者中有不少名人、社会精英，也有许多普通人。若对这些表面的信息深入研究和分析，应是一个值得期待的大课题。有鉴于此，特录此统计表（表 1）（在此向原作者豊田信介先生的工作表示深深的敬意）。

表 1　书院出身者的著作

作者（期数）	书名	出版者	出版年份	备注
石崎広治郎（2）	思い出のままに（回忆如斯）	青光社	1971	
永尾龍造（2）	支那民俗誌（第1、2、6巻）	支那民俗誌刊行会	1940～1942	
永尾龍造（2）	支那民俗誌（複製本）（第1、2、6巻）	国書刊行会	1973	
波多野養作（2）	シルクロード明治の一人旅（明治年间孤旅丝绸之路）	創造出版	1985	
林出賢次郎（2）	扈従访日恭记	満洲帝国国務院総務庁情報処	1936	
大倉邦彦（3）	感想	大倉山坐禅会	1967	
佐藤善雄（3）	新浪人の人生記	編集センター（制作）	1972	
上島清蔵（4）	上島清蔵遺稿ヨーロッパ東南アジヤ紀行（上島清藏遺稿：欧洲东南亚纪行）	上島芳枝	1969	
石射猪太郎（5）	外交官の一生	大平出版社	1972	
石射猪太郎（5）	外交官の一生（中公文庫）	中央公論社	1986	
菊池貞二（5）	回顧四十年	東光明	1942	
菊池貞二（5）	丁杏廬雑話	東光明	1942	
菊池貞二（5）	秋風三千里	南北社	1966	
馬場鍬太郎（5）	支那経済地理誌交通全編（［全］）	禹域学会	1922	
馬場鍬太郎（5）	支那経済地理誌交通全編（下）（訂正増補）	禹域学会	1928	
馬場鍬太郎（5）	支那経済地理誌制度全編	禹域学会	1928	
馬場鍬太郎（5）	支那経済の地理的背景	東亜同文書院支那研究部	1936	
馬場鍬太郎（5）	支那水運論	東亜同文書院支那研究部	1936	
馬場鍬太郎（5）	北支八省の資源	実業之日本社	1937	
馬場鍬太郎（5）	中支の資源と貿易	実業之日本社	1938	
馬場鍬太郎（5）	支那の資源と日本	講談社	1943	
神尾茂（6）	香港日記	神尾玖貴子	1957	
波多博（6）	中国と六十年	波多博	1965	

续表

作者（期数）	书名	出版者	出版年份	备注
波多博（6） 清水董三（12） 蔵居良造（28）	中国国民革命史	日華文化協会	1972	共
大西斉（8）	支那の現状	朝日新聞社	1928	
賀来敏夫（8）	支那の思い出	南方書店	1957	
米内山庸夫（8）	雲南四川踏査記	改造社	1940	
波多野乾一（9）	現代支那	支那問題社	1921	
波多野乾一（9）	現代支那の政治と人物	改造社	1937	
波多野乾一（9）	支那劇大観（改帕版）	大東出版社	1943	
波多野乾一（9）	中国国民党通史	大東出版社	1943	
波多野乾一（9）	中国の命運	日本評論社	1946	訳
波多野乾一（9）	中国共産党史（全 7 巻）	時事通信社	1961	
村田孜郎（9）	海裳香国	興亜書局	1940	訳
村田孜郎（9）	抗戦の首都重慶	大東出版社	1940	訳
小口五郎（10）	支那民族史	大東出版社	1944	訳
片山徳行（11）	岳洲詩草	片山徳夫	1986	
牛込佐源太（12）	牛込佐源太遺稿集	不明	不明	
清水董三（12）	中共覚え書（中共备忘录）	民族と政治社	1961	
掘内干城（12）	講和問題の焦点を衝く	協友社	1950	
堀内干城（12）	中国の嵐の中で	乾元社	1950	
宮田武義（12）	思賢小詠	不明	不明	
宮田武義（12）	比婆山遊記宮	宮田武義	1968	
宮田武義（12）	峨山	宮田武義	1974	
宮田武義（12）	林出賢次郎先生	慈航観音会	1981	
宮田武義（12）	金烏玉兎	慈航観音会	1982	
宮田武義（12）	白寿遊記山人書展作品集	慈航観音会	1989	
宮田武義（12）	白寿遊記山人之書	慈航観音会	1989	
宇治田直義（13）	支那問題ひとすじに放浪五十年 （漫步支那问题五十年）	宇治田直義	1965	
栗原猷彦（13）	暮雲暁色	栗原猷彦	1983	
鈴木択郎（15）	標準支那語教本初級編（第 6 版）	東亜同文書院支那 研究部	1938	

续表

作者（期数）	书名	出版者	出版年份	备注
鈴木択郎（15）	標準支那語教本高級編（改訂第5版）	東亜同文書院支那研究部	1938	
鈴木択郎（15）	張謇自訂年譜	内山書店	1942	訳
鈴木択郎（15）魚返善雄（27）桑島信一（29）	老舎篇 四世同堂（上・中）	河出書房	1954	共/訳
高橋君平（16）	漢語形体文法論	大安	1963	
高橋君平（16）	句をきめ手とする中国語文法	高橋君平	1967	
中山優（16）	対支政策の本流	育生社	1947	
中山優（16）	支那論と随筆	万江書院	1940	
中山優（16）	中国の素描	明徳出版社	1957	
中山優（16）	中山優選集	中山優選集刊行委員会	1972	
甲斐多聞太（17）	阿蘇路　甲斐木公遺句集	甲斐清乃	1982	
熊野正平（17）	現代支那語法入門	三省堂	1942	
熊野正平（17）	中国語捷径	滬友会	1962	
熊野正平（17）	日中貿易会話と通信	明治書院	1974	
熊野正平（17）	中国語大辞典	三省堂	1984	
熊野正平（17）	現代中国語法論	三省堂	1989	
熊野正平（17）	中国標準語教本	不明	不明	
熊野正平（17）深水高嶺（不明）	現代中国の展望	カルチャー出版社	1975	共
岩井英一（18）	回想の上海	「回想の上海」出版委員会	1983	
佐藤寛一（18）	謎の老大国	文雅堂銀行研究社	1967	
村上徳太郎（18）	東西の対立を超えて（改訂版）	東光書院出版部	1985	
石川順（19）	談龍室間話	図書研究社	1941	
石川順（19）	中共	石川順	1956	
石川順（19）	砂漠に咲く花（沙漠里的花）	石川順	1960	
遠藤秀造（19）	随筆楠窓（第3~6集）	楠窓庵	1985~992	
小竹文夫（19）	現代（東洋史講座第10巻第5期）	雄山閣	1941	
小竹文夫（19）	近世支那経済史研究	弘文堂書房	1942	

续表

作者（期数）	书名	出版者	出版年份	备注
小竹文夫（19）	支那の自然と文化	弘文堂書房	1947	
小竹文夫（19）	中国社会（再版）	三省堂出版	1950	
小竹文夫（19）	東亜の近代化	創元社	1952	共
小竹文夫（19）	社会の進步（中学校社会科用教科書）	古今書院	1954	共
小竹文夫（19）	世界史東洋	雄渾社	1956	共
小竹文夫（19）	現代中国革命史	弘文堂	1958	共
郷野不二男（19）	桜と伝説（櫻花与传说）	ジャノTン・パプリッシャーズ	1978	
富田稔（19）	人生八十年	富田稔	1980	
富田稔（19）	泥柳	富田稔	1989	
本郷賀一（19）	中国革命史	朝日新聞社	1947	
本郷賀一（19）	中共の内幕	時事通信社	1962	訳
本郷賀一（19）	中共の十大問題	時事通信社	1963	訳
本郷賀一（19）	工作通訊抄	時事通信社	1964	訳
本郷賀一（19）	中共の経済問題（上・下）	時事通信社	1965	訳
本郷賀一（19）	文化大革命（［正］・続・3）	時事通信社	1967～1969	訳
本郷賀一（19）	抗日戦勝利の前後	時事通信社	1968	訳
本郷賀一（19）	中共の外交問題	時事通信社	1971	訳
本郷賀一（19）蔵居良造（28）	中国知識人の叫び	経済往来社	1966	共/訳
牟田哲二（19）	陶淵明伝	勁草出版サービスセンター	1977	
坂本一郎（20）	私の遺言	坂本一郎	1989	
坂本一郎（20）	年賀と私の遺言続編	坂本一郎	1990	
坂本一郎（20）	標準上海語読本	不明	不明	
福田勝蔵（20）	普通尺牘文例集	東亜同文書院支那研究部	1937	
坂口幸雄（21）	私の履歴書	日本経済新聞社	1987	
和田斉（21）	アジア九カ国	朝日新聞社	1952	
和田斉（21）	この途をゆく	中央公論事業出版（製作）	1982	

作者（期数）	书名	出版者	出版年份	备注
小秋元隆一（22）	米対華政策の動向	朝日新聞調査研究室	1949	
宮崎世龍（22）	五ヶ年計画下の新中国	日月社	1953	訳
宮崎世龍（22）	過渡期における国家総路線と私営工商業の国家資本主義化	朝日新聞調査研究室	1954	訳
宮崎世龍（22）	中華人民共和国中央人民政府第三年度の財政経済工作（上）	朝日新聞調査研究室	1954	
宮崎世龍（22）	北鮮の農業合作社と農村・政策	朝日新聞調査研究室	1959	訳
宮崎世龍（22）	宮崎世龍遺句集どろ柳	中央公論事業出版（制作）	1998	
宮崎世龍（22）	宮崎世龍遺稿集	宮崎光子	1998	
山本紀綱（22）	徐福東来伝説考	謙光社	1975	
山本紀綱（22）	日本に生きる徐福の伝承	謙光社	1979	
山本紀綱（22）	長崎唐人屋敷	謙光社	1983	
阿部信治（23）	東洋芸術としての書道	阿部信治	1981	
岩本松平（23）	随筆集 百日紅（［正］・続）	日本随筆家協会	1977～1980	
植村静栄（23）	槿花一朝の夢	植村静栄刊行後援会	1979	
斉藤征生（23）	私の人生哲学	斉藤征生	1977	
彰盛木（23）	支那経済記事解説	東亜同文書院支那研究部	1934	訳
松崎雄二郎（23）	僕のぶらぶら人生	中央公論事業出版（製作）	1983	
有吉正義（24）	自私集	有吉正義	1982	
石田武男（24）	山田厚教授の諫死よく漢文教育を守る	石田武男	不明	
中村加治馬（24）	化石木	中村とき	1977	
平野博（24）	閑適のうた	平野博	1983	
宮崎武雄（24）	思い出	不明	1995	
山田清一（24）	景徳鎮磁器の研究	日本学術出版社	1984	訳
安沢隆雄（25）	巴蜀長江山峡の旅	多摩ネットワークセンター	1997	
山口慎一（25）	中国札記	山口慎一	1958	
石田武夫（26）	中国語学管見	東方書店	1987	

续表

作者（期数）	书名	出版者	出版年份	备注
尾崎庄太郎（26）	支那の工業機構	白揚社	1939	
尾崎庄太郎（26）	支那工業の発達	中央公論社	1941	
尾崎庄太郎（26）	中国民主活動家の証言	日中出版	1980	訳
尾崎庄太郎（26）	徘徊	日中出版	1981	
尾崎庄太郎（26）	われ、一粒の麦となりて	結審房	2007	
木嶋清道（26）	封神演義	謙光社	1977	訳
中下魁平（26）	仁王拳	錬武館	1978	
西里龍夫（26）	風雪のうた	熊本民報社	1972	
西里龍夫（26）	革命の上海で	日中出版	1977	
山名正孝（26）	支那農業建設論	教育図書	1942	
牛島俊作（27）	米国の重慶援助の全貌	東亜研究会	1941	
牛島俊作（27）	日本言論史	河出書房	1955	
牛島俊作（27）	失言物語	河出書房	1956	
魚返善雄（27）	中国千一夜風雅の巻	日本出版協同	1952	訳
魚返善雄（27）	広東語小説集	小峯書店	1964	校訂
魚返善雄（27）	物語西遊記	社会思想社	1967	訳
魚返善雄（27）	物語水滸伝	社会思想社	1968	訳
岩田由一（28）	中国古代造紙技術史	紙の博物館	1979	訳
遠藤進（28）	杏華集	遠藤進	1977	訳
蔵居良造（28）	戦後におけるインド諸政党の動向	朝日新聞調査研究室	1951	
蔵居良造（28）	インド工業化問題	朝日新聞調査研究室	1953	
蔵居良造（28）	現段階における中共の国際的地位	朝日新聞調査研究室	1961	共
蔵居良造（28）	中共の国力発展と中国共産党の指導	防衛研修所	1962	
蔵居良造（28）	台湾問題	大陸問題研究所	1971	
蔵居良造（28）	華僑（改訂版）	日本放送出版協会	1974	共
蔵居良造（28）	台湾のすべて	現代アジア出版会	1977	
蔵居良造（28）藤岡瑛（33）	中国工業工場総覧（新版）	現代アジア出版会	1975	共
蔵居良造（28）竹内義雄（42）	台湾（上）	朝日新聞調査研究室	1965	共

续表

作者（期数）	书名	出版者	出版年份	备注
蔵居良造（28） 杉直彦（43）	文化大革命の経過とその問題点について	朝日新聞調査研究室	1967	共
庄子勇之助（28）	千山万里の旅	丸誠	1986	
庄子勇之助（28）	戦争とわたくし	庄子勇之助	1987	
庄子勇之助（28）	戦争とわたくし（改訂版）	庄子勇之助	1988	
高橋房男（28）	歌集 転生	高橋房男	1977	
高橋房男（28）	歌集大陸十八年	高橋房男	1991	
中西功（29）	支那の経済機構	岩波書店	1940	共/訳
中西功（29）	中国革命と毛沢東思想	青木書店	1969	
中西功（29）	死の壁の中から	岩波書店	1971	
中西功（29）	中国革命の嵐の中で	青木書店	1974	
中山清一（29）	私の自序伝（［1］ ~ ［3］）	中山清一	不明 ~ 1973	
伊藤紫郎（30）	山女魚と俳句	講談社出版 サービスセンター （製作）	1981	
志波正男（30）	膠済百里の道	志波正男	1985	
若林輝夫（30）	南船北馬	河内野発行所	1983	
坂井義雄（31）	続々江南詩鈔	坂井義雄	1982	
森次勲（31）	「魏志」三韓七十七の国名を解く	森次勲	1988	
森次勲（31）	魏志倭人伝と韓伝を解く	近代文芸社	1995	
石田三郎（33）	無抵抗の抵抗	日刊労働通信社	1958	
石田三郎（33）	無抵抗の抵抗（再刊）	石田三郎	1976	
井上佶（34）	征風	井上佶	1977	
井上佶（34）	洞山感恨嘆賦	井上佶	1979	
井上佶（34）	回復不能戦争（戦い再び起こすまじ）慟哭	井ノ口まつ子	2001	
内川大海（34）	シルクロードの夢	内川大海	1993	
島田孝夫（34）	はらから	島田孝夫	2002	
島間孝夫（34）	福島安正将軍書扇額［剛正］仕舞記	島田孝夫	不明	
清水辰雄（34）	句集 風花	南風発行所	1976	
清水辰雄（34）	土偶清水辰雄詩句集	清水辰雄	1997	

作者（期数）	书名	出版者	出版年份	备注
近光毅（35）	モンゴル人民共和国スフパートル収容所	近光毅	2005	
妻木辰男（35）	我人生に悔なきゃ	静岡教育出版社（制作）	2003	
村上和夫（35）	中国古代瓦当文様の研究	岩波ブックサービスセンター（製作）	1990	
村上和夫（35）	瓦当文様の謎を追って	岩波ブックサービスセンター（製作）	1990	
村上和夫（35）	私の郷土史研究	村上和夫	1990	
村上和夫（35）	中国古代瓦当文様についての講演要旨	不明	1991	
村上和夫（35）	中国古代瓦当拓本集撰	村上通	1999	
八木友愛（35）	故八木仁兄遺文冊	不明	1994	
渡辺長雄（35）	新中国通貨論	世界経済調査会	1948	
渡辺長雄（35）	中国資本主義と戦後経済	東洋経済新報社	1950	
渡辺長雄（35）	カントリーリスク	日本経済新聞社	1980	
渡辺長雄（35）	混迷する中国経済	有斐閣	1991	
渡辺長雄（35）	わが世界見聞記	近代文芸社	1998	
渡辺長雄（35）	渡辺蝶遊集 桜の山	近代文芸社	1998	
明野義夫（36）	中共における経済成長	不明	1998	
明野義夫（36）	ひらけゆく中国経済	通商産業調査会	1971	共
明野義夫（36）	中国の対外経済交流の展開	大東文化大学東洋研究所	1978	
明野義夫（36）大久保泰（36）	中国経済図説	日本経営出版会	1972	共
大久保泰（36）	中国における天然資源とその開発の可能性	防衛研修所	1962	
大久保泰（36）	毛沢東政権下の整風・粛清と後継者問題	朝日新聞社安全保障問題調査会	1966	
大久保泰（36）	中国人民解放軍の実態（2）	朝日新聞社安全保障問題調査会	1967	

续表

作者（期数）	书名	出版者	出版年份	备注
大久保泰（36）	共産中国出現の推移（上・下）	朝日新聞社 安全保障問題調査会	1969	
大久保泰（36）	中国共産党史（上・下）	原書房	1971	
岡田晃（36）	中国の現状	中日新聞中国問題 調査会	1970	
岡田晃（36）	水鳥外交秘話	中央公論社	1983	
岡田晃（36）	香港	岩波書店	1985	
田中多四郎（36）	回顧	田中多四郎	1993	
田中多四郎（36）	人生無限	田中多四郎	1994	
田中多四郎（36）	生命は尽きず	田中多四郎	1995	
田中多四郎（36）	光芒一閃	田中多四郎	1996	
田中多四郎（36）	栄え行く	田中多四郎	1996	
田中多四郎（36）	栄えの道	田中多四郎	1997	
田中多四郎（36）	身辺雑記	田中多四郎	1997	
田中多四郎（36）	続く道	田中多四郎	1997	
富岡健次（36）	中共軍と行く（復刻版）	富岡幸枝	1972	
春名和雄（36）	思無邪	りえぞん企画（制作）	1995	
藤田照男（36）	滴滴録	藤田照男	1995	
南恭輔（36）	茫々七十年	南恭輔	1992	
村岡正三（36）	風霜八十年	村岡正三	1994	
村岡正三（36）	狛江講座三日諦メモ	不明	1999	
村岡正三（36）	月山詩紗	村岡正三	2004	
山本隆（37）	東亜同文書院生	河出書房新社	1977	
新井宝雄（38）	中国の素顔	毎日新聞社	1966	
新井宝雄（38）	毛沢東と劉少奇	潮出版社	1967	
新井宝雄（38）	批林批孔の内側	大和出版販売	1974	
菊池四郎（38）	只見開発七年史	菊池哲郎	1997	
田尻泰正（38）	中共の放送事業視察記	朝日放送東京支社 放送部	1957	
阿部弘（39）	私のアイルランド自転車旅行	阿部弘	1994	
伊藤喜久蔵（40）	ドキュメント文革の三年	経済往来社	1968	共

续表

作者（期数）	书名	出版者	出版年份	备注
伊藤喜久蔵（40）	中国の党政再建の現状	中日新聞中国問題調査会	1970	
伊藤喜久蔵（40）	中国人の心	時事問題研究所	1972	
伊藤喜久蔵（40）	中国のパワー・エリート像	有斐閣	1983	共
伊藤喜久蔵（40）	挑戦する香港	教育社	1985	
加藤通夫（40）	禅海と「背の洞門」のすべて	加藤通夫	1986	
金丸一夫（40）	中国の変革期における通貨に関する研究（学位論文）	金丸一夫	1977	
小林淑人（40）	中国大陸駆け歩る記	小林淑人	2000	
野上正（40）	現代中国の探究	日本評論社	1981	
野上正（40）	時事中国語ハンドブック	東方書店	1985	
野上正（40）	椿庭麗日	野上正	1996	
野上正（40）松野谷夫（40）	十二才の新中国	野田経済社	1960	共
信元安貞（40）	曙と共に	曙ブレーキ工業	1979	
信元安貞（40）	［車笛］くるま談義	日刊自動車新聞社	1988	
松野谷夫（40）	忘れられた国	角川書店	1958	
松野谷夫（40）	中国の指導者	同友社	1961	
松野谷夫（40）	遥かなる周思来	朝日新聞社	1981	
山田信男（40）	広東海軍武官府の終焉	交通新聞社	2003	
大空不二男（41）	中国の後宮	龍渓書舎	1977	
大空不二男（41）	中国の物産	龍渓番舎	1977	
尾崎茂夫（41）	塞翁が馬	尾崎茂夫	1997	
尾崎茂夫（41）	ふたつの荒野	文芸社	2002	
工藤俊一（41）	北京大学超エリートたちの日本論	講談社	2003	
柴田敏之（41）	歳月のうた	南風発行所	1989	
清水徳蔵（41）	中図的思考と行動様式	春秋社	1984	
高田富佐雄（41）	太陽を射る中国	弘文堂	1965	
高田富佐雄（41）	七億の林彪	新人物往来社	1971	
高田富佐雄（41）江頭数馬（44）	アジアの十字路一香港	日本国際問題研究所	1965	共

续表

作者（期数）	书名	出版者	出版年份	备注
宮田一郎（41）	新華字典日本語版（訂正版）	光生館	1980	共/訳
宮田一郎（41）	現代日中辞典（改訂版）	光生館	1981	共
宮田一郎（41）	中国故事新篇	光生館	1982	共
宮田一郎（41）	普通話対照上海語・蘇州諸	上海語・蘇州語研究会	1984	共
宮田一郎（41）	上海語常用同音字典	光生館	1988	
牟田義彦（41）	三十三年ぶりに見た上海	牟田義彦	1980	
森原文雄（41）	壺中の天地	火の会	1981	
山本宏（41）	図書館教育小論集	山本宏	1987	
山本宏（41）	やまびこ	山陰むすび会	1999	
大山茂（42）	大安社史	大安社史刊行会	1998	
日下部昇一（42）	北京の名菜店名料理	講談社	1984	
河野靖（42）	文化遺産の保存と国際協力	風響社	1995	
竹内義雄（42）	中国経済への視座	朝日新聞平和問題調査室	1973	
中野政満（42）	滬城はるか金城信隆さん	中野政満	1997	
中俣富三郎（42）	中国経済はどう変ったか	弘文堂	1963	訳
西好隆（42）	日中憂国風雲録中国編	あさひ高速印刷出版部	2002	
樋口康（42）	独り語	樋口康	1988	
姫宮栄一（42）	香港	中央公論社	1964	
藤島健一（42）	タイ国に於ける華僑	国際印刷有限公司	1975	
藤島健一（42）	激動する戦争の裏ばなし	藤島健一	1977	
三田良信（42）	一か八か	北国新聞社出版局	2006	
三宅武雄（42）	人生六〇年の旅	三宅会	1982	
森重隆正（42）	歌集 春靄	山口県短歌発行所	1968	
樽沼圭一（43）	武者幟	牧羊社	1989	
三木毅（43）	中国経済政策史	光明社	1996	
明昌保（43）	編集者の目	科学企画出版社	1985	
秋岡家栄（44）	インド見たまま	朝日新聞社	1963	
秋岡家栄（44）	北京特派員（中文版）	万源図書公司	1976	
市川信愛（44）	長崎華商泰益号関係文書の研究（第1輯）	宮崎大学教育学部社会経済研究室	1985	
江頭数馬（44）	核時代の中国	軍事研究社	1969	訳

续表

作者（期数）	书名	出版者	出版年份	备注
江頭数馬（44）	中国政策	サイマル出版会	1969	共/訳
江頭数馬（44）	中国の世界	毎日新聞社	1973	共/訳
江頭数馬（44）	現代中国の革命と建設	大東文化大学東洋研究所	1975	
江頭数馬（44）	七〇年代政変期の中国	霞山会	1979	
江頭数馬（44）	中国の経済革命と現実	学文社	1990	
江頭数馬（44）	中国の移行経済とアジア	不明	1998	
江頭数馬（44）	中国の市場経済とアジア	太陽プロジェクト	2001	
大城立裕（44）	朝、上海に立ちつくす	講談社	1983	
大城立裕（44）	朝、上海に立ちつくす（中公文庫）	中央公論社	1988	
尾崎雄二郎（44）	漢字の年輪	角川書店	1989	
隈井要（44）	中国の会計	燎原	1987	
前田清蔵（44）	上海、同文書院、交通大学の思い出	前田清蔵	2004	
本橋渥（44）	中国の経済	岩波書店	1958	訳
本橋渥（44）	現代中国経済論	新評論	1993	
五井一雄（45）	現代社会主義経済制度の集権化と分権化（［正］・続）	アジア経済研究所	1973～1974	共
富山栄吉（45）	日中問題入門	岩波書店	1962	共
針生誠吉（45）	中国の国家と法	東京大学出版会	1970	
樋本浩二（45）	文集残された記録（［1］・2）	樋本浩二	1997～2001	
松山昭治（45）	パンダの遺言状	竹内書店新社	1982	
松山昭治（45）	これが現代中国人	竹内書店新社	1989	
猪俣政之助（46）	中国の飲食文化と滞中見聞録	猪俣政之助	1998	
菊池一雅（46）	ケシをつくる人々	三省堂	1979	
江南香（不明）	中国共産党の十年	日本外政学会	1959	訳

　　资料来源：豊田信介「記念センター所蔵の東亜同文書院出身者著作物一覧」藤田佳久編『オープン・リサーチ・センター年報』第 3 号、愛知大学東亜同文書院大学記念センター、2008。

四　欧美对东亚同文书院文献资料的收藏
及对东亚同文书院的研究

　　欧美社会诸多文化机构、研究机构、图书馆、博物馆，对东亚同文书院的文献及相关资料的收藏，到底是怎样的状态，在没有全面调查之前，无法回答。要实施这样一个普查工作，难度之大是不难想象的。或许，借助信息数据库的普及，不久的将来，我们可以了解大致的情况。

2004 年 9 月至 10 月，东亚同文书院大学纪念中心的图书管理员成濑小夜子利用爱知大学职员的海外研修制度，访问了美国建有亚洲图书馆的五个大学，包括哈佛大学、普林斯顿大学、密歇根大学、加利福尼亚大学伯克利分校、夏威夷大学，并与这些大学收藏亚洲图书文献的图书馆建立了业务联系，赠送了许多文献资料，如《霞山文库目录》、《中日大辞典》、东亚同文书院大学纪念中心的《同文书院纪念报》和《收藏资料图录》。成濑小夜子为自己的访美调查定下三个目标：其一，通过挖掘海外资料证实东亚同文书院（大学）早已引起美国研究者的关注，同时制订宣传、推广爱知大学东亚同文书院研究的计划，从亚洲走向世界；其二，现场调查哈佛大学、普林斯顿大学、密歇根大学、加利福尼亚大学伯克利分校、夏威夷大学有关东亚同文书院文献资料的收藏情况；其三，进一步调查关于《支那经济全书》《支那省别全志》《新修支那省别全志》《中日大辞典》进入美国大学图书馆的时间和途径。[①] 根据成濑小夜子的调查，五个大学的收藏情况大致如下。

哈佛大学的 OPAC（在线检索目录）中，以"东亚同文会""东亚同文书院"为关键词检索，结果是收藏了 62 份相关出版物。其中，二战前的出版物占了相当大的比例，为 41 份，如《支那经济全书（全 12 卷）》（1907～1908）、《支那省别全志（全 18 卷）》（1917～1920）、《新支那现势要览》（1938）、《新修支那省别全志》（1941～1946）、《支那年鉴》（1912～1927）、《最新支那年鉴》（1935）、《现代支那讲座 1 - 6》（1939～ ）、《东亚同文书院东亚调查报告书 昭和 14 年度 - 15 年度》（1940～1941）、《东亚关系特种条约汇纂》（1908）、《山洲根津先生传》（1930），又发现了爱之大学未收藏的出版物《日俄未来》、《大清律》、《支那有关特种

---

① 成濑小夜子：《关于美国东亚同文书院收藏资料的调查报告》，《同文书院纪念报》2005 年第 13 卷。

条约集纂》、《外蒙古共和国宪法：蒙古劳动人民权利宣言》、《华语月刊》（1～10）等。

普林斯顿大学的 OPAC 调查显示，收藏的东亚同文书院相关资料共 26 份，战前的文献有 9 份，主要是《支那经济全书》《支那省别全志》《新修支那省别全志》《新支那现势要览》《支那年鉴》等。

夏威夷大学的 OPAC 查到东亚同文书院相关资料共 14 份，战前出版资料 8 份。藏有《支那经济全书》、《支那省别全志》（所缺卷数以台湾出版的《中国省别全志》补全）、《新修支那省别全志》、《新支那现势要览》、《最新支那年鉴》、《现代支那讲座》。

加利福尼亚大学伯克利分校是美国大学日语文献收藏册数最多的地方。OPAC 显示，伯克利校藏有 47 份东亚同文书院相关资料，战前出版的 24 份。除《支那经济全书》《支那省别全志》《新修支那省别全志》《新支那现势要览》《支那年鉴》等基本资料外，还有《安徽省全图》《东亚同文会章程》《北京官话教科书》《新撰支那全图》《支那照片讲义》等出版物，包含许多爱知大学也没有收藏的宝贵资料。

密歇根大学与日本联系悠久。19 世纪 80 年代小野英二郎（曾任日本兴业银行总裁）在密歇根大学学习并获得学位。二战期间，美国陆军为美日战事在此举办多期日语讲座。1947 年，密歇根大学在全美设立了第一个日本研究中心。密歇根大学的 OPAC 显示，收藏东亚同文书院相关资料 45 份，战前出版的 20 份。除《支那经济全书》《支那省别全志》《新修支那省别全志》《新支那现势要览》《支那年鉴》等基本资料外，还有《清国商业综览》《支那研究》《支那开港场志》《现代支那人名鉴》《近卫霞山公》《山洲根津先生传》等。

成瀬小夜子的调查时间仅有短短几天，只得走马观花，绝大多数文献仅在目录数据上见其名，实物藏本如何，全然不知。尽管如此，笔者以为这是一个方向正确、值得学习的方法。利用信息数据库摸清欧美世界搜藏的基本情况，这无疑是一个漫长的积累过程，需要有耐心、有事业心的人一点点地去做。但以此为基础，才能为进一步的实物藏本的比勘研究提供明确的方向。比如，成瀬小夜子在密歇根大学通过 OPAC 检索发现该馆藏有《支那省别全志》和《支那经济全书》，随后又有幸获准调阅了藏本，在《支那省别全志》藏本的首页发现入藏时间是 1949 年 9 月 25 日，《支那经济全书》没有记载入藏时间，但有 "台湾畜产公司" 的藏印盖章，这些透视文献来源、入藏时间的信息，对准确把握东亚同文书院文献资料传播途径、范围及内涵的历史、思想史的意义，有很大的帮助。

2005 年，爱之大学获日本文部省批准的 "爱知大学东亚同文书院大学纪念中心的信息公开及围绕东亚同文书院的综合研究的推进项目"（「愛知大学東亜同文書院大学記念センター」の情報公開と東亜同文書院をめぐる総合的研究の推進プロジェクト），在该项目的设计里，以收藏文献资料的数据化处理、展示为轴心（収蔵史資料 データベース公開事業），建立文献资料收集整理和研究的互动平台，切实推动世界范围内东亚同文书院研究的深入发展。获得项目经费后，所藏东亚同文书院全部杂志的 19 种，还有《支那经济全书》（12 卷）、《支那省别全志》（18 卷）、《新修支那省别全志》（9 卷）、《东亚同文书院大旅行志》（33 卷），都纳入全文数据库的建设计划。这些数据化的文献资料很快成为爱知大学东亚同文书院大学纪念中心与欧美学术进行信息交流、扩大东亚同文书院研究影响的重要媒介。

该项目实施的第四年（2009 年），举办了一场名为 "欧美研究者视域中的东亚同文书院"（「欧米研究者から見た東亜同文書院」）的国际研讨会，目的是 "展望东亚同文书院研究面向全球化发展的可能性"（東亜同文書院研究のグローバル化への展開の可能性を展望できるほどであった）。[①] 与会的 3 位欧美学者是美国佐治亚州立大学历史学教授任达（Professor Douglas R. Reynolds, Professor, Georgia State Univesity）、法国国立科学研究中心研究员巴斯蒂教授（Marianne Bastid – Bruguière）、美国密歇根大学亚洲图书馆的图书馆馆长ニキ・ケンジ（仁木贤司）。

---

① 藤田佳久：《"开放调查整理事业中心：爱知大学东亚同文书院大学纪念中心" 的信息公开和开展有关东亚同文书院综合研究项目》，2011 年 3 月。

前两位是用英语演讲，演讲的题目分别是："Toa Dobun Shoin – Yet another Meiji Innovation"（"东亚同文书院：另一个明治创新"，日方主持人用日语译为：明治のもう一つの革新的パイオニアとしての東亜同文書院）；"European Knowledge and Views of the TDK Until World War I."（"第一次世界大战前欧洲人对 TDK 的了解和看法"，日方主持人用日语译为：20 世紀前半期のヨーロッパ人の東亜同文書院に对する知識と視点）。仁木贤司是美籍日裔，用日语演讲，题目是"密歇根大学的东亚同文书院及亚裔文献史资料的谷歌化及其利用"（ミシガン大学における東亜同文書院およびアジア系文献史资料のグーグル化とその利用）。欧美学者的加入，不仅提供了亚洲以外的新的研究视角，同时也把许多尘封在历史中的英文、法文、德文等稀见文献资料展现给我们。

　　任达（1945—2020），1947～1951 年随父母在安徽芜湖生活，7～17 岁居住在菲律宾。之后回美国读书，为了学习中文曾去台湾求学两年，1976 年获哥伦比亚大学中国近代史博士学位。取得博士学位后于 1976～1980 年在东京访学，1980 年起任美国佐治亚州立大学历史系教授，并任亚洲研究中心主任、本科生学部主任等职。主要研究领域为近代中日文化交流史，兼及西方基督教在中国的本土化历史。曾获美国卢斯基金会、国家人文学科基金会、社会科学委员会等提供的奖金。著有《新政革命与日本，中国：1898—1912》（China, 1898 – 1912: The Xinzheng Revolution and Japan，哈佛大学英文版，1993；中文版，1998、2006），《东方遇到东方：中国文人通过明治日本发现近代世界，1877—1895》（East Meets East: Chinese Discover the Modern World in Meiji Japan, 1877 – 1895）。1986～1988 年任达再次赴日本，从事对中日近代文化交流史的研究。2002 年开始每年暑假来中国，继续研究中日文化交流史。1977 年，任达在东京结识卫藤沈吉①，开始关注东亚同文书院（日文"東亜同文書院"在英文中音

① 卫藤沈吉（1923—2007），东京大学教授、名誉教授，著有《近代中国政治史研究》（1968）、《东亚政治史研究》（1968）、《近代东亚国际关系史》（2004），另编有《中国外交文书辞典清末篇》（1954）、《围绕中国的国际政治——影像与现实》（1968）、《近代中国研究入门》（1974）等。

译为 Toa Dobun Shoin，缩写为 TDS）、东亚同文会（日文"東亜同文書会"在英文中音译为 Toa Do‐bunkai，缩写为 TDK）的文献史料并持续研究 30 余年，[①] 先后发表的相关研究论文有：《战前中国的场域教育：日本在上海的东亚同文书院，1900—1945》（*Chinese Area Studies in Pre-war China*：*Japan's Tōa Dōbun Shoin in Shanghai*，*1900 – 1945*，载 *The Journal of Asian Studies*，1986 年 11 月号）、*Training Young China Hands*：*Tōa Dōbun Shoin and Its Precursors*，*1886 – 1945*。

　　任达的演讲题目是"东亚同文书院：另一个明治创新"。在他的论域中，明治维新世所罕见，其创造性思维和制度创新的爆发堪比 1776 年美国独立战争后的几十年，而东亚同文书院则是"又一次明治创新"的经典案例（TDS in my mind is a classic case of "yet another Meiji innova-tion"）。这个结论的文献基础和论说逻辑之间是一种什么样的关系呢？他说："我对德川晚期和明治早期创新的日益增长的认识，迫使我重新思考荒尾精的职业和作品。"（My growing awareness of late‐Tokugawa and early‐Meiji innovations has forced me to rethink the career and writings of Arao Sei）"德川晚期和明治早期创新"的知识学特征是百科全书的编纂和出版，如《和汉三才图会》《日常用语词汇集》《训蒙图汇》《智环启蒙》等，[②] 源自对中国商业组织、贸易惯例实际观察，收录了中国的地形、政治、金融、经济、运输、货币和贸易等方面信息的《清国通商综

---

① "从 1978 年开始，我研究 1898 ~ 1946 年的东亚同文会和它在上海的学校——东亚同文书院。事后我认识到，这些机构和它们承担的责任，以及它们牵连着的一切，都有助于形成和构建'黄金十年'的概念，也有助于锻造我自己对这一阶段中日关系的观点。"任达：《新政革命与日本，中国：1898—1912》第 3 版，江苏人民出版社，2010，第 1 页。

② 《和汉三才图会》（わかんさんさいずえ）是正德二年（1712）出版的日本百科全书。编纂者是大坂的医生寺岛良安。书中描述及图解了日常生活，如工匠、钓鱼、植物、动物及星座等。著作的构思来自中国的《三才图会》。全书篇幅达到 105 卷 81 册，本书由古汉语写成，配有绘图。《日常用语词汇集》（*Setsuyōshū*）是室町时代末期（16 世纪晚期）的日语词典。《训蒙图汇》（*Kinmō Zui*），正文 21 卷，中村惕斋纂辑，下河道拾水绘画，日本宽政元年（1789）九皋堂版，题签书名为《增补头书训蒙图汇大成》。汉字部分大多取自《三才图会》《农政全书》。《智环启蒙》是英国传教士、汉学家理雅各（James Legge，1815—1897）1856 年为他所执教的香港英华书院编译出版的一部中英双语教科书，名《智环启蒙塾课初步》，简称《智环启蒙》。

览》"是一部名副其实的百科全书"。在这样的类比视野里，乐善堂、日清贸易研究所、东亚同文书院的文献不再与日本近代的军事活动有什么关联，岸田吟香、荒尾精、根津一的军方背景也被淡化，成为创造了全新教育方式的超前教育活动家。任达认为，二战后才在美国发展起来的"场域教育"（area studies）早在 50 多年前，就由荒尾精、根津一发展出来了。任达 1986 年在一篇文章中指出"场域教育"有五个要素。一是强调语言学习，强调当前使用的语言——不是文言文，而是当时人们正在使用的汉语。二是强调地理区域的当下性，而不是遥远的过去。三是强调多学科培训，涵盖人文科学、社会科学及应用学科。四是拥有大量藏书的专业图书馆——在东亚同文书院，中文是教学、研究和出版物的主导性语言。五是对场域教育实施的地理区域进行实地考察。① 此为其一。其二，战后有一所学校和日清贸易研究所、东亚同文书院类似，即美国雷鸟全球管理学院（Thunderbird School of Global Management）。雷鸟全球管理学院于 1946 年由退休的美国陆军航空中将巴顿·凯尔·扬特（Barton Kyle Yount，1884—1949）所创立，名为美国对外贸易研究所，"像日清贸易研究所、东亚同文书院一样，这个美国研究所是在美国政府的支持下由军人创建的"（Like NBK and TDS，this American institute was founded by military men with the blessing of the US government.）。② 雷鸟全球管理学院以全球化的方式进行国际管理教育。通过在美国、欧洲、拉丁美洲等地的校区以及不断发展的网络课程，给予其学员以最广阔的国际视野和经验。雷鸟全球管理学院拥有一个由遍布 138 个国家的 33700 位校友构成的校友网络，他们活跃在全球 12000 多家公司、政府机构和非政府组织的领导岗位上。雷鸟有一套独特的课程，基于在全球范围内做生意的原则，管理人员不仅要了解商业的复杂性，还要了解其他国家的风俗习惯，并且能够在不同的文化中交流。任达认为自己的结论是

---

① 任达：《战前中国的场域教育：日本在上海的东亚同文书院，1900—1945》，《亚洲研究杂志》1986 年第 11 月号。

② 任达：《东亚同文书院：另一个明治创新》，《开放研究中心年报》2009 年第 4 号。

"跨文化和跨时间的比较和思考"，才把荒尾精、根津一、根岸佶等人视为"场域教育"的先驱。

法国国立科学研究中心研究员巴斯蒂教授（Marianne Bastid - Bruguière），生于 1940 年，为法兰西学院院士，曾经长期担任法兰西科学院人文及政治学院副院长一职，曾任巴黎高等师范学院副校长、法国国立科学研究中心研究员。她是法国研究中国近代史的著名学者，欧洲汉学会会员，《中国研究》《近代中国》《中国季刊》《远东丛刊》的编委，著有《社会变化的潮流》《清末社会变革（1873—1911）》等。巴斯蒂演讲的题目是"第一次世界大战前欧洲人对 TDK 的了解和看法"，巴斯蒂首先指出，任达仅从知识性的文献系统（如纯粹的百科全书和教育学）定位、解释、评价东亚同文书院的文献资料即人物，是欠妥的，因为他忽视了教育机构设置、教育活动举办的目的。巴斯蒂与任达的不同处在于，她不是在既定的逻辑推理中展开不同文献的比较和演绎，以之确定自己论题和评价的合理性，而是按时间线索铺排历史档案文献，展现出西方政界、外交界、媒介等对东亚同文会、东亚同文书院观察的历史在场性和评价的多样性。下文根据巴斯蒂演讲［载藤田佳久编『オープン・リサーチ・センター年報』第 4 号，愛知大学東亜同文書院大学記念センター，2009（国際シンポジウムの講演録）］简要介绍其展现的文献内容。

（1）19 世纪 90 年代末，法国驻日本公使是一位精明的外交家，在东京组织了一个翻译代表团，近距离观察日本报刊，并定期向媒体报道。在 1898 年 12 月的一份报告中，这位公使评论了同文会（TDK）的建立，并将名字翻译为"中日两国共同的文字和特征研究协会"。这份报告可能是欧洲对 TDK 最早的报道。1899 年 8 月，法国驻北京武官在一份关于日本在中国进展的详细报告中提到一所在上海教中国人日语的学校，但是他没有给出学校的名字，所以不清楚该校是否与 TDK 有关。

（2）1899~1904 年，北京、东京、上海的法国媒体报道日本人在中国各地，特别是重庆、汕头、广州的活动及其影响很大。日本顾问、移民分布的地图和统计数字，入华教师和商业项目的信息，还有关于中日各界互访的信息以及越来越多的中国学生赴日留学的信息，都得到日本外务省的格外关注。法国观察家强调了日本在华事务的迅速成功和中国对日本指导的热情接受。1903 年 6 月，驻法国上海领事写道："日本正在领导中国人在教育方面尝试解放运动。法国应赶紧在日本人潜心工作的地区建立法国文化中心和法语教学中心，以便在某种程度上抵消日本的影响。""但是他很遗憾法国人不能再使用天主教传教士了，因为当时法国政府和教会之间的关系非常糟糕。"

（3）1905 年 1 月，法国驻四川成都领事强调，与其他在华外国人相比较，日本人的优势在于他们的教育是非教会的，而且有着与中国人相近的道德观。他警告说，"中国人里边有与日本关系密切的小集团，并愿意帮助日本在中国获得更大的影响力。事实上，日本人是通过这个小集团，通过他们提供的设备和使用新机器所需的技术人员在中国控制着媒体。向日本人挑战的唯一途径是将精力放在中国受过教育的中产阶级的培训上，他们最终将决定中国的命运。"

（4）在关于日本在中国取得的巨大进步的信息流中，1904 年 12 月从东京发出的一份报告引起了法国外交部的特别关注，因为该报告提到中国女孩也开始赴日本学习。当时法国外交部亚洲司的负责人是菲利普·贝特洛，他刚刚去东亚做了一次长途旅行。日本教育运动的规模令他震惊。在他看来，中国女孩出国留学显然是中国社会革命的标志。在收到来自东京的报告后，立即向北京和东京公使馆发出正式指示，要求收集关于日本在中国的教育行动的更完整的细节，比如日本派往中国各省的教师、军事教官、顾问和工程师的确切人数；留日的中国学生的家庭背景和教育背景、在日学习的课程和学习时间等；特别关注学习法律和政治科学的留学生。东京、北京和中国各领事馆向巴黎发送了许多更详细的回复报告。所有的报道都强调了一个事实，即被派往中国的日本特工都可以说一口流利的中文。来自上海的报告说，日本人在上海有一所中文学校，创建于 1899 年。这所学校大约有 150 名学生，其中三分之二是日本人，其余是中国人。它有 14 名日语老师，4 名中国老师和两名英语老师。

（5）1903 年 11 月，朝鲜研究专家、法国外交部翻译莫里斯·库兰特在一篇文章里描述了 TDK 和 TDK 在福州、汕头和上海建立的三所学校。这些信息摘自 1902 年 11 月的《日本每周邮报》。库兰特说 TDK 是由近卫文磨创建的，目的是收集和发布所有关于中国和朝鲜的信息，以便进一步密切日本与这两个国家的关系。据说福州学校有 154 名中国学生学习日语、科学、历史和经济学。在上海学校，据说有 150 名日本学生学习了三年的中文。1902 年，他们中的大多数人开始从事贸易活动，只有 27 人从政。库兰特的文章发表在《印度支那评论》上。

（6）从 1905 年 2 月到 4 月起，非常有影响力的《巴黎评论》发表了几篇关于日本政策、日俄战争的文章。作者可能是路易·奥伯特。此人在巴黎的大学学过日语，文章中的信息均源自日本报刊上发表的文章。他描述说 TDS 最初是由 TDK 在南京建立的，然后搬到了上海。TDS 招收两个专业的学生，一个是政治专业，另一个是商贸专业，学制三年。1904 年 12 月，路易·奥伯特自己可能在上海得到了这样的信息——三年级的 56 名学生刚刚完成了对北京和天津地区的调查旅行，并被要求就各种主题写出调查报告，文章还开列出一份调查报告的主题清单，包括中国北方的外国定居制度、义和团运动后当地居民对基督教的态度以及许多其他有趣的话题。奥伯特还详细描述了被翻译成中文的日文书籍的广泛流传，包括学校教科书、小册子和各种欧洲书籍，他强调日本这一广泛的教育行动影响巨大。

（7）1907 年 11 月，巴黎的社会主义日报《晨报》发表了一篇名为《间谍学校》的文章，其中详细描述了上海的"间谍学校"（指东亚同文书院——笔者注）。据说，这所日本学校是向日本学生介绍中国文化，但它的真正目的中国人都知道，是培养"志愿者"，他们的职责是到中国最偏远的地区旅行，系统地收集一切可能收集到的政治、经济、地理、战略数据信息，最后汇聚到东京。"密集"的课程设置隐藏了其真正的目的。课程包括汉语的强化训练和政治方面的训导，最后是"学习旅行"，即"间谍调查"。记者注意到，为了能够像中国人一样在旅行时不被人注意，东亚同文书院学生留长发。然而。文章中有一张照片，所有学生留着短发，他们都没有长头发。记者提醒他的读者，日本军队在日俄战争的胜利得益于出色的情报收集，而这正是大学生旅行调查的结果。这篇新闻文章被法国外交部发送给法国驻上海领事，要求进一步澄清。在回复中，法国驻上海领事提供了一些日本关于贸易发展战略的更多细节。1908 年，英美商人对日本在满洲违反《朴次茅斯和约》越来越不耐烦，外国媒体对日本多有严厉的指责，经常提到 TDK 是日本在中国"间谍活动"的代理人或组织者。

（8）1911 年 8 月，在中国出版的英文月刊《中国国家评论》有一篇文章，报道在日本驻中国使馆的帮助下，日本某些机构正在中国建立一个庞大的"间谍组织"，覆盖整个中国，甚至中国以外的朝鲜、印度支那和暹罗。法国驻沈阳领事对此也向巴黎发出报告，认为《中国国家评论》上的报道是真实的，并列举了日本人在中国东北的调查活动。在1911 年革命期间，所有的外电报道都提到日本在华有非常出色的情报机构，日本人比所有其他国家都更了解在中国所发生的一切。

巴斯蒂以大量档案文献证明，一战前的欧洲人所得到的关于 TDK 和 TDS 的信息很有限，因为欧洲人无法像 TDS 学生那样，能够在中国收集到准确的信息。在当时欧洲观察家的印象里，TDS 就是一个"间谍学校"。

仁木贤司在上智大学文学系毕业后于 1977 年赴美，在圣琼斯大学取得了亚洲学、中国近代史专业的硕士学位，后又取得信息学硕士学位，长期从事美国大学图书馆馆藏日中文献的收集、整理和研究，任密歇根大学亚洲图书馆馆长 10 余年。多次访问爱知大学，了解东亚同文书院资料收藏情况。在其影响下，密歇根大学在全美第一个收藏《东亚同文书院大旅行志》（缩微胶卷版）。作为一位美籍日裔，加之一直从事图书信息收集工作，关注东亚同文书院文献资料在美国大学图书馆的收藏状况，于情于理，皆属自然。仁木贤司的演讲侧重文献的信息化处理，即"谷歌化"（グーグル化），虽属技术层面的问题，但在信息化时代，此乃任何文化信息走向世界的前提条件。在这一点上，日本人远远走在我们的前面。

　　在这次研讨会上，还有一位日本本土的演讲者武井义和，演讲题目是"第二次世界大战后欧美的东亚同文书院研究"（第 2 次大戦後の欧米における東亜同文書院研究）。武井义和 1995 年毕业于爱知大学文学部的史学科，2006 年完成爱知大学研究生院博士后期课程，获得博士（中国研究）学位。从 2006 年开始做东亚同文书院大学纪念中心的博士后工作。主要著作是博士学位论文《对上海的朝鲜人社会的历史考察：1910—1945》（「上海における朝鮮人社会の歴史的考察 1910 年から45年」）。近年来的研究重点是"东亚同文书院研究史的回顾与展望"（東亜同文書院に関する先行研究の回顧と今後の展望），武井义和是爱知大学东亚同文书院研究的后起之秀，其对东亚同文书院研究史的梳理基于史料的发现和爬梳，颇具特点。

Collection，Sorting and Compilation of Documents of Dongya Tongwen Academy

Nie Yunwei

Abstract：Since the 1990s，the research on Dongya Tongwen Academy has attracted great attention from many disciplines in the academic circles of China and Japan. In this context，it is particularly important to promote the collection，sorting and compilation of documents and materials of Tongya Tongwen Academy. Dongya Tongwen Academy has a wide variety of documents and materials，which are divided into many places and belong to different jurisdictions. They lack a unified collection，sorting and display. It is not easy to get a complete picture. This situation is obviously extremely disproportionate to the research boom in Dongya Tongwen Academy. In the process of studying the history of Dongya Tongwen Academy，the author is very concerned about the collection，sorting and compilation of Dongya Tongwen Academy's documents and materials. In view of the lack of comprehensive analysis and introduction to this issue in the Chinese scholarship community, the author does not pretend to be rudimentary, and searches for relevant documents in various ways, and concatenates them into articles, in order to be generous.

Keywords: Dongya Tongwen Academy; Materials; Aichi University

About the Author: Nie Yunwei (1955 –), professor at School of Chinese Language and Literature, Hubei University. Research interests and specialties: aesthetics, literature theory, and ideological history. Magnum opuses: *Biography of Einstein*, *The Power of Ideas*, etc. Email: nieyw_55@ 126. com

图书在版编目（CIP）数据

文化发展论丛. 2020 年卷. 总第 19 期 / 江畅主编
. -- 北京：社会科学文献出版社，2021.6
　ISBN 978 - 7 - 5201 - 8631 - 5

　Ⅰ.①文…　Ⅱ.①江…　Ⅲ.①文化发展 - 世界 - 文集
Ⅳ.①G11 - 53

　中国版本图书馆 CIP 数据核字（2021）第 131057 号

文化发展论丛　2020 年卷（总第 19 期）

主　　编 / 江　畅
执行主编 / 聂运伟
副 主 编 / 强以华　吴成国　周海春

出 版 人 / 王利民
责任编辑 / 周　琼
文稿编辑 / 顾　萌

出　　版 / 社会科学文献出版社·政法传媒分社（010）59367156
　　　　　　地址：北京市北三环中路甲 29 号院华龙大厦　邮编：100029
　　　　　　网址：www. ssap. com. cn
发　　行 / 市场营销中心（010）59367081　59367083
印　　装 / 北京玺诚印务有限公司

规　　格 / 开　本：787mm × 1092mm　1/16
　　　　　　印　张：19.75　字　数：290 千字
版　　次 / 2021 年 6 月第 1 版　2021 年 6 月第 1 次印刷
书　　号 / ISBN 978 - 7 - 5201 - 8631 - 5
定　　价 / 98.00 元